Disfrute cocinando

para la familia de hoy.

Recetas internacionales
de
tres generaciones

Con notas de salud.

por

Blanca R. García, Ed. D.

Edición, tipografía, emplanaje,
promoción y distribución
Ediciones Suagar
Director: Juan Suárez
Editora: Blanca R. García, Ed.D.
P.O.Box: 720485
Orlando, Florida 32872-0485

Teléfono & Fax: Orlando:(1-407) 275-3712
Teléfono & Fax: Miami (1-305) 651-6789
Correo electrónico: edsuagar@aol.com
Web.Site: www.suagar.com

Arte de la cubierta
Herbie Martin
832 Battery Pointe Drive
Orlando, Fl. 32828
(321) 795-2323 Tel.
correo electrónico: herbie@herbiemartin.com

Impreso en los talleres de:
Colonial Press International, Inc.
3690 N.W. 50th Street
Miami, Florida, 33142

Biblioteca del Congreso
Número de registro: TXu 979-911
2 de enero, 2001
I.S.B.N #0-9632334-7-5

Primera edición: Noviembre, 2001
Segunda edición: Febrero, 2004

Las intenciones

Este libro conlleva tres grandes intenciones: Primero, ayudar a reparar el daño que nuestra sociedad se hace al depender cada vez más del comer en la calle.

Segundo, llevarle a la juventud de hoy, una frase que fue muy famosa en los tiempos de nuestros abuelos *«el amor entra por la cocina»*. La destreza del arte culinario, es uno de los caminos para crear felicidad en la familia. Ambos cónyuges la pueden desarrollar en los hogares de hoy, incluyendo a los hijos por pequeños que sean, para de esta forma irles fomentando el placer de compartir juntos distintas actividades y responsabilidades dentro y fuera de la casa.

Tercera, dejar establecida mi opinión de que una buena salud y una larga vida, dependen fundamentalmente de los buenos hábitos de comida a temprana edad, por eso he agregado las Notas de salud. En un hogar, donde se cocine y se sirva una mesa, se trasmiten los valores trascendentes.

Este libro se llama **Disfrute cocinando,** porque quiero enviar un mensaje a cada familia, para que participe en los preparativos de estos sencillos, económicos y saludables platos tradicionales, que han sido preparados por abuelas, madres, familiares, amigas; y algunos, de los que aprendí de mis maestras de cocina, en la Escuela del Hogar de Matanzas, Cuba.

Dedicatoria

A mi querido esposo Juan Suárez.
Jamás este sueño se hubiera realizado sin tu apoyo, tu estímulo y tu orientación.
Juan, este libro es tuyo.
Gracias mil.

Las gracias

Mamá, no importa que ya no estés físicamente a mi lado, sin ti, quizás mi amor por la cocina no hubiese sido tan profundo. Nunca olvidaré que siendo una pequeña de unos cuatro o cinco años, me dejabas que te ayudara a preparar los dulces. Y a ti, mi siempre recordada Edelmira Piedrahita, viuda de Argüellez, por tus palabras de estímulo y apoyo para que estudiara desde que era una niña de apenas 6 o 7 años. Por ti, llegué a la Universidad, y por mis padres soy quien soy.

Gracias a todas las profesoras de la *Escuela del Hogar de Matanzas*, Cuba, por haber despertado en mí el placer del arte culinario, entre otras tantas destrezas manuales e intelectuales.

A los que tan amablemente me dieron las recetas secretas de ellos y de sus antepasados con el permiso para usarlas en el libro, y con ello poder llevar un pedacito de la tradición internacional a muchas familias. *Que Dios me los bendiga a todos.*

El arte del buen comer y la salud

por: Juan Suárez

Cocinar es una destreza, y como tal, está al alcance de todos. Cuando se desarrolla se disfruta mucho. Existe la idea de que cocinar y preparar sabrosos platillos, es propio de mujeres. Esto no es cierto, el cabeza de familia cuando lo desea, es tan buen cocinero como su compañera. Los famosos maestros de cocina que ha tenido la humanidad –salvo excepciones– siempre fueron hombres. La pareja en el mundo de hoy, por la facilidad con que se puede conseguir en un supermercado todo lo necesario, le resulta fácil, económico y agradable, preparar una buena comida.

Comer en la calle cuesta cinco veces más que cuando lo hacemos en casa, sin contar con el daño que le ocasionamos a nuestra salud. *Disfrute cocinando*, se ha editado para proporcionar felicidad en el hogar, y llenar la necesidad que está pidiendo nuestra sociedad, para terminar con ese grupo de personas fuera de peso a consecuencias del mal hábito de comer en la calle.

Tenemos que regresar a los tiempos en que reinaba la famosa frase que era garantía de todo matrimonio: *El amor entra por la cocina*. Ambos cónyuges, fácilmente pueden convertir en realidad el buen comer en el hogar. La buena mesa es fuente de salud y felicidad.

A modo de prólogo

endecasílabo por:
Nelia Bode Hernández de Castillo
(gran poetisa jaruqueña)

Era el mes de diciembre y llegó el día
de aquella nueva, tras espera ansiosa
fue mujercita. ¡Oh Dios, cuánta alegría!
Se le llamó a la niña, Blanca Rosa.

A la familia la llenó de orgullo
aquella muñequita tan hermosa,
y poco a poco aquel lindo capullo
se transformó en alegre mariposa.

Fue creciendo en el seno del hogar
vivaracha, sensible y cariñosa,
Blanquita le empezaron a llamar
aunque de pila fuera, Blanca Rosa.

Activa y con gran inclinación,
interés por las artes demostraba,
cocinar ocupaba su atención
y su mamá con gusto la animaba.

Solía decir envuelta en su ilusión:
¡mamá, yo quiero cocinar contigo!
Le mostraba su madre aprobación
¡ven, que este dulce tú lo harás conmigo!

¡No me ayudes mamá!, decía Blanquita
con su rostro infantil siempre risueño:
¡el dulce quiero hacerlo yo solita!
La madre sonreía ante el empeño.

Llegado el tiempo de la adolescencia
su arte se empeñó en desarrollar,
con notas y medallas de excelencia
fue graduada en la Escuela del Hogar.

Mas tarde se graduó en Pedagogía
y enseñar formó parte de su vida,
a su aula la recuerda cada día
no olvida su existencia compartida.

Su tiempo libre siempre dedicaba
a sus ricos platillos preparar,
recetas a granel recopilaba,
delicias dedicaba al paladar.

Por tres generaciones incluidas
estas recetas que coleccionadas
han sido por sus manos escogidas,
y gustosamente publicadas.

Hoy jubilada ya, vive y comparte
con un esposo que la mima y cuida,
le brinda sus manjares con el arte,
ése que ha sido una razón de vida.

Surge un libro que ofrece y le fascina,
su sueño hoy realidad está brindando
que usted sea feliz y en la cocina
con su apoyo, *disfrute cocinando*.

Entremeses

Camarones al tequila

Receta de nuestros primos mexicanos Carlos y Sandra de la Torre. En nuestros viajes a la ciudad de México siempre nos obsequian con aperitivos que lleven tequila. Uno de los preferidos es el de Camarones al tequila.

Ingredientes

½ taza de aceite vegetal (4 onzas)
1 libra de camarones limpios (grandes)
1 cucharada de pimentón (paprika)
1 cucharadita de pimienta roja
1 cucharadita de sal
1 hoja de laurel
1 taza de tequila (8 onzas)

Preparación

En una sartén grande se pone el aceite, y a fuego moderado se le va agregando los ingredientes moviéndolos para que no se quemen. A los camarones, que es lo último que se agrega, tan pronto tomen un color dorado, parecido al de la zanahoria –y midiendo el tiempo que no debe pasar de cinco minutos– se le añade la tequila. Se retira del fuego, y a saborear este delicioso y nutritivo manjar. Puede servirse como aperitivo o como parte de la cena.

Nota Los camarones tienden a soltar agua, por lo tanto deben estar bien secos al echarse en la sartén y nunca deben cocinarse más de cinco minutos. A esta misma receta en lugar de tequila puede ponerle ron.

Los camarones como todos los mariscos deben limpiarse bien y cuando los compre cerciórese que son frescos. Mire bien la fecha de vencimiento del envase si los compra congelados.

Pasta de aguacate o guacamole

En el 1979, visité en Las Vegas, Nevada a mis hermanos y sobrinos. José Luis me obsequió con la Pasta de aguacate y Fernando, quiso demostrar que con queso crema era superior y la hizo. Las dos son excelentes.

Ingredientes

1 aguacate maduro, pelado y sin semilla se corta en pedacitos
1 lata de tomates pelados, de los cortaditos
½ taza de cebolla bien picadita
¼ de cucharadita de mostaza en polvo
½ taza de pimiento (ají) cortados en trocitos pequeños
2 cucharaditas de zumo de limón verde
Unas gotas de salsa de Tabasco (menos de ½ cucharadita)
½ cucharadita de salsa inglesa (Worcestershire)

Preparación

Ponga los ingredientes en el vaso de la licuadora, mezcle hasta que el aguacate quede bien unido. Bata a velocidad normal ½ minuto o hasta que los ingredientes formen una masa única. Sírvalo inmediatamente. Da dos tazas.

Crema de aguacate

Ingredientes

1 aguacate grande maduro
1½ cucharadita de jugo de limón
2 cucharadas de vino Oporto
1 queso crema de 3 onzas
1 cucharadita de sal

Preparación

Quite la cáscara y semilla al aguacate. Maje la masa. Agregue el queso crema y mezcle a medida que añada el zumo de limón, la sal, y el vino Oporto. Después de tenerlo unido, colóquelo en un bol de cristal. Se sirve bien frío.

Nota: Pueden servirse con nachos mejicanos, trocitos de zanahoria, chicharritas fritas cortadas a lo largo de plátanos verdes, con galleticas y doritos.

Aspic de pescado

Cuando fuimos a visitar a nuestros amigos Víctor y Olguita Martín en Miami, para felicitar a su nieta Olga Marie Martínez, por haber obtenido el segundo lugar en la competencia de español en toda la nación (Estados Unidos); por otros premios y condecoraciones; y además, por haber recibido su título de Maestra de piano; recibimos la gran sorpresa al verla en la cocina dándole los últimos toques a este plato. Nos dijo: *para mí, es un verdadero placer preparar platos especiales para sorprender a mis amigos.*

Ingredientes

1 lata de tuna blanca sólida
1 lata de sopa de espárragos
2 sobres de gelatina Knox
1 queso crema de 8 onzas
16 onzas de mayonesa
1 molde en forma de pescado
Aceite de oliva para engrasar el molde

Preparación

En la licuadora mezcle todos los ingredientes para que queden bien unidos. Engrase un molde en forma de pescado con aceite de oliva. Vierta en él la mezcla. Póngalo en el refrigerador 8 horas como mínimo. Desmóldelo directamente en el plato donde vaya a servirlo. Adorne el pescado poniendo en cada ojo la mitad de una aceituna negra y para la boca una tirita de pimientos morrones. Puede usar ramitas de perejil para adornar otras partes. *El Aspic* es una jalea (pasta), que también puede prepararse de carne o de huevos. En este caso el molde puede tener otra forma.

Nota: Esta receta lleva una lata de sopa de espárragos. Cuando vaya a cocinar espárragos frescos al vapor se recomienda una cazuela alta y estrecha ya que deben cocinarse de pie. Amarre el mazo para que no se caigan.

Nota de salud: Se dice que el aceite de oliva extra virgen ayuda a la memoria y protege contra el envejecimiento cerebral.

Pastica de pimientos morrones

En Cuba la pastica que más se preparaba para las fiestas era ésta. Los cubanos en el exilio han seguido la costumbre. Creo que es una de las más fáciles, rápidas y por lo general sólo con sustituir el jamón del diablo la puede convertir en otra. Así la vi preparar en mi casa y así es como la preparo.

Ingredientes

1 latica de jamón del diablo
1 lata de pimientos morrones
1 queso crema de 8 onzas
1 pepino encurtido
6 aceitunas rellenas
1 pizca de pimienta dulce, *allspice* (opcional)
1 paquete de pan de molde blanco

Preparación

I. Los pimientos escurridos se muelen lo más fino posible con el pepino, las aceitunas y el queso crema; al final se le agrega la pimienta con el jamón del diablo.
II. Cuando todo quede bien mezclado, elimine la corteza al pan y coloque la pasta encima. Cúbrala con otra lasca de pan y córtela a lo largo. Si desea porciones más pequeñas, puede cortar el pan en forma de triángulo.
III. Coloque cada emparedado en una bandeja y decore unos con tiritas de pimientos morrones y pedacitos de aceitunas y otros con pedacitos de pimientos y queso crema. Si desea puede darle color al pan con tinte vegetal.

Nota: La espinaca se usa mucho para dar el color verde. Póngala en poca agua, déjela un rato. Exprima para extraerle el color. Se usa para teñir el queso crema y las hebras de coco. En lugar de jamón del diablo he usado una latica de salmón rosado limpio de piel y de huesitos.

Orejones de albaricoques al Brandy

La mayoría de los hombres siempre van a la cocina cuando quieren demostrar que saben cocinar. Mi esposo Juan Suárez, prepara la ensalada de frutas naturales –por cierto muy sabrosa– y su preferida: los Orejones de Albaricoques al brandy. Pueden servirse durante la cena o como aperitivos. Y porqué no, cuatro orejones en el desayuno, que es lo que hacemos diariamente

Ingredientes

1½ libra de albaricoques secos

2 tazas de brandy

Preparación

En un recipiente de cristal que tenga tapa eche los albaricoques. Agregue la primera taza de brandy. Tape el recipiente y déjelo fuera del refrigerador. Al tercer día añada la segunda taza de brandy, revuelva bien para que cada albaricoque se impregne bien. Tape el recipiente y déjelo reposar dos días más para que se marinen bien. A partir de ese momento usted comienza a disfrutar de esta delicia en pequeñas dosis a cualquier hora del día.

Nota: Aconsejo no ponerlos en el refrigerador. Puede agregar más brandy si lo desea a partir del último día. Entre más tiempo los tenga marinados, sabrán mejor. Se sigue el mismo procedimiento con las frutas secas mixtas. Puede usar la bebida que más le guste. Ron, tequila, coñac. Puede bañar los albaricoques secos en chocolate y ponerlos en el refrigerador para enfriarlos, son deliciosos.

Nota de salud: A la hora del desayuno, siempre acompañamos las frutas con cuatro orejones de **albaricoques** y siete ciruelas secas si tienen semillas, y cuatro sin son si semillas. A la avena le añadimos dos cucharadas de arándano seco y una cucharada de pasitas sin semillas. Además de antioxidantes tienen mucha fibra. El calcio lo obtenemos con una taza de leche al 1%. Si usted es de los que padece de constipación le aconsejo que en el desayuno coma al principio 10 ciruelas y después mantenga la costumbre de comer 5 diariamente. Los resultados serán asombrosos.

Albaricoques, conocido también como Damasco: Tienen un alto contenido de vitaminas A y C. Buena fuente de potasio, aportando hierro, calcio, fósforo y fibra a su dieta. A los habitantes de un pueblo ubicado al norte de Pakistan, llamado Huanza, le atribuyen al albaricoque su larga vida y virilidad. Los hombres tienen hijos hasta pasado los 80 años y viven más de 100 y los árboles de albaricoque tienen más de 100 años o sea más del doble que en otros lugares.

Boquitas de Berenjenas fritas

Mi hermano Henry las preparaba para las fiestas de cumpleaños cuando vivía en Pinebush, N.Y. La berenjena es una verdadera tentación para mí. Mi hermano convirtió como una tradición familiar brindarnos berenjena y cebollas fritas, a las que él llamaba *Anillitos de cebolla.*

Ingredientes

2¼ libras de berenjenas pequeñas
1 taza de aceite vegetal
1 taza de harina de trigo
1 cucharadita de sal

Preparación

Las berenjenas si son pequeñas y tiernas saben mejor. Al pelarlas empiece de la parte fina hacia la ancha, de arriba hacia abajo. Córtelas en rodajas de ½ pulgada más o menos pero todas del mismo ancho. Inmediatamente póngalas en agua con sal una hora, para quitarle el sabor amargo y para que queden más tiernas. A la hora, se sacan del agua. Séquelas y escúrralas para eliminar el agua lo más posible. Con un paño se terminan de secar bien. Después páselas por harina, tratando que queden enharinadas por ambos lados. Fríalas en aceite bien caliente y abundante para que cubra las berenjenas. Evite dorarlas demasiado, pues se endurecen. Se comen calientes, ya que frías pierden el sabor. Este plato puede servirse como aperitivo y en la cena como un acompañante de pastas o de carnes.

Nota: Al comprar la berenjena, la más liviana es la mejor. No las compre por su peso. De dos del mismo tamaño, llévese la que pese menos.

Nota de salud: Tiene propiedades diuréticas. Aconsejan poner la berenjena en agua, guardarla en el refrigerador y todos los días tomar esa agua para adelgazar.

Anillos de cebollas fritas

Son muy fáciles de preparar y muy sabrosas. Depende de una buena cebolla blanca y como decía mi hermano: *una cebolla bien cortada y un buen estilo al hacerlas.* Se han hecho muy famosas en los restaurantes como el famoso Versailles de la Calle 8 y 36 Avenida del S.W, Miami, Florida.

Ingredientes

3 cebollas blancas de tamaño mediano
1 taza de harina
1½ taza de aceite vegetal para freír
Sal al gusto

Preparación

Corte las cebollas en rodajas. Se separan en anillos, eliminando el centro en su totalidad. Pase los anillos por harina. Tienen que quedar bien cubiertos. El secreto está en dejar que se impregnen y se sequen bien. Vuelva a enharinar los pedazos que quedaron sin cubrir. Deje que se sequen, no las fría inmediatamente. Después fríalas en el aceite bien caliente. Hay que escurrirlas usando papel toalla. Sírvalas inmediatamente.

Nota: Para que no se vean pedacitos de cebolla trate de cubrirla muy bien con la harina, dejándola reposar un rato. Este es el verdadero truco para que queden bien cubiertas y bonitas. Es muy importante que la cebolla frita esté bien escurrida, sin grasa.

Nota de salud: La cebolla contiene una hormona parecida a la insulina, que ayuda a disminuir los niveles elevados de azúcar. En caso de quemarse y como emergencia, corte una cebolla y frótela suavemente por la quemadura o picadura de insectos. La baba de las hojas de sábila (Aloe Vera) se usan con el mismo objetivo. Si se quema tenga a mano cebolla, hojas de sábila o clara de huevo.

El cebollino, *Chives* en inglés, ayuda a eliminar las mucosidades, buen expectorante natural. Contiene ácido fólico y potasio, aumenta la capacidad para digerir las grasas. El ácido fólico es muy importante para la circulación.

Enrollado de tocineta con dátiles

El *Enrollado de tocineta con dátiles* es de la Dra. Lucie Simanis, profesora de alemán, jubilada de Wagner College, Staten Island, N.Y. Al darme la receta me dijo: *–Soy vegetariana, pero tú no lo eres.*

Ingredientes

20 tiras de tocineta (bacon)
20 dátiles (sin semillas)
10 nueces (partidas a la mitad) y palillos

Preparación

Abra los dátiles y coloque la mitad de la nuez en el centro de cada uno. Enrolle los dátiles con las tiras de la tocineta. Usando un palillo, asegúrelos bien para evitar que se abran. En un molde llano y colocándolos algo separados, hornee a 400° Farenheit unos 20 minutos o hasta que se doren a su gusto. Se sirven calientes y con sus respectivos palillos.

Enrollado de tocineta con ciruelas

El *Enrollado de tocineta con ciruelas*, lo hizo por primera vez, Carmen del Pilar López Martínez, en su pueblo natal, Majagua, provincia de Camagüey, Cuba, en diciembre del año 1955, para celebrar el bautizo de su hijo el Dr. Juan Pascual Suárez López, hoy médico internista en la ciudad de Orlando, Florida.

Ingredientes

20 tiras de tocineta 20 ciruelas sin semillas 1 queso crema Palillos

Preparación

A estas ciruelas sin semillas póngales en el hueco una cucharadita de queso crema, envuélvalas en una tira de tocineta. Asegúrelas con un palillo y siga las instrucciones de la receta anterior.

Nota: Otra versión es el relleno con masitas de langosta molida o de cangrejo. *Enrollados de tocineta con langosta. Enrollados de tocineta con cangrejo y pedacitos de camarones.* Las preparo usando ciruelas en lugar de dátiles.

Enrollados de salchichas

Esta receta es de la Sra. Selenia Pastrana, por años supervisora del Departamento de Lenguas extranjeras en Tottenville High School, Staten Island, New York, hoy jubilada.

Ingredientes

2¾ libras de papas
¼ libra de mantequilla
¼ taza de pan molido
2 laticas de salchichas
½ taza de harina
2 yemas de huevo
2 huevos enteros para rebozar
1 taza de aceite de vegetal

Preparación

Las papas peladas, se cortan en pedazos y se cocinan en agua con sal, unos 20 minutos. Cuando estén blandas se escurren bien. Coloque las papas unos minutos en el horno caliente pero sin cerrarlo para que se sequen bien. Inmediatamente hágalas puré. Cocine con el menor calor posible, agregue las dos yemas y la mantequilla. Mezcle bien. Retírelo del fuego y deje que se enfríe. En una sartén con poco aceite fría las salchichas. Después corte cada una a la mitad. Extienda el puré cuando esté frío y poniéndole un poco de harina estírelo con un rodillo para dejarlo lo más fino posible. En este puré se envuelven los pedazos de salchicha en forma redonda. Deben quedar del tamaño normal de una regular. Reboce en huevo y pan rallado. Fríalas en abundante aceite caliente hasta que estén bien doraditas.

Nota: Esta receta puede hacerse con perros calientes siguiendo el mismo procedimiento. Si son muy grandes divídalos a la mitad.

Rollitos de jamón y queso crema

El sábado 6 de mayo del 2000, mi nieta Stephanie Schwall García tomó su Primera Comunión a las 10 de la mañana en la Iglesia Santa Rita, Staten Island, New York. Al regresar a su casa, sus papás sirvieron unos aperitivos a la familia y amigos antes de salir a cenar. Entre ellos se encontraba el de los rollitos de jamón preparados por sus papás y por su hermanito Matthew, de 10 años que con gran estilo los iba colocando en la fuente.

Ingredientes

8 lascas de jamón ahumado
1 pomo de pepino (Koshler Dill)
1 paquete grande de queso crema suave

Preparación

1. Coloque sobre cada lasca de jamón una cucharada y media de queso crema. Extiéndala para que cubra todo el jamón. Debe quedar con suficiente espesor.
2. Corte las puntas del pepino y colóquelo entero encima del queso crema.
3. Enrolle el jamón. Déjelo reposar en el refrigerador cubierto con papel toalla o una toallita de tela.
4. Al momento de servirlo córtelo en rueditas, ¼ de pulgada.
5. Sírvalo en una fuente llana y coloque un palillo en cada ruedita.

Nota: es mejor usar el pepino entero que el que viene cortado en lascas, éste es muy húmedo y no queda bien. Aconsejo sacar el pepino del pomo y secarlo bien. Dejarlo que repose una hora por lo menos antes de usarlo sobre el queso crema. Ahora que menciono dejarlo reposar antes de ser usado, quiero aconsejarles que cuando vayan a usar huevos, deben estar a temperatura ambiente, sáquelos del refrigerador por lo menos media hora o más antes.

Nota de salud: El pepino natural tiene grandes propiedades diuréticas. Combate el edema y la gota. Ayuda a perder de peso. Las rodajas de pepino colocadas sobre las picaduras de insectos ayudan a calmar el ardor. Hay personas que usan rodajas de pepino en la cara y en los párpados.

Rollitos de Tocineta (Bacon) y queso crema

El día que preparo *el enrollado de jamón* (ver receta anterior) hago el de tocineta. Esta receta es de mi hija Margaret. Mis nietos Matthew y Stephanie ayudan a su mamá a preparar estos rollitos.

Ingredientes

1 queso crema (16 onzas) blando
1 libra de tocineta *(bacon)* sin grasa.
1 paquete de pan blanco (10 onzas) (Usan Pepperidge farm)
1 caja grande de palillos

Preparación

1. Elimine la corteza del pan.
2. Extienda el queso crema sobre el pan.
3. Corte cada rebanada en tres partes iguales.
4. La tocineta (*bacon*) debe estar fría, córtela a la mitad.
5. El número de pedazos que tenga, será la misma cantidad de pan que va a necesitar.
6. Coloque una tira de la tocineta (*bacon*) sobre el lugar que está trabajando.
7. Ponga encima de la tira una rebanada de pan previamente preparado con el queso crema.
8. Enrolle con la tocineta *(bacon)* hacia afuera y atraviésele un palillo para que quede bien seguro el rollito.
9. Échelos después de haberlos preparado, en una sartén grande plana, y cocine a fuego moderado hasta que se vea cocinado.

Nota: Puede prepararse con anticipación y congelarse. Cuando vaya a usarlo tiene que darle bastante tiempo para que se descongele. Sólo tendrá que hacer la última etapa. (9) o sea cocinar los rollitos a fuego moderado.

Empanaditas de carne

Estas boquitas, empanaditas de carne en miniaturas, pueden hacerse utilizando cualquier tipo de relleno. Esta receta que les ofrezco me la obsequió la mamá de Diana Borg una de mis primeras alumnas de Wagner College por el año 1972, más o menos. Ella hizo las empanaditas y nos las llevó a la nave donde estábamos haciendo la carroza del Club de español para desfilar el día del *Homecoming*, en Wagner College, Staten Island, New York.

Ingredientes

1 sobre de Lipton con sabor a carne mezclado con setas
½ libra de carne molida con la cuchilla más fina
1 lata de habichuelas verdes cortaditas y escurridas
1 lata de castañas picaditas o ¼ taza de nueces picaditas
2 cucharadas de cebolla picada finamente
3 paquetes de masa refrigerada (Crescent rolls)
(Si lo desea prepare su propia masa de empanadas o compre las de Goya) *Vea la receta de cómo preparar la masa.*

Preparación

Ponga a calentar el horno a 375° Farenheit. En una sartén mezcle todos los ingredientes menos los paquetes de masa. Cocine a fuego moderado hasta que la mezcla adquiera un color dorado. Separe la masa como indica el paquete. Córtela en partes iguales en forma de triángulo. Coloque una cucharada de la mezcla encima en el centro. Doble por encima y con un tenedor selle las orillas. Para que la masa no se pegue al tenedor, humedezca las puntas con agua antes de hacer el próximo. Coloque cada empanadita en un molde sin grasa. Cocine en el horno 15 minutos.

Nota: En mi variación antes de ponerlo en el horno le pongo por encima un huevo batido o en su lugar un poquito de azúcar blanca. A veces uso la masa marca Goya y las frío en aceite caliente.

Chuletas de Tuna

Unos le llaman chuletas, otros albóndigas o bolitas rellenas. No importa el nombre, son deliciosas. Sirven como aperitivos o platos adicionales. Las preparo durante la Semana Santa o si tengo invitados que son vegetarianos. Receta de María Pérez, Miami Dade, Florida.

Ingredientes

4 latas de tuna (en agua)
2 claras de huevos
4 papas grandes
1 cebolla mediana picadita
½ ají (pimiento) verde picadito
1 taza o más de aceite vegetal para freír
1 pizca de jenjibre (opcional,siempre lo uso)
1 taza de migas de pan (molido) y sal al gusto

Preparación

1. Ponga a hervir las papas con su cáscara unos 20 minutos en agua con sal y una cucharadita de aceite vegetal. Después pase las papas por agua fría y elimine la cáscara. Májelas hasta que el puré forme una pasta. Si desea añádale 2 yemas de huevo.
2. Abra las latas de tuna, escurra el agua.
3. Fría en aceite caliente el jenjibre, cebolla y el ají (pimiento).
4. Añada a este sofrito el puré de papas y más sal (opcional).
5. Agregue la tuna al sofrito, mezcle todo muy bien.
6. Haga con la mezcla unas pequeñas bolas lisas, aplanadas.
7. Bata las claras de huevos ligeramente.
8. Ponga las bolas en la clara de huevo.
9. Después páselas por pan molido.
10. En una sartén honda, fríalas en aceite caliente que las cubra.
11. Retírelas del fuego tan pronto las vea doradas.

Nota de salud: El **jenjibre** combate el agotamiento y la dificultad de concentración. Una pizca de jenjibre por ejemplo en la sopa es muy nutritivo. Destruye los químicos que producen estrés. Además de fibra, contiene vitaminas A y B.

Dedos de la Nonna

Si desea comer una comida italiana deliciosa, visite en Miami *La Nonna* Restaurant, en la Avenida 107 S.W. entre Flagler y la 8 calle. Lleva el nombre de *La Nonna,* que en italiano significa abuela, porque su dueño el Sr. Nick González, cubano, lo nombró así, en homenaje a su abuela*: criolla, italiana y mambisa*, palabras textuales de su nieto. Si va al restaurante a la hora de la cena, será obsequiado con este delicioso aperitivo.

Ingredientes

1 berenjena mediana
1 huevo
½ taza de harina de trigo
½ taza de pan rallado italiano preparado con orégano
1 taza de aceite vegetal

Salsa blanca: 1 pizca de nuez moscada, ½ cucharadita de pimienta, 1 cubito de pollo, ½ barra de mantequilla derretida, ¼ taza de harina de trigo y 2½ tazas de leche.
Salsa paparina: bacon (tocineta) picadito a su gusto,
½ cebolla picadita y prosciutto a su gusto.

Preparación

I. Corte la berenjena de arriba hacia abajo ¼ de pulgada y de 2½' por 2½'. Pase los pedazos por harina, después por huevo y por último por el pan rallado italiano condimentado. Fríalos en aceite vegetal, caliente. **II.** Para la salsa blanca ponga a hervir la harina, la mantequilla, la leche con la nuez moscada, pimienta y el cubito de pollo concentrado. Revuelva hasta que se forme una masa blanca que no quede ni muy seca ni muy húmeda. Se separa de la candela. **III**. Para la salsa paparina prepare el picadillo cocinando en una sartén el bacon, cebolla y el prosciutto. Únalo a la salsa blanca y mezcle muy bien. **IV.** Sirva la berenjena individualmente en un plato pequeño con la salsa de tomate y el queso que más le guste. Por encima le echa la salsa paparina y blanca previamente mezcladas. Adórnelo con ramas de perejil fresco.

Bollitos de frijol carita

Mi madre, Eleuteria Margarita Díaz de Hernández, natural de Cárdenas, Matanzas, Cuba, se convirtió en una verdadera ama de casa. Al casarse fue a vivir primero a la finca Marques y después a la finca Belencita, ambas cerca de Perico y del Central España, en la misma provincia de Matanzas. Mi padre decía que era la mejor cocinera del mundo. Me siento orgullosa de mi madre que supo trasmitirme los valores de esposa, madre y ama de casa. En Miami, en *La Camaronera,* en Flagler y la 19 Avenida, sirven estos bollitos de frijol carita con pescado frito y una sopa de cherna, que me transportan a mi Cuba y a los plaatos que hacía mi madre. Esta receta que les ofrezco es la de ella.

Ingredientes

1 libra de frijol carita
4 dientes de ajo machacados
1 cucharadita de sal
1 pizca de pimienta
1 taza de aceite vegetal

Preparación

I. Deje los frijoles carita toda la noche en agua. Al día siguiente quite la cáscara al frijol. Entonces usando la cuchilla más fina de la máquina de moler o de la licuadora muela varias veces los frijoles con el ajo. Añada la sal y la pimienta, siga batiendo o moliendo hasta que tenga la consistencia de una masa de pastel. **II.** En una sartén u olla de freír ponga el aceite y cuando esté bien caliente, eche cucharaditas de la masa. El aceite debe cubrirlas bien. Retírelas del fuego tan pronto tomen un color dorado. Sírvalas acabadas de hacer. Saben mucho mejor.

Nota: Pueden servirse con la comida, si tiene invitados a cenar o como aperitivo (bocas). Como son tan ricas se comen a cualquier hora. En casa de mis padres como tradición se preparaban cuando teníamos pescado frito. Si usted brinda cerveza con los bollitos de frijol carita, les recomiendo preparar un Tarro de cerveza, vea la receta en las bebidas.

Nota de salud: No mezcle bebidas. Así evitará las famosas migrañas, dolores de cabeza y las terribles resacas al siguiente día.

Pastica de frijoles negros

Los primos mejicanos Sandra y Carlos de la Torre, preparan esta pastica de frijoles negros. Con yogur, es como para chuparse los dedos.

Ingredientes

½ taza de yogur (yogurt) natural sin sabores
½ cucharadita de ajo en polvo
½ cucharadita de pimentón en polvo
½ cucharadita de pimienta o más (al gusto)
1 taza de frijoles negros maarca Goya, cocinados sin líquido
1 paquete de tortillas nacho o pitas de pan
Tiritas de zanahorias, 1 taza de salsa de tomates preparados

Ingredientes para la salsa

1 taza de tomates picaditos
½ cucharada de cilantro
Pimienta y sal al gusto
¼ cucharadita de orégano (fresco)
¼ cucharadita de pimentón

Preparación

En un bol pequeño de servir mezcle los tomates, el orégano, (si es fresco mejor) cilantro, pimienta, pimentón y sal a su gusto. Póngalo a enfriar. Puede servirlo bien frío, así solo sin agregarle nada más. Pero para esta receta se le añade a la salsa el yogur, ajo y pimentón. Maje los frijoles un poquito y únalos a la mezcla anterior. Cuando esté bien frío sírvalo con tortillas nacho, pan de pita, tiritas de zanahoria o las pequeñitas, palitroques. Use varias galleticas a su gusto. Puede usar unas tostadas de maíz mexicanas sabor natural, llamadas Charras que son deliciosas. Esta pastica tiene muy poca grasa y nada de colesterol.

Nota de salud: La salsa de tomate es un antioxidante y por la sustancia que contiene ayuda a prevenir el cáncer de la próstata y enfermedades del corazón. "Orlando Sentinel, jueves enero 11 del 2001" **El yogur** tiene gran cantidad de calcio, relajante para el sistema nervioso y las fatigas.

Bocaditos de setas

Siempre que tenemos invitados a cenar, comenzamos a pensar: ¿qué brindaremos que sea distinto a otras ocasiones? Ésta y las estofadas gustan mucho y resultan muy buenas para la salud. Receta de Rosita Astorquiza, año 1961, cuando vivía en Unión City y yo en North Bergen, New Jersey.

Ingredientes

½ libra de setas frescas (champiñones)
1 taza de crema de leche
4 cucharadas de mantequilla
2 cucharadas rasas de harina de trigo
Sal y pimienta al gusto

Preparación

Pele y corte las setas. No use los tallos. En una sartén con mantequilla derretida, agregue las setas. Cocine a fuego moderado hasta que las vea suave. Añada la harina, sal y pimienta. Use una cuchara de madera para revolver. Cocine unos minutos más. Añada la crema, revolviendo constantemente para que no se queme y adquiera la consistencia de una salsa espesa. Colóquela en el refrigerador hasta el momento de ser usada. A la hora de servir unte esta pastica sobre pan tostado redondito. Da aproximadamente 30 bocaditos pequeños.

Nota: No ponga la pasta sobre el pan hasta la hora de comer. Si desea puede colocarla en un recipiente bonito y los panecitos en otro y que cada persona se sirva lo que apetezca. La ventaja es que así no la desperdiciará pudiendo ser usada de nuevo. No la guarde más de dos o tres días. La mantequilla debe estar a temperatura ambiente antes de ser derretida.

Nota de salud: Madrid (AP) la Prensa 1ro. de marzo de 2001. Un estudio realizado por investigadores de la Universidad Complutense de Madrid, revela que el pan no engorda. Que es bueno para mantenerse saludable y para aquellas personas que intentan mejorar su peso y salud deben comerlo. Estudio realizado por la Dra. Rosa Ortega, del Departamento de Nutrición de la Universidad.

Setas (champiñones) estofadas

Las setas estofadas como aperitivos gustan mucho. La primera vez que las comí fue en casa de John Nicolello en Pine Bush, N.Y. en al año 1969, más o menos.

.

Ingredientes

2 libras de setas frescas
2 tazas de migas de pan
Los tallos de las setas, peladas y cortadas
½ taza de queso rallado
1 huevo
2 salchichas italianas sin piel (si no come carne no las ponga)
½ taza de perejil fresco
½ taza de vino de cocinar
½ taza de aceite de oliva
½ taza de agua
2 cucharadas de ajo en polvo.

Preparación

Remoje y limpie muy bien las setas con agua fría. Quite los tallos, pélelos y córtelos en pedacitos. Seque muy bien las setas. Colóquelas en un molde de hornear. Mezcle los tallos con todos los demás ingredientes en una vasija, menos el aceite y el agua. Use una cucharita para rellenar cada seta con esta mezcla. Riéguele por encima el aceite y el agua a cada una. Cúbralas con papel de aluminio. Hornee a 350° Farenheit 1 hora o hasta que estén doradas.

Nota: Las setas deben permanecer muy poco tiempo en el agua, se ponen negras y pierden sabor. Cuando preparo biftec, corto una cebolla en rodajas, un ají verde y setas. Todo lo pongo a dorar en una sartén con un poquito de aceite. Tan pronto se ven tiernas, las retiro de la sartén y en ese mismo aceite hago los biftec. Al servirlos los cubro con lo anterior.

Nota de salud: La **seta** combate la fatiga, relaja los nervios y hace crecer el pelo. El uso de **aceite de oliva** extra virgen ayuda a mejorar la memoria.

Sopas

Sopa de cebolla al instante

Steven Schwall, esposo de mi hija Margaret sabe que nos gusta la sopa de cebolla. Cuando los visitamos en Staten Island, nos la prepara. Al pie de la página está otra versión suya, rápida y rica.

Ingredientes para 4 personas

4 cebollas grandes y 4 cucharadas de mantequilla
6 tazas de caldo de res o pollo (o de cubitos de carne o pollo)
2 cucharadas de salsa inglesa (Worcestershire)
½ cucharadita de pimentón y ¼ cucharadita de pimienta
2 cucharaditas de sal (o a su gusto)
1 taza de queso rallado parmesano y pedazos de pan viejo

Preparación

Corte las cebollas finitas y en una sartén grande cocínelas en mantequilla hasta que se doren. Vierta el caldo o cubitos disueltos sobre la cebolla cocinada y añada la salsa inglesa, sal, pimentón y pimienta. Cocine a fuego moderado hasta que empiece a hervir. Baje a fuego lento cinco minutos, *evite que hierva.* Se sirve en platos hondos para sopa y encima se le coloca un pedazo de pan cubierto con el queso. Lo ideal es echar el queso derretido. La sopa es deliciosa si se deja reposar después de servida por lo menos 1 minuto. Si la vuelve a calentar gana en sabor.

Otra versión

Tome una cebolla, quítele la cáscara de afuera y un poquito del centro sin romperla. Póngale un cubito de carne o pollo con una cucharadita de mantequilla en el centro y apretando agregue un pedazo de queso. Cubra con papel de aluminio. En un recipiente a prueba de horno cocine en el horno previamente calentado a 325° Farenheit, por espacio de 15 minutos. Sírvala con pan tostado.

Sopa de setas

La Sra. Virginia Burkhart Withers, preparaba comidas a base de vegetales. Esta receta me la dio su hija Elizabeth. Puede servirse con pan tostado.

Ingredientes

¾ libras de setas frescas (champiñones)
4 tazas de agua fría
¾ tazas de crema y ¼ taza de leche
1 cucharadita de jugo dc cebolla
2 cucharadas de mantequilla
3 cucharadas rasas de harina de trigo
1½ cucharadita de sal
1 pizca de pimienta blanca
1 cucharadita de zumo de limón verde
1 cucharadita de pimentón (paprika) (opcional)

Preparación

1. Lave y muela las setas sin pelarlas ni quitarles los tallos. Remoje las setas ya molidas en agua fría durante 1 hora. **2.** Después agregue el jugo de cebolla. Deje que hierva a fuego moderado de 5 a 10 minutos. Cuele todo a través de un colador fino o de una tela fina. **3.** Haga una pasta con la harina de trigo y la mantequilla. Incorpórela al caldo de setas, revuelva bien rápido para mezclar bien. **4.** Siga cocinando a fuego moderado de 5 a 7 minutos más para que adquiera todo el sabor. **5.** Caliente juntas la ¾ taza de crema y ¼ taza de leche. Únalo a lo anterior. Mézclelo todo bien y al momento de servir añada la sal, pimienta, zumo de limón y pimentón. Agregue si lo desea trozos de pan tostado.

Nota de salud: Las **setas** sirven como relajante para los nervios, para la fatiga y además ayuda a crecer el pelo. Cuide su salud. El **yogur** (yogurt) tiene las mismas propiedades que las setas. Un bistec con setas, cebolla y pimientos verdes o de cualquier color ligeramente amortiguados, es un plato único y saludable. Trate de comer vegetales y frutas diariamente.

Sopa cremosa de vegetales

Esta receta básica para hacer la sopa cremosa de vegetales, me la preparó mi mamá en el año 1980. La receta se la había dado su amiga María Pérez. Le gustaba por la variedad de vegetales que se usa y que gracias a los mismos se obtienen los nutrientes que el organismo necesita.

Ingredientes

2½ tazas de leche
1 cucharada de harina de trigo
2 cucharadas de mantequilla
1 cucharadita de sal (use menos si usa apio)
1 pizca de pimienta
1 taza de vegetales crudos o cocinados el de su gusto* *(ver nota)*
Sazón (perejil, cebolla, ajo, apio, albahaca (basil), orégano

Preparación

En el vaso de cristal de la batidora ponga la leche, harina, mantequilla, sal y pimienta. Agregue el vegetal que va a usar para preparar la crema y los sazones que prefiera. Cubra el vaso y bata a velocidad moderada hasta que todo esté cremoso, de 3 a 4 minutos. Los vegetales cocinados se licúan más rápidamente que los crudos, formando una crema mucho más suave. Cuando todo esté mezclado y suave échelo en una olla, póngalo a hervir a fuego lento, revolviendo constantemente para que no se le queme o pegue. Si prefiere puede cocinarlo al baño María hasta que vea que la crema de sopa ha tomado el espesor deseado.

* Los sazones que use depende de su preferencia, igual la cantidad. Siempre uso una cebolla mediana, un ají (pimiento) verde y 3 dientes de ajo. Si piensa usar berro, espinaca o habichuelas tiernas, úselas frescas para conservar su color. Los otros vegetales le dan mejor sabor si son cocinados antes de batirlos.

Nota de salud: La **albahaca** fresca tiene propiedades antibacterianas. Ayuda a la digestión y a los problemas renales. En infusión al igual que el **orégano,** ayuda a las vías urinarias, al insomnio, dolores de cabeza y de garganta.

Sopa de vegetales

El tío de mi esposo, el Dr.Tomás Rodríguez Fernández, más conocido en la Argentina como Torofer, era vegetariano, teosofista y escritor. Se hizo médico cerca de los ochenta años. Cuando visitó a su hermana en Cuba, le pidió que le hiciera esta sopa y le dio la receta. Mi esposo no lo conoció, sólo sabe lo que su mamá le comentaba de él. Yo la preparo igual, con la única diferencia que le agrego una latica de jugo de tomate V8.

Ingredientes

1 libra de calabaza
½ libra de zanahoria
½ libra de papas
3 mazorcas de maíz
1 ají verde grande
1 cebolla mediana
½ libra de tomates frescos (y una latica de jugo de tomate V8)
4 dientes de ajo y 6 tazas de agua con sal al gusto
Aceite para el sofrito (pequeña cantidad)

Preparación

Ponga a hervir en el agua con sal, la calabaza, zanahoria, papas y maíz. Haga un sofrito con aceite, ají, cebolla, ajo y tomate. Únalo a lo anterior. Cuando todo esté blando, aplástelos un poquito y añada los fideos al caldo. Cocine a fuego moderado hasta que estén cocidos a su gusto. Si lo prefiere póngale pan tostado en lugar de fideos.

Nota: Recuerde que los fideos como las pastas siempre se ponen a cocinar con el agua hirviendo. El caldo también debe estar hirviendo.

Nota de salud: La zanahoria: rica en betacaroteno; es un antioxidante. El cuerpo absorbe mejor sus propiedades si se comen ligeramente cocinadas mejor que cuando se comen crudas. **La calabaza** fuente de vitamina A. **El tomate:** es un antioxidante. La sustancia que contiene entre otras cosas combate la vejez, previene el cáncer de la próstata y enfermedades del corazón.

Sopa de Brócoli (brécol)

La Sra. Justa Suárez de Fernández, cubana, residente en Miami, disfruta preparando esta sopa. Para ella es la mejor y la más saludable.

Ingredientes

1 cebolla blanca grande picada bien chiquita o molida
4 dientes de ajo, salteados en mantequilla, 4 tazas de agua
1 mazo de brócoli, 1 hoja de laurel, 1 pizca de sal

Preparación

Todo se hierve por espacio de media hora a fuego lento. Después se pasa por la licuadora con una lata de leche evaporada. (Le agrego una papa bien picadita). Se cocina 10 minutos más, y se sirve inmediatamente con pedacitos de pan tostado. En lugar de agua, puede usar caldo de res o de pollo, elimine la leche evaporada.

Sopa rápida de espárragos

Es una receta que pueden usar los diabéticos y que según Cristine Fong, esposa de mi sobrino José Luis, no tiene que sustituir un alimento por otro alterno. La receta da para 8 raciones a ½ copa cada una. Sólo tiene 10 calorías, muy buena para los que están a dieta o son diabéticos.

Ingredientes

1 lata de espárragos (dos tazas) 1 cubito de caldo de carne
3 tazas de agua hirviendo

Preparación

Los espárragos con su líquido se pasan por una batidora hasta que estén pastosos. Al agua hirviendo, se le echan los cubitos de caldo y los espárragos bien cremosos. Se cocina a fuego lento cinco minutos. Se sirve inmediatamente con pan tostadito.

Nota de salud: El **brócoli** es rico en vitamina C. Estupenda fuente de cromo, ayuda a regular la insulina y el azúcar en la sangre.

Sopa de zanahoria y apio

Según Cristine Hernández, residente en Las Vegas, Nevada, con esta sopa si usted es diabético tiene que sustituir un servicio de leche descremada y ½ de grasa. (½ copa de esta sopa tiene 80 calorías). Da para seis personas.

Ingredientes

1 taza de zanahoria cortadas en ruedas
2 cucharadas de cebollas finamente picadas
¼ taza de agua
1 cucharada de maicena
1½ taza de leche descremada
1¼ taza de una lata de sopa de apio condensada
2 cucharadas de perejil fresco picado
1 pizca de sal y 1 cucharadita de sal adicional

Preparación

I. En ¼ de taza de agua con una pizca de sal cocine las zanahorias con la cebolla en un recipiente bien tapado. **II.** Combine en otro recipiente la maicena y una cucharadita de sal. Poco a poco agregue la leche descremada para formar una mezcla suave. Añada la sopa de apio. **III.** Viértalo en la olla donde está la zanahoria y la cebolla ya cocinada, usando el agua. **IV.** A fuego lento cocine hasta que espese, revolviendo de vez en cuando. Al servirlo agregue el perejil fresco picadito. Use para cortarlo una tijera.

Nota de salud: El **perejil** fresco tiene propiedades diuréticas. La **zanahoria** es rica en betacaroteno, es antioxidante. El cuerpo absorbe mejor sus propiedades cuando se comen ligeramente cocinadas y no crudas. La **cebolla** eleva el colesterol bueno. Se recomienda para la artritis, diabetes, bronquitis, asma. Por tener una hormona similar a la insulina, ayuda a disminuir el nivel de azúcar elevado en la sangre. Si se quema, póngase un pedazo de cebolla cruda en la quemadura, frótela suavemente y déjesela un rato. Pero primero póngase agua fresca, no fría, ni hielo, ni grasa, esto es costumbre antigua y errónea.

Sopa de pescado

Cuando compre pargo o cherna corte la cabeza y prepare esta sopa de pescado. Para las personas que hacen una comida fuerte al día y después sólo comen algo ligero, he aquí un plato alimenticio, fácil de preparar, económico y muy sabroso. Debemos comer pescado por lo menos 2 veces a la semana. Receta de mi abuela materna Charo Jardín. De ella pasó a mi mamá y después a mí. Ahora se las cedo con mucho cariño.

Ingredientes

2 cabezas de pescado
¼ de cucharadita de pimienta
Pedazos de pan frito al gusto
3 dientes de ajos machacados
2 cebollas picaditas
6 tazas de agua
½ limón
Fideos al gusto
1 lata de jugo de tomate V8 (ella usaba tomate fresco)
3 papas medianas picaditas en trocitos pequeños
1 cucharadita de sal o use más limón como sustituto

Preparación

En seis tazas de agua ponga a hervir las cabezas de pescado. A la media hora si ve que están blandas, sáquelas del agua y cuando estén casi frías quite toda la masa. Prepare un sofrito con cebolla, jugo de tomate, pimienta y ajos. Al caldo, añádale el sofrito, los pedacitos de papas y las masitas del pescado. Póngalo al fuego moderado y cuando hierva, añada los fideos. Casi al final agregue si desea trocitos o rodajas de pan frito. Tan pronto los fideos estén a su gusto, sirva la sopa caliente en platos hondos individuales. *Yo le agrego una zanahoria rallada y una cucharadita de perejil fresco o seco.*

Nota: Los fideos se echan en agua hirviendo, nunca con el agua fría. Cuando pele las papas póngalas en agua fría y jugo de limón hasta el momento de usarlas para evitar que cambien de color. Lo mismo se hace con las manzanas y las peras. Aunque estas últimas deben comerse inmediatamente después de pelarlas o cortarlas porque pierden mucho de sus propiedades. Las peras como los plátanos no se pueden congelar, todas las demás frutas sí.

Sopa de queso de papa (cheddar)

Las sopas de vegetales que contengan queso son muy populares en EE.UU. He preparado sopa de brécol (brócoli), pero sin queso. Ésta la preparó en mi casa mi hermano Henry cuando yo vivía en North Bergen, N.J. por el año 1964.

Ingredientes

4 zanahorias cortaditas en rueditas
1 taza de tallitos de brócoli picaditos
4 tazas de queso de papa (cheddar)
½ barra de margarina derretida
6 tazas de caldo de pollo
¼ taza de harina de trigo
2 cebollas cortaditas
3 papas cortaditas
2½ tazas de leche
1 mazo de brócoli

Preparación

1. En una olla cocine a fuego lento 10 minutos el caldo de pollo con papas, zanahorias, cebollas y los tallitos de brócoli bien cortaditos. **2.** Para preparar la salsa blanca ponga al fuego en una sartén la margarina, añada la harina, rehogue un poco. Se deslíe con leche hirviendo, moviéndolo muy de prisa para que no forme pelotas. Añada las tazas de queso. Mezcle bien. **3.** Agregue esta salsa al caldo preparado, añadiendo a la vez el mazo de brócoli . Deje que la sopa hierva. No la cocine demasiado. Sírvala con pedacitos de pan tostado.

Caldo de pollo o de res

Ponga en el agua fría el pollo o la carne, agregue una hoja de laurel, ajo, ají y cebolla. Cocine a fuego moderado y cuando esté el pollo o la carne blandos, cuele el caldo y guárdelo para cuando lo necesite. Use la carne de pollo o de carne para croquetas, ensaladas, ropa vieja. Las carnes mantienen sus propiedades aún después de hervidas.

Nota de salud: El **brócoli** (brécol) contiene mucha fibra. Estudios recientes han comprobado que frutas, vegetales y fibras ayudan a combatir *la diabetes II.*

Sopa de plátanos verdes

Nunca se me ocurrió preguntar por qué en mi casa en el almuerzo se servía frijoles (habichuelas) y por las tardes era plato obligatorio la sopa. Las favoritas eran: la de ajo y pan, la de pescado, la de plátanos y la de cebolla.

Ingredientes

4 tazas de caldo de res o de pollo previamente preparados
1 diente de ajo machacado
1 cucharadita de sal
2 plátanos verdes
1 limón (zumo)

Preparación

Pele los plátanos y córtelos en rodajas largas. Cocínelos en el caldo con el zumo de limón, ajo y sal a su gusto. Deje que hierva por espacio de 20 minutos a fuego moderado. Maje varias rodajas para que la sopa espese un poco. Sírvala en platos hondos individuales.

Versión 2

Fría las rodajas de plátano bien finas en una sartén con aceite caliente, colocándolas de manera que no se peguen, escúrralas. Muélalas para convertirlas en polvo. Después siga la receta anterior.

Sopa de puré de garbanzos

En las casas de familias de origen español incluyendo entre ellos a los isleños, todas las tardes a la hora de la cena se comenzaba con la sopa del día.

Preparación

Siga el procedimiento e ingredientes del *potaje de garbanzos* que aparece en la página siguiente. Cuando todo esté blando, páselo por un colador para extraer la pulpa. A la sopa, añádale una taza de leche, 2 o 3 cucharadas de aceite. Cocine revolviendo constantemente. Añádale al final una pizca de sal o más a su gusto.

Potajes

Potaje de garbanzos

Los potajes de frijoles negros, garbanzos, judías, chicharos, lentejas y de caritas eran muy populares en el campo y pueblos de Cuba. Contienen las fibras, necesarias para una dieta diaria. Uso la marca Goya, por considerar que el grano se ablanda y cuaja mejor. Los productos Goya son mis favoritos.

Ingredientes

1 libra de garbanzos, marca Goya
3 o 4 tomates
3 papas grandes
3 dientes de ajo
3 cucharadas de aceite
2 onzas de tocino
½ cebolla
¼ de calabaza
1 hoja de laurel
Sal a gusto

Preparación

La libra de garbanzos se deja en suficiente agua la víspera. Al día siguiente se cocina con el pedazo de tocino a fuego moderado y la hoja de laurel, hasta que el garbanzo se ablande, unos 30 minutos. Cuando estén blandos pero sin desbaratarse, se le agregan los tomates, la cebolla, papas, ajo machacados, calabaza, sal y aceite. Aplaste algunos granos para que cuaje. Cocine a fuego moderado otros veinte minutos; después a fuego lento hasta la hora de servirse. Puede comerse solo aunque a muchas personas les gusta comerlo servido con arroz blanco.

Garbanzos fritos

Cuando los garbanzos estén blandos, tome ¼ taza de granos sin caldo y fríalos con cebolla y ajo. Puede añadir un chorizo picadito o pedacitos de tocineta (bacon). Uso a veces los pedacitos secos que vienen envasados en pomos, le dan un sabor delicioso.

Lentejas con papas

Recuerdo con el disgusto que comíamos lenteja en la casa de huésped de estudiantes. Protestábamos por ser un plato obligatorio dos veces por semana. Aida Hernández, dueña de la casa donde me hospedaba en San José esquina Infanta, La Habana, Cuba las hacía de esta manera. Mi esposo Juan Suárez, dice que doña Remedio Sandez, dueña de la casa de huésped donde se hospedaba, situada en Obispo 455 esquina Aguacate, también en La Habana, cocinaba lentejas semanalmente y decía:– *si comen lentejas, siempre serán jóvenes.* Tenían mucha razón las dos, porque la lenteja es uno de los granos que más propiedades tiene.

Ingredientes

1 libra de lentejas, uso marca Goya
1 libra de papas
1 hoja de laurel
Aceite vegetal
Sal al gusto
1 cebolla mediana
1 cucharadita de pimentón
3 dientes de ajo (uno de ellos es para freírlo)
1 ramita de perejil (o 1 cucharadita de perejil seco)

Preparación

Ponga las lentejas en agua fría durante unas horas, así las que están vacías flotarán Déjelas en agua toda una noche. Escúrralas. Échelas en otra cazuela agregándole la cebolla, el laurel, 2 dientes de ajo, perejil y sal a gusto. Cúbralas con agua fría y póngalas a cocinar lentamente. A los 20 minutos añada las papas cortadas en cuadraditos. En una sartén sofría el otro diente de ajo con la cucharadita de pimentón. Agrégueselo a las lentejas. Añada un poquito de agua fría si fuera necesario. Hay que mantenerlas cubiertas de agua. Cocine 20 minutos más a fuego lento hasta que todo esté blando. Al retirarlas del fuego y antes de servirlas, deje que reposen un rato para que cuajen.

Distintas formas de preparar Lentejas

Por ser las lentejas uno de los platos que según los expertos en salud recomiendan como lo mejor, les ofrezco varias formas de prepararlas.

Lentejas con pan. Si se preparan con pan, no llevan papas. Al quedar media hora para retirarlas del fuego agregue una taza de pan tostado cortado en trocitos. Añada sal al gusto de la familia.

Lentejas a la asturiana: Tiene que ponerle junto a los demás ingredientes, chorizos cortados en pedazos. Debe haber chorizo para cada comensal. Si prefiere en lugar de chorizo puede usar salchichas crudas, pero entonces si son rojas se elimina el pimentón. Si le gusta que queden espesas, faltando media hora puede agregarle una taza de cuadraditos de pan tostado. El pan tostado las espesa y le da un sabor delicioso.

Nota de salud: Las **lentejas** contienen gran cantidad de fibras y ácido fólico, muy beneficioso para el corazón. No le añade grasa a su alimentación. Los vegetarianos suelen carecer de vitamina B12. Las lentejas contienen vitamina B, potasio, magnesio, zinc. No pierda la oportunidad de mejorar su salud. El potasio ayuda a mantener la presión arterial normal.

Fabada asturiana

Para preparar la Fabada asturiana siga la receta que está en la página siguiente: *Olla de lacón con judías blancas*, es muy parecida, sólo que a la Fabada no se le pone carne de cerdo ni papas.

Consejo: Cuando vaya a preparar un potaje de judías (frijoles blancos) para que no suelten la piel deben estar siempre cubiertas de agua. Mientras se cocinan, se le añade agua fría o hirviendo en pequeñas cantidades. La olla se mantiene destapada todo el tiempo y moviéndola con frecuencia para que no se peguen las judías en el fondo. Las judías son muy socorridas. Con ellas se puede preparar la famosa *Munyetas de judías* (ver receta más adelante)

Olla de Lacón con judías blancas

El lacón puede servirse con col y malanga (yautia) hervida. En esta receta el lacón puede sustituirse por un hueso de jamón y la berza por col. Receta que se encuentra en la libreta de la poetisa Aida Bode, Jaruco, Cuba. Me la dio su hermana también poetisa, Nelia Bode Castillo, Pembroke Pine, Florida.

Ingredientes

1 paquete de judías blancas
½ cucharadita de pimentón
Unas hojas de berza (o col)
Sal al gusto
2 morcillas de cerdo
¼ libra de tocino
2 chorizos
Aceite
2 dientes de ajo
½ libra de lacón
1 libra de papas

Preparación

I. Remoje el lacón toda la noche en agua fría. En otra olla haga lo mismo con las judías. **II.** Al día siguiente en una cacerola grande ponga las judías, chorizos, carne de cerdo, morcillas, tocino y lacón. Añada agua fría hasta cubrirlo bien. **III.** Cocine a fuego moderado. Cuando empiece a hervir, elimine la espuma que tiene por encima. Revuelva hasta que se mezcle bien. Déjelo por espacio de una hora a fuego lento. **IV.** En otra olla y después de lavar la berza picadita finamente (o la col) cocínela unos minutos en agua hirviendo con sal. Después, pásela por agua fría y póngala sobre un colador para que escurra el agua, sin hacer presión, si la aprieta pierde toda su forma. **V.** Añada a las judías, la col y las papas picaditas en dados. Eche agua hirviendo si fuera necesario para tenerla cubierta. **VI.** En una sartén ponga un poco de aceite, cuando esté lo suficiente caliente, fría el otro diente de ajo, aplástelo y cuando esté dorado, añada el pimentón (paprika). Revuelva para que no se queme o se pegue a la sartén e inmediatamente viértalo en la olla. **VII.** Cocine hasta que todo esté blando. No debe quedar caldoso ni seco. Déjelo reposar. **VIII.** Coloque en una fuente honda la carne cortada en pedazos pequeños. Al servir ponga en cada plato un trozo de lacón, chorizo, carne de cerdo, tocino y morcilla.

Munyetas de judías

Estando de visita en casa de la familia Castillo, en Pembroke Pine, Florida, le pregunté a Nelia si era Munyeta, mulleta o munñeta. Había recibido opiniones distintas, entre ellas, si era un plato catalán o si era asturiano. Nelia que aún guarda recetas de cuando vivía en Jaruco, provincia de La Habana, Cuba, me dijo que mi esposo Juan estaba en lo cierto, que era Munyeta. Inmediatamente buscó dentro de sus papeles de viejos recuerdos y encontró ésta. Le dije que en mi casa se hacía también de garbanzos. Esta receta era de su hermana Aida Bode Hernández†, gran poetisa al igual que Nelia y su abuelo.

Ingredientes

1 libra de judías (frijoles blancos)
½ taza de aceite de oliva
1 cebolla grande picada finita
5 dientes de ajo machacados
¼ libra de tocineta
¼ libra de jamón de cocinar picadito
1 chorizo grande, español cortado en pedacito
sal y pimienta al gusto

Preparación

Cuando vaya a preparar Munyeta, ponga las judías por la noche en agua con un poquito de sal. A la mañana siguiente cambie el agua. Póngalas a hervir con una pizca de sal, hasta que estén blandas, pero no demasiado. Escúrralas bien y deje que se refresquen. En una sartén mediana eche la mitad del aceite y sofría bien picaditos, la cebolla y el ajo. Agregue la tocineta, el jamón y el chorizo. Con una cuchara de madera revuelva y añada las judías blandas y escurridas. A fuego lento cocínelas, aplastándolas con la cuchara de madera. Añada sal y pimienta. Voltee como se hace con la tortilla usando una tapa llana o plato. Eche el resto del aceite en la sartén, ponga la munyeta de nuevo para que se dore del otro lado. Sírvala en un plato redondo inmediatamente.

Frijoles negros

Los frijoles negros es el plato principal en las mesas de los cubanos. Los frijoles como ya se dijo de las lentejas, reducen el nivel de colesterol y regulan el nivel de azúcar en la sangre. Contienen bastante fibra. Receta de mi familia.

Ingredientes

1 libra de frijoles negros
1 cebolla grande picadita
1 cucharada de vinagre
1 cucharadita de azúcar
4 aceitunas
Sal y pimienta al gusto
2 dientes de ajos machacados
¼ de taza de aceite de oliva
1 cucharadita de orégano
½ cucharadita de comino
1 hoja de laurel triturada
1 ají verde o 4 ajíes cachuchas

Preparación

Lave bien los frijoles. Déjelos en agua toda la noche con una hoja de laurel. Al día siguiente usando el agua donde los tuvo toda la noche, cocínelos a fuego moderado 40 minutos o hasta que los vea blandos. En una sartén sofría con aceite de oliva, el ají, cebolla y ajos. Agregue el sofrito a los frijoles, la sal, pimienta, orégano, comino, vinagre, aceitunas y azúcar. Saque la hoja de laurel y aplaste algunos granos para que espese el caldo. Cuando empiecen a hervir a fuego moderado, cocínelos 20 minutos más a fuego lento. Revuélvalos de vez en cuando para evitar que se le peguen o quemen. Antes de servirlo, déjelos reposar. Si se enfrían, caliéntelos.

Nota: Si los cocina el día anterior saben mejor. Yo no sofrío los sazones, se los hecho crudos y no veo en el sabor diferencia alguna.

Habichuelas rojas y rosadas

Se preparan igual pero sin aceitunas. Este es un plato típico puertorriqueño. En Cuba, quizás por la influencia española, se le pone papas, chorizos (o tocino). Le agrego a este plato calabaza (contiene vitamina A) y también zanahorias en trocitos, porque contiene betacaroteno que es muy bueno para la vista.

Arroz

Congrí (Arroz con frijoles negros)

En estos tiempos modernos he aprendido que lo mejor es preparar platos que puedan convertirse en varios a la vez. Este llamado Congrí en varias provincias de Cuba es un ejemplo; ya que al preparar los frijoles los divido en dos, uno para el potaje y el otro para el arroz. Al potaje no le pongo carne. (Vea receta en la página anterior) Se hace también con frijoles colorados. *Moros con cristiano*, llamados así en distintos países hispanos.

Ingredientes para dos recetas

1 libra de frijoles negros (½ para el *Congrí* y ½ para el *Potaje*)
2 tazas de arroz
1 cebolla grande picadita
2 pimientos verdes grandes (ajíes), uno de ellos bien picadito
4 dientes de ajo machacados
½ cucharadita de orégano en polvo (o una hojita fresca)
1 pedacito de hueso de jamón para el Congrí
½ onza de jamón de cocinar para el Congrí
½ onza de tocino (tocineta) para el Congrí
½ taza de aceite de oliva (o a su gusto)
6 tazas de agua (3 de ellas se usarán después para el arroz)
1 pizca de sal (cuidado porque el jamón es salado)
6 o 7 aceitunas mechadas y 2 hojas de laurel
1 cucharadita de azúcar para el potaje de frijoles
1 cucharadita de vinagre para el potaje de frijoles

Preparación

I. El paquete de frijoles negros de 16 onzas, se pone en remojo la noche anterior o por lo menos unas siete horas antes de cocinarlo. Se hierven en 6 tazas de agua o un poquito más con *una* sola hoja de laurel, la *mitad* de la cebolla y *un* pimiento (ají); y si lo desea le agrega el huesito de jamón. **II.** A los 20 minutos se destapa la olla. Si están blandos se cogen 3 tazas del líquido y la mitad de los granos de frijoles para el congrí. **III.** La otra mitad de los frijoles y el líquido restante se reservan para el potaje. *Ver receta al final* **IV.** En una sartén sofría en el aceite caliente el resto de la cebolla, pimiento, ajo machacado y orégano. Mezcle todo muy bien. **V.** Retire de la sartén una mitad de este sofrito y resérvelo en otra sartén para usarlo después en el potaje. **VI.** A la mitad del sofrito que le quedó añada el jamón y tocino, sofría un poco. Una bien y viértalo en la olla donde ya están los frijoles para hacer el Congrí. **VII.** Añada el arroz, revuelva bien, agregándole las 3 tazas del líquido que reservó anteriormente. Si lo cree necesario ponga una pizca de sal, las aceitunas verdes mechadas y la otra hoja de laurel. Tape la olla. **VIII.** Cocine a fuego alto y cuando empiece a hervir, baje el calor a moderado. A los 20 minutos sin secarse completamente, destape la olla cuidando que el agua de la tapa caiga dentro del arroz y póngale encima el otro pimiento verde cortado en lascas, tápelo. **IX.** Baje el fuego a lento. Cuando vaya a servirlo, revuélvalo con un tenedor. Nunca uso cuchara. Sírvalo adornado de pimientos.

Potaje del resto de los frijoles negros.

Ponga en una olla la otra mitad del líquido y granos de frijoles que reservó. Si es necesario añada ½ taza de agua tibia. Cocine a fuego moderado, eche el sofrito restante. Añada 1 hoja de laurel, 2 cucharadas de aceite de oliva y una pizca de azúcar. Baje el fuego tan pronto empiece a hervir y déjelo espesar unos 15 minutos. Aplaste unos granos para que espese un poco más. Añada la ½ cucharadita de vinagre y 3 o 4 aceitunas mechadas. A los 15 minutos, retírelo del fuego Déjelo reposar.

Nota: El frijol negro cocinado un día antes, sabe mucho mejor. Vea la receta de los frijoles negros en la página anterior. Los frijoles pueden congelarse. Por eso es que siempre que hago Congrí, preparo potaje.

Distintas versiones sobre el origen de la paella

Sobre el origen de la Paella existen muchas versiones. –Una que es de origen árabe, no llevaba mariscos, ni pescado, sólo pollo, cerdo y conejo. –Que es de las orillas del río Albufera, cerca de Valencia donde los habitantes usaban lo que tuvieran a mano. –Que la Reina había ido a un lugar de las Islas Canarias a visitar a los habitantes y que como eran pobres no sabían qué brindarle y todos llevaron lo que estaba a su alcance, diciendo *paella*, refiriéndose a la Reina, *para ella* –Lo que sí se puede decir: que la Paella es el plato tradicional español más conocido fuera de sus fronteras. En realidad paella, –paellera– es el recipiente fabricado de un metal especial para cocinar cualquier tipo de arroz. De ahí las denominaciones de arroz con pollo, arroz valenciano, arroz con marisco, chorizos, etc. Para hacer la paella o arroz se necesita una cazuela grande redonda, con superficie lisa y los lados bajos o una cazuela de freír o la clásica paellera.

Arroz blanco

Ingredientes

1 taza de arroz blanco
1 cucharadita de sal
1 cucharadita de zumo de limón
2 cucharadas de aceite
2½ tazas de agua

Preparación

Ponga a hervir el agua con la sal. Para que quede desgranado y en su punto, bastará que en el momento que el agua empiece a hervir le eche el arroz, unas gotas de zumo de limón y un poco de aceite de esta manera los granos quedan sueltos. Mantenga la olla tapada. Cocine 20 minutos. El arroz debe dejarse reposar después de cocinado unos cinco minutos. No se revuelve hasta la hora de servirse usando un tenedor. Si no puede comer sal, póngale dos dientes de ajo y unas gotas más de zumo de limón.

Paella Valenciana

Receta de la Dra. Quina Álvarez Silva de Miranda, natural de Güines, La Habana, Cuba Reside en la actualidad junto a su esposo el Dr. Héctor Miranda en Saint Peterburg, Florida. Receta para doce personas.

Ingredientes

6 colitas de langosta
6 langostinos
1 libra de moluscos (scallop)
1 langosta (Main Lobsters)
4 tazas de vino seco
4 tazas de caldo de mariscos
2 libras de arroz
2 hojas de laurel
6 muslos de pollo (sofritos)
2 libras de cangrejo o 6 muelas
2 libras de camarones grandes
2 ajíes, 2 cebollas
1 cucharada de pimentón
¼ taza de aceite de oliva
6 dientes de ajo
Aceitunas, pimientos, petitpois

Preparación

En una paellera sofría en aceite de oliva, los ajíes, cebollas, hojas de laurel y ajos. Agregue el arroz, tomate y pimentón. Únalo bien, moviéndolo unos 5 minutos. Agregue el vino seco, las tazas de caldo de mariscos o de pollo. El marisco o pollo se elimina, sólo se utiliza el caldo. Reserve media taza del caldo para usarla al final. Vaya colocando los demás ingredientes, *–menos los camarones–* de forma tal que queden bien distribuidos en la paellera. La langosta (Main Lobsters), se coloca en el centro. Cuando el arroz este cocido, faltándole unos cinco minutos añádale los camarones, las aceitunas y la media taza del caldo que reservó. Puede adornarse con pimientos morrones y petipois (sweet peas). Es importante que no cocine los camarones más de 5 minutos. Se endurecen.

Nota de salud: Se dice que **el ajo** es bueno porque baja la presión sanguínea y el colesterol. Es un antiinflamatorio, antioxidante, antibiótico. Entre tantas otras propiedades reduce las probabilidades de nuevos ataques en los cardíacos. Comer dos dientes de ajo diariamente evita la infección de los oídos.

Arroz con pollo deshuesado

Receta de Emelina Muñiz, Santiago de Cuba, Cuba. Mi mamá lo hacía parecido al famoso **Arroz Imperial.** Popular en el Hotel Fontanblue de Miami Beach, Fl.

Ingredientes

3 tazas de arroz Valencia
1 taza de vino seco o blanco
1 botella de cerveza
Sal y aceituna a su gusto
1 paquetico de bijol o achiote
2 cucharadas de aceite
1 lata de pimientos morrones
1 lata de salsa de tomate
2 pollos chicos
7 tazas de agua
4 dientes de ajo
2 ajíes medianos
1 onza de pasas
1 hoja de laurel
1 lata de petitpois
1 cebolla grande

Preparación

Con los menudos del pollo prepare un caldo sazonado con sal, 2 dientes de ajo, una hoja de laurel, un ají y las siete tazas de agua. Con los pollos haga un fricasé, para lo cual prepare un sofrito de cebolla, ají, ajo y salsa de tomate. Agregue los pollos cortados en trozos, el vino seco o blanco, el líquido de la lata de petitpois y las pasas. Cocine con el fuego moderado hasta que estén blandos. Se deshuesan y desmenuzan bien. Échelos de nuevo en la salsa. En otra cazuela (olla) sofría una cebolla grande en aceite o mantequilla. Añádale solamente seis tazas del caldo (ya colado) y cuando empiece a hervir agregue el arroz con el bijol (o una pizca de achiote, pimentón), baje el fuego a moderado. Cuando esté casi seco eche la botella de cerveza y déjela a fuego lento hasta que esté. Ponga en la fuente una camada de arroz, una del fricasé caliente con su salsa y así hasta terminar con una de arroz. Adorne con pimientos morrones, petitpois o con espárragos.

Arroz Imperial

Se hace igual, pero en lugar de la fuente use un molde y cubra la última camada de arroz con mayonesa. Colóquelo en el horno ya caliente a 325° Farenheit, unos 15 minutos. Adorne a su gusto.

Arroz con pollo

Hay muchas formas de preparar el arroz con pollo, la siguiente la tomé de la libreta de la Sra. Evelina Justiniani Dumua (Dumás) de Arias. Me la facilitó su nuera Miriam Arteaga, natural de Majagua, provincia de Camagüey, Cuba. Reside junto a su esposo, el Sr. Clodoaldo Arias en Orlando, Fl., EE.UU.

Ingredientes

½ libra de arroz para cada pollo, 1½ libra de jamón
1 lata de pimientos morrones, ½ taza de vino seco
5 tomates, 6 dientes de ajo, 1 zanahoria, sal a su gusto
1 ramita de perejil, 1 lata de petitpois, 2 huevos hervidos
2 cebollas medianas, 1 ají grande, 1 remolacha, 1 lechuga
1 taza de aceite, 1 cucharadita de azafrán (o pimentón)

Preparación

En una cacerola a fuego mediano caliente el aceite, cuando esté bien caliente sofría por espacio de tres minutos los tomates, cebollas, ajos, jamón, pollo, perejil y el ají. Agregue el vino seco. Con los menudos del pollo haga un caldo que le dé cuatro tazas. Eche este caldo al sofrito, incluyendo el azafrán (o pimentón). Cocine a fuego moderado 15 minutos. Añada el arroz, la sal a su gusto. Cuando comience a abrir se le pone el petitpois. Se cocina en 20 minutos, a fuego mediano, tapado. Se sirve en la fuente sobre hojas de lechuga y se adorna con zanahoria cruda o hervidas ligeramente, remolachas, huevos duros y los pimientos.

Nota de salud: El cuerpo absorve mejor las propiedades de **la zanahoria** cuando se comen ligeramente cocinadas y no crudas. En un estudio reciente efectuado por la Escuela de Medicina de Harvard recomienda comer hasta **siete huevos** a la semana por ser bueno para la salud. Contiene gran cantidad de proteínas. **La yema del huevo** tiene nutrientes que ayudan a aumentar la capacidad de la memoria. Contiene sustancias que ayudan a protegerse contra el desgaste de la mácula del ojo. (Orlando Sentinel, jueves, enero 11, 2001)

Arroz con pescado

Esta receta me la facilitó la Sra. Miriam Arteaga de Arias. Es una de las tantas recopiladas por su suegra la Sra. Evelina Justiniani Dumás de Arias.

Ingredientes

2 latas de calamar en su tinta (filete)
5½ tazas de caldo de pescado
1 lata de pimientos morrones
¼ cucharadita de pimienta
1 taza de tomates de cocinar
1 cucharadita de azafrán tostado
1 cucharadita de pimentón
¾ de taza de aceite vegetal
2 cebollas
1 libra de pescado
1 lata de alcachofas
1 taza de vino seco
3¼ tazas de arroz
1 lata de petitpois
1 cucharada de sal
3 dientes de ajo
1 ají grande

Preparación

El pescado se fríe en ¾ de taza de aceite y cuando esté frito a su gusto, se retira de la olla. En ese aceite se hace un sofrito con las cebollas, ají, ajos y tomates. Cuando el sofrito esté medio amortiguado, agréguele los filetes de calamares en su tinta, el vino seco, el pimentón, la pimienta, el azafrán, la sal y el caldo de pescado. Tan pronto hierva, añada el arroz, pescado y alcachofas. Tape la olla. Cocine a fuego moderado unos 20 minutos. Sírvalo adornado con pimientos morrones y petitpois.

Nota: El arroz después de taparse no se revuelve hasta que no pase el tiempo de cocción. Para ello se usa un tenedor, nunca una cuchara. Nunca cocine a **fuego alto** a no ser que así lo indique la receta. Si desea mantener como nueva **la sartén**, no utilice utensilios de metal, sólo de madera o goma; al terminar de usarla no la ponga en agua fría, ni caliente, déjela enfriar, los cambios bruscos la dañan. Después de lavarla a mano con una esponja suave y secarla, úntele un poquito de aceite antes de guardarla. Aunque hoy existen utensilios eléctricos para triturar los ajos, tomate, albahaca, cebollas, ají; muchas amas de casa prefieren usar el **mortero de madera, porcelana o mármol.** Para eliminar **los olores** que quedan en cualquiera de estos utensilios agréguele al detergente unas gotas de limón y unas hojas de perejil. En minutos el olor desaparece.

Arroz con bacalao y ñame

Receta típica de la provincia oriental cubana

La conocida compositora cubana Yolanda del Castillo Cobelo, natural de Santiago de Cuba, me dio el sábado 21 de julio, 2001, durante el desayuno de La Peña Vareliana, en el restaurante Casa Paco, en Miami, esta receta de su mamá la Sra. Blanquita Vilá de Cárdenas, diciéndome: «El gusto de Blanquita por la cocina surgió desde su temprana adolescencia, transcurrida entre Santiago de Cuba y Bayamo, donde su padre comenzó a fungir como juez a partir de la instauración de la República. Fueron sus maestras, su abuela y tías abuelas maternas, las Milanés, recias mambisas que la iniciaron en los secretos de la cocina criolla, afición que cultivó con orgullo toda su vida, haciendo verdaderas creaciones, tanto en platos principales, como en postres». Más tarde Yolanda me envió por correo-electrónico la de Yurumú. Verla más adelante.

Ingredientes

1 penca de bacalao (o un pedazo)
Aceite de oliva extra virgen español
Arroz Valencia
(por cada taza de arroz, 1½ de agua)

1 ñame mediano
4 dientes de ajo
1 cebolla

Preparación

Se pone el bacalao en agua fría toda la noche o por varias horas. Se elimina el agua varias veces para quitarle un poco la sal Se corta el bacalao en pedacitos. Se pela el ñame y se pica en cuadraditos. Se sofríen la cebolla y los dientes de ajo en aceite español. A este sofrito se le agrega los pedazos de ñame y el bacalao. Se revuelve todo bien. Añada el agua de acuerdo a la cantidad de arroz. Cuando éste comience a hervir añada el arroz. Tápelo y cocine a fuego lento 25 minutos hasta que el arroz se abra. Se adorna con aceitunas y pimientos morrones.

Nota de salud: El **aceite de oliva** y las **verduras cocidas** reducen el riesgo de contraer la artritis. Estudio hecho por la Escuela de Medicina de la Universidad de Atenas, Grecia, aparecido en la Revista de *American Journal of Clinical Nutrition*, Diario Las Américas, pág. 4B, miércoles 18 de julio, 2001.

Arroz amarillo con maíz

Mi tía Leopoldina (Nena) Díaz Jardín, era una cocinera de primera, tan buena como sus hermanas. Experta en platos españoles, quizás por haber estado casada con un asturiano. En esos años para hacer este plato usaba las mazorcas de maíz. Hoy podemos usar el maíz en grano que viene en latas.

Ingredientes

1 lata de maíz en grano
1 libra de arroz de grano largo
½ libra de tocineta cortadito (bacon)
¼ taza de aceite vegetal
6 tomates de cocinar o 1 latica de jugo de tomate V8
1 pimiento grande (ají) no importa el color
1 cebolla grande picadita
3 dientes de ajo machacados
1 cucharadita de orégano, de sal y ½ de pimentón (paprika)
1 cucharadita de zumo de limón

Preparación

En una olla grande y con el aceite ya caliente prepare un sofrito con la tocineta, pimiento, cebolla, ajo, orégano. Tan pronto vea tierno el sofrito, agregue el maíz. Mezcle bien. Añada la latica de jugo de tomate V8 o tomates de cocinar. Cuando el maíz esté algo blando, agregue el agua, sal y pimentón. Mezcle bien. Al empezar a hervir de nuevo, añada el arroz, revuelva y agregue el zumo de limón para que no se pegue y quede desgranado. Tápelo, mantenga el fuego moderado por 20 minutos. Los otros 10 minutos, cocine a fuego lento. Al servirlo puede decorarlo con tiritas de tocineta y pimientos fritos juntos.

Nota: Si usa mazorcas quítele los granos pero deje algunos trozos sin quitárselos para echarlos en el arroz. Aunque use maíz de lata y si tiene mazorcas a su disposición eche pedazos enteros, le da un toque muy bonito al plato.

Arroz frito

Dionisio José Hernández Cabrera, mi padre, era famoso en la familia por sus comentarios culinarios. Si la comida quedaba sabrosa, decía que él había puesto su granito de arena. Era un experto Chef preparando su *Arroz frito*. Le pedía a mi madre que cocinara arroz blanco para al día siguiente preparar su famoso plato. «Arroz del día nunca queda bien frito» era su lema. Dicho sea de paso, era muy amigo de unos chinos que vivían en Jovellanos, provincia de Matanzas, Cuba, con los cuales almorzaba una vez a la semana en compañía de su gran amigo Gabriel Martínez. Mi padre era muy aficionado a la comida china. Se enorgullecía diciendo que cocinaba igual o mejor que ellos.

Ingredientes

1 taza de arroz blanco cocido el día anterior y frío
2 huevos o tres ligeramente batidos con un tenedor
2 cucharadas de aceite vegetal
½ taza de setas frescas (yo uso las enlatadas)
1½ cebolla mediana bien picadita
1 pimiento verde picadito
1 cucharadita de sal y pimienta
2 cucharadas de salsa china (opcional) salsa de soya
Carne precocinada picadita, como de cerdo, pollo, jamón o
2 latas de camarones pequeños.

Preparación

En una sartén profunda caliente dos cucharadas de aceite vegetal y fría a una temperatura mediana la carne que vaya a usar. Después agregue las setas, la cebolla, el ají. Tan pronto tomen un color dorado, eche el arroz cocinado. Revuelva constantemente. Agregue poco a poco los huevos. Siga revolviendo hasta que el arroz tome la forma de raspa (pegadito). Agregue los camarones, la salsa china, sal y pimienta. Si usa camarones no los cocine más de 5 minutos. Es lo último que se echa. Se sirve caliente. En casa se hacía el arroz sin camarones ni frijolitos chinos.

Croquetas de arroz

Esta receta muy propia de los días veraniegos nos la preparó en un viaje a Las Vegas, mi hermano Henry. Se la había dado a probar un cocinero amigo suyo nacido en un pueblo del oeste de los Estados Unidos.

Ingredientes

1 taza de arroz
2 huevos
2 tazas de aceite vegetal
2 cucharadas de perejil picadito
4 onzas de queso parmesano rallado
1 taza de pan rallado
½ cucharadita de sal sazonada
1 pizca de pimienta

Preparación

Ponga a hervir tres tazas de agua con sal y cuando hierva agregue la taza de arroz A los veinte minutos el arroz estará blando pero todavía le queda agua. No espere que se seque. Cuélelo y deje que el arroz se enfríe. Bata los huevos ligeramente y échelos en el arroz. Añada el queso y el perejil. Únalo todo muy bien. Forme con esta masa unas pequeñas bolas. Envuélvalas en el polvo de pan rallado. Fríalas en aceite caliente, que las cubra bien, por espacio de tres minutos o hasta que estén doradas. Puede servirse como aperitivo con palillos en colores o si lo prefiere como plato adicional cuando sirva carne o pollo.

Nota: A veces sustituyo el queso parmesano por ½ libra de queso mozzarella picadito y 2 cucharadas de Ricotta. Puede agregarle 2 cucharaditas de pedacitos de bacon frito. Recuerde que el pan siempre debe estar seco cuando se use para empanar.

Nota de salud El **perejil** es un diurético. No caliente el perejil, cómalo crudo siempre que sea posible y cuando vaya a servir añádalo a la comida caliente.

Huevos

Tortilla de huevos al estilo de Blanquita

La cocina es un arte y no hay reglas que digan que esto o eso no se hace así. Que lleva o que no lleva tal cosa. Si falta un ingrediente, puede en la mayoría de los casos sustituirlo o eliminarlo. En lugar de papas a veces le pongo plátanos maduros. Esta es una de mis tantas formas de hacerla por eso digo al estilo de Blanquita y no a la española, que sólo le ponen papas cuando se hace para servir en los bares o restaurantes mientras se bebe o se va de romería.

Ingredientes

8 huevos grandes
½ libra de papas, picadas en cuadraditos
1 chorizo español, sin piel, cortado bien finito
½ libra de cebolla cortada, bien finita
½ ají verde, cortado bien finito en pedacitos (opcional)
2 cucharaditas de sal, 1 cucharadita de polvo de pimienta
½ taza de aceite vegetal (uso aceite de oliva extra virgen)
½ taza de petit-pois
1 ramita de perejil, cortada en pedacitos con una tijera
½ cucharadita de orégano

Preparación

Pele las papas, lávelas y córtelas en cuadraditos medianos. A fuego moderado hiérvalas en agua con sal, menos de 10 minutos. Deben quedar ardentes. Escúrralas. En una sartén preferiblemente con bordes redondos, mejor que cuadrados, eche el aceite y póngalo al fuego. Cuando esté caliente fría las papas hervidas a fuego moderado, revuelva de vez en cuando. Sin dorarse, se retiran de la sartén, eliminando toda la grasa. En ese mismo aceite sofría todos los demás ingredientes, empezando por la cebolla. Tan pronto estén, sáquelas de la sartén bien escurridas, sin aceite. En una vasija grande bata ligeramente los huevos con la sal. Mezcle las papas reservadas y todo el sofrito con los huevos batidos. Aplaste un poquito las papas, pero no mucho, deben quedar pedacitos enteros. Ponga la misma sartén que usó con un poco de aceite a fuego moderado casi a lo vivo, cuando esté caliente eche la mezcla de huevos. Baje el fuego a lento, de vez en cuando levante las orillas para que corra hacia los lados y cocine parejo. Cuando esté dorada por debajo más o menos a los 15 minutos mueva la sartén y si ve que se despega, déle vuelta poniendo una tapa o plato grande encima; (*uso el molde grande redondo de hacer galleticas o pizza).* Ponga en la sartén un poquito más de aceite y cuando esté caliente vierta de nuevo la tortilla por el lado que no se ha dorado, dejándola a fuego lento otros 10 minutos más. Vírela ahora en el plato que va a servirla. Adórnela con tiritas de pimientos morrones y peti-pois en pequeñas cantidades. Si es para picar y antes de verter la tortilla en el plato, ponga hojas de lechuga y por toda la orilla pan redondo tostadito. Debe servirse sin cortarla. Si al hacer una tortilla no tiene papas, use la bolsa de papas fritas. Póngalas en remojo con leche hasta que se humedezcan bien, mezcle con los huevos y haga la tortilla. Cuidado, pues algunas vienen muy saladas.

Huevos fritos

Los huevos se fríen en una sartén pequeña, con suficiente aceite, sin exceso, no debe estar frío ni muy caliente. Cuando comience a echar un poquito de humo, parta el huevo en un plato, nunca directamente en la sartén y ya en ésta con una espumadera échele el aceite por encima. Tan pronto el huevo quede envuelto por el aceite y flote, sáquelo con la espumadera para que escurra bien. Puede comerse con arroz blanco, jamón, chorizos, papas, salchichas o con lo que le guste. Hay quien prefiere el huevo bien cocinado, vírelo del otro lado, para que se fría por ambas partes o tape la sartén mientras se fríe.

Nota: H*uevos duros*, échelos al agua hirviendo, deje que hiervan a fuego moderado 14 minutos.

Crestas de huevos con bechamel

Una prima de mi padre, Leonor Pino Cabrera, decía que las aprendió a confeccionar con una prima nacida en Islas Canarias, que al casarse se había mudado para Asturias donde obtuvo la receta de su suegra. Su prima las llamaba Crestas de huevo. Cuando le preguntaban el por qué de ese nombre, decía riéndose: *No sé, pero no es por la cresta del gallo.* Se parece a las Croquetas de huevo de doña Remedio Martín, próxima página.

Ingredientes

4 tazas de leche
2 cucharadas de harina de trigo
3 huevos
1 cucharada de mantequilla
1 taza de pan rallado fresco
1 taza de aceite vegetal

Preparación

Prepare una bechamel espesa con la leche, la mantequilla y la harina, después de cocinada, déjela enfriar. En una sartén ponga un poco de aceite. Cuando esté caliente agregue los huevos previamente batidos. Cuando vea que tienen consistencia, coloque en el centro la salsa bechamel. Envuélvala como se hace con la tortilla francesa o sea con una espátula se levanta de un lado y se lleva por encima hasta el otro borde. La salsa queda en el centro. Cuando se dore, póngala en una fuente hasta que se enfríe. Córtelas en trozos pequeños en la forma que quiera y cúbralas completamente por todos los lados con pan rallado. Déjelas reposar un rato antes de volver a freírlas en aceite caliente. Tan pronto las vea doradas, retírelas del fuego. Sírvalas inmediatamente. Si no se van a comer en el momento, cúbralas con una toalla. Saben mejor acabadas de freír. La sirvo en los desayunos especiales.

Nota: Prepare la salsa bechamel como aparece en este libro en las *Salsas*, también se explica en la receta de *Chuletas de cerdo con salsa bechamel.*

Croquetas de huevo

En mis viajes de Nueva York a Miami, siempre visité a doña Remedio (Remy) Martín. Nunca permitió que regresara a casa sin comer sus croquetas. Las hacía de carne, ave, pescado, jamón. A veces mezclaba carne de res, cerdo y jamón. *La tradición de mis Croquetas no quedarán en el olvido*, así me dijo al dictármelas en uno de mis viajes. La de huevos la preparaba como decía ella: *Para picar o para saciar el deseo de comer.*

Ingredientes

Salsa bechamel: Ver forma de prepararla en Salsas

1 cucharada de mantequilla
3 cucharadas de harina de trigo
1 taza de leche
Sal y pimienta

Croquetas de huevo

6 huevos hervidos, cortados a lo largo en 4 pedazos
2 o 3 huevos crudos desbaratados con tenedor, para rebozar
2 tazas de pan rallado (puede usar polvo de galleta)
Aceite suficiente para que cubra las croquetas

Preparación

Cocine los huevos unos 14 minutos. Quite la cáscara con cuidado. Córtelos en 4 pedazos a lo largo. Envuelva cada lasca en la salsa bechamel que debe estar caliente y espesa. Se dejan enfriar. Forme con cada pedazo una croqueta. Reboce en el huevo desbaratado y después páselo por pan rallado hasta que queden envueltos. El pan debe estar seco, si se humedece cámbielo. Cuando termine, déjelos en un lugar fresco hasta la hora de freírlos. Use abundante aceite caliente para evitar que las croquetas se abran. No fría muchas a la vez, el aceite pierde su temperatura. Haga la prueba con un pedacito de pan, si sale dorado, el aceite está caliente, 375° a 400° Farenheit. Sírvalo con salsa de tomate.

Huevos rebozados a lo Margarita

Las recetas anteriores de huevos una de Doña Leonor y la otra de Doña Remedio, me llevan a la de Margarita, mi adorada madre. Se parece a la de Doña Remedio, pero se prepara con salsa blanca y con el huevo duro entero.

Ingredientes

8 huevos hervidos
1 yema
1 huevo batido, más la clara del de la yema
Sal, pimienta y nuez moscada al gusto
2 tazas de pan rallado
1 taza de aceite vegetal
1 cucharada de mantequilla (½ onza) o aceite vegetal
1 cucharada de harina
½ taza de leche

Preparación

1. En agua hirviendo cocine los 8 huevos durante 14 minutos. Después póngalos en agua fría y quíteles la cáscara. Deje que se enfríen. **2.** Prepare la salsa blanca poniendo una sartén con la mantequilla o el aceite a fuego lento. Agregue la harina. Cocine un poquito. Añádale la leche hirviendo revolviendo de prisa para que no se haga una pelota y quede bien desleída. **3.** Cuando la salsa esté espesa, retírela del fuego. Agregue la yema del huevo crudo, –sin la clara– sal, pimienta y nuez moscada. Mezcle bien. *(Puede ver receta de la salsa blanca donde se le pone ajo, perejil. Prepárela a su gusto)* **4.** Pase los huevos bien fríos por esta salsa caliente. Vaya colocándolos sobre pan rallado para que los envuelva bien. Deje que se enfríen. **5.** Vuelva a darle forma para que todo el huevo quede cubierto y sin grumos. **6.** Páselos por huevo batido mezclado con la clara que reservó y después por pan rallado limpio y bien seco. **7.** Fría con el aceite caliente, que los cubra bien para que queden con un dorado parejo.

Tortillitas variadas

De acuerdo a los ingredientes, el plato varía. Importante el huevo al tiempo tiene más volumen que cuando se usa sacado directamente del frío. Recetas del Sr. Henry Hernández Nicolello cuando era Chef de cocina por el año 1952, en Roslyn, Long Island, N.Y.

Ingredientes

Tortillitas de queso: ¼ de taza de agua, 1 taza de queso americano picadito y 5 huevos.

Tortillitas de jamón: ¼ taza de agua, una taza de jamón cocinado picadito y 5 huevos.

Tortillitas de pollo: ¼ taza de leche, 1 pizca de sal de apio, 1 taza de pollo cocinado bien picadito y 5 huevos.

Tortillitas de camarones: ¼ taza de agua *fría*, 1 taza de camarones cocinados cortaditos, 1 pizca de salsa inglesa (Worcestershire), 5 huevos.

Preparación– tortillitas y revoltillo–

Para que sepan ricas, hay que seguir cierto procedimiento. Primero ponga todos los ingredientes, menos los huevos en la batidora. Tápela y comience a batir durante 5 minutos o un poquito más, hasta ver que estén bien cortados. Desconecte la batidora. Agregue los huevos y bata de nuevo lentamente, para que se mezclen, pero nunca más de un minuto. Viértalo en una sartén de unas 9 pulgadas con tres cucharadas de mantequilla previamente derretida. Cocine a fuego moderado, levante las orillas con una espátula de goma, para que ruede hacia abajo lo que no está cocinado. Doble un lado sobre el otro y sírvalo inmediatamente. Puede usar salsas.

Revoltillo de huevos

Para el revoltillo siga el mismo procedimiento pero mueva la mezcla y córtela de vez en cuando con la espátula a medida que se cocine para formar pedacitos. No deje que se seque demasiado.

Rodajas de huevos con anchoas

Prepare estas rodajas para esas reuniones imprevistas. Sólo basta con usar la imaginación y darle color con tinte vegetal. Receta de John Nicolello. Era el dueño de: *Roslyn Restaurant*, Roslyn, N.Y. El día del bautizo de mi sobrino José Luis en Cuba, John preparó este plato para la fiesta y le dijo a mi madre: *Margot, esto lo estoy haciendo en honor a mi ahijado José Luis.*

Ingredientes

8 huevos
1 lata de pimientos morrones
6 rodajas de pan de molde
1 lata de anchoas
3 cucharadas de mayonesa
Aceitunas mechadas

Preparación

Los huevos después de tenerlos fuera del frío por lo menos una hora hiérvalos por espacio de doce o quince minutos de acuerdo al tamaño. Nunca más de ese tiempo, se secan demasiado y pierden el color. Después póngalos en agua fría, así resulta más fácil quitarle la cáscara sin que se rompa el huevo. Córtelos en rodajas de ¼ de pulgada, eliminando las puntas. El pan lo corta en cuadrados pequeños y encima ponga la rodaja de huevo, seguida por un poquito de mayonesa. Sobre ésta, una ruedita de pimiento, una anchoa con una aceituna. Puede combinar y poner una aceituna verde en una rodaja y en la otra, una aceituna negra. El pan córtelo redondito, en cuadrados pequeños y en triángulos.

Nota: Si no tiene anchoas o quiere combinar puede usar un pedacito de tuna o jamón ahumado. Al pan si quiere le puede eliminar las orillas. Algunas veces lo tuesto un poquito. Es importante servirlo acabado de preparar. Las puntas de los huevos que no se utilizan en este plato sirven de adorno para decorar ensaladas. Puede pintarlos si desea. Para darles el color uso espinaca. Primero la pongo en poca agua, la dejo un rato, y después la exprimo para extraerle el color. También puede usar los colores vegetales que se venden para este propósito.

Vegetales

Pimientos asados

El Sr. Félix E. Fernández, cubano, residente en Miami, esposo de mi cuñada la Sra. Justa Suárez, es un enamorado de los pimientos rojos –ajíes–. Cuando prepara bistec los sirve cubiertos de cebollas, ajíes verdes, rojos y amarillos ligeramente cocidos o asados. Al bistec yo le agrego setas (champiñones) Y al arroz con frijoles negro (Congrí), lo cubro para adornarlo con pimientos asados

Ingredientes

2 pimientos rojos, verdes o amarillos grandes
1 bolsa de papel amarillo (cartucho)

Preparación

Coloque los pimientos en un molde de hornear sin engrasar y póngalos a hornear por espacio de 20 minutos a 325° Farenheit. Vire los pimientos y déjelos otros 15 minutos o hasta que la piel se vea negra. Sáquelos del horno y échelos dentro de la bolsa de papel (cartucho). Ciérrela y espere hasta que estén fríos. Sáquelos de la bolsa y toda la piel ennegrecida de los pimientos (ajíes) se desprenderá con el corazón y las semillas. Corte los pimientos en tiras y sírvalos sobre la comida.

Nota de salud: Los chiles, pimientos (ajíes) contienen muchas propiedades importantes para la salud. No importa el color, lo mismo da que sean rojos, amarillos, verdes o anaranjados, en nada cambia su valor nutritivo. Contienen mucha más vitamina C que los tomates. Se dice que evitan las embolias y ayuda a las enfermedades respiratorias. **La cebolla:** al igual que el ajo se le reconoce la cura de casi todas las enfermedades. Se recomienda contra el asma, la bronquitis, la diabetes, la arteriosclerosis. Se repite constantemente que el que coma una cebolla diaria puede elevar el colesterol bueno. **Si se quema** nunca se ponga hielo, aceite, mantequilla o agua fría, use agua fresca de la llave y después si no tiene a mano medicina para ponerse, ni siguiera sábila, use un pedazo de cebolla, frote y déjesela encima. Llame al doctor.

Pimientos rellenos con maíz

Estando de visita en casa de Teresita Castillo Betanzos, comenzamos a recordar cómo habíamos disfrutado de las piezas de piano que interpretó en New Jersey, la concertista y famosa doña Ada Taracido. Nelia Bode, poetisa jaruqueña, mamá de Teresita, después de tararear algunas de las piezas, me mencionó que ese día habíamos hablado de recetas de cocina y que Teresita nos tenía hoy una de ellas: *Pimientos rellenos con maíz* Selenia, que estaba presente dijo que los hacía con carne y arroz cocinado de antemano.

Ingredientes

8 ajíes rojos o verdes medianos
1 cebolla mediana bien picadita
4 cucharadas de queso rallado
1/3 taza de miga de pan fresco
½ taza de jamón cocido picadito
2 cucharaditas de salsa de tomate
1 cucharadita de azúcar
1 lata de maíz
2 huevos
1/3 taza de leche
1/3 taza de aceite
½ taza de agua
Pimienta al gusto
Sal al gusto

Preparación

Lave los ajíes (que sean frescos). Saque una tapita para poder quitarles las semillas, (guarde las tapitas). A los ajíes por dentro póngale una pizca de sal. En una sartén con aceite caliente, dore las cebollas picadas finitas, revuelva. Agregue el contenido de la lata de maíz. Deje que hierva un rato a fuego alto. Sin dejar de revolver agregue los huevos enteros y cocine un minuto más. Fuera del fuego, añada el queso rallado, el jamón, sal, pimienta y la miga del pan escurrida después de haberla remojado en leche. Mezcle todo. Rellene los ajíes y cúbralos con la tapita. Use un molde de cristal. Cocine en el horno, a 350° Farenheit por 40 minutos. Añada el agua y un poquito de aceite. Se sirven calientes con o sin salsa.

Para la salsa: dore una cebolla picadita en 1/3 taza de aceite, 1 cucharadita de jugo de tomate, 1 hoja de laurel partidita, 1/3 taza de caldo de res, una cucharadita de azúcar para disminuir el ácido del tomate, sal y pimienta al gusto. Deje que hierva hasta que espese. Sírvalo con arroz blanco o puré de papas.

Ajíes rellenos con carne y arroz

La Sra. Selenia Pastrana, Jefa del Departamento de Lenguas de Tottenville High School, S.I. N.Y. (jubilada) nos dio esta receta, después de saborear los rellenos con maíz que había preparado Teresita con la ayuda de su mamá.

Ingredientes

½ libra de carne de res molida
1 taza de arroz blanco cocinado
3 dientes de ajo triturados
1 cebolla mediana bien picadita
1 cucharadita de pimienta
1 latica de salsa de tomate
3 aceitunas mechadas y molidas
6 pimientos verdes (ají)
¼ taza de aceite vegetal
¼ taza de vino seco
1 cucharadita de orégano
3 huevos btidos
1 cajita de pasitas
Sal al gusto

Preparación

Prepare un sofrito con la cebolla, ajo, pimienta, sal, orégano, aceitunas, pasitas en un poco de aceite vegetal. Agregue el picadillo. Mezcle bien. Añada el vino seco y salsa de tomate (yo uso jugo de tomate V8). El picadillo debe quedar húmedo, pero más bien sin salsa. U*se el condimento que más le guste para preparar el picadillo*. Cuando ya casi esté agregue el arroz cocido de antemano. Lave cada pimiento y con un cuchillo quítele el corazón, sin partirlo. Ya limpio de semillas, guarde el corazón para usarlo como tapa más tarde. Llene los pimientos con el relleno, tapándolos con el huevo batido y cocido un poquito y después con el corazón que guardó. Colóquelos en un molde, espolvoréelos con sal y póngales el resto del aceite por encima (puede usar aceite vegetal o de oliva). Ya en el horno cocine a 400° Farenheit alrededor de 45 minutos. Vierta el jugo que sueltan por encima y retírelos del horno. Tápelos con un paño o papel toalla unos cinco minutos. Deben comerse inmediatamente.

Aguacate relleno

En la libreta de la Sra. Evelina Justiniani Dumás de Arias, se encuentran recetas de principios del siglo XX. Ésta es una de ellas.

Ingredientes

1 aguacate grande
½ libra de pescado o pollo
1 lata pequeña de petitpois
1 huevo hervido (duro)
1 pepino encurtido o natural bien picadito
1 cucharada de aceite de oliva
1 cucharadita de vinagre
1 pizca de sal y pimienta
2 cucharadas de mayonesa

Preparación

1. Cocine el pescado o pollo. Desmenúcelo. Agregue una de las dos cucharadas de mayonesa y demás ingredientes, uniéndolo todo muy bien. La otra cucharada de mayonesa se usará más tarde. 2. Parta el aguacate en dos mitades a lo largo. Quite la cáscara y la semilla con mucho cuidado. Rellene estas dos mitades con la mezcla y únalas para formar el aguacate. Envuélvalo en la mayonesa que reservó y póngalo en el refrigerador hasta la hora de servirlo. Puede adornarse con huevos hervidos, petitpois, pepinos, zanahorias, pimientos. Use su imaginación.

Nota de salud: En el aguacate se encuentran hidratos de carbono, proteínas, grasas, vitaminas A, C, D, B6, E, K y ácido fólico, minerales, fibra y agua. La mayor parte de la grasa que contiene el aguacate es insaturada. Es rico en potasio y pobre en sodio. (Ver estudio realizado por la Comisión del Aguacate, California, Estados Unidos. (La Prensa, Orlando, Florida 11 de enero 2001 p. 34)

El **aceite de oliva extra virgen** ayuda a la memoria y a reducir el riesgo de contraer artritis. (Diario Las Américas, pág. 4, miércoles 18 de julio, 2001). El aceite de oliva extra virgen es un zumo natural de aceituna, obtenido por medios exclusivamente mecánicos. El grado de acidez no puede pasar del 1%. Escuela de Medicina de la Universidad de Boston, Massachusetts.

Souflé de vegetales

Receta de la Sra. Annie Turk, vegetariana, residente de Chester, Vermont. En mis reuniones preparo siempre un plato como éste cuando tengo invitados a cenar y entre ellos hay alguno que no come carne ni pescado.

Ingredientes

4 papas grandes	2 remolachas	4-6 zanahorias
3 huevos batidos	2 huevos hervidos	1 cdta. de azúcar
2 cucharaditas de sal	2 cucharadas de mantequilla derretida	

Preparación

Hierva las papas, remolachas y zanahorias. Cuando estén cocidas páselas por la licuadora o máquina de moler, agregue una cucharadita de azúcar, la mantequilla, la sal y los tres huevos batidos. Mezcle bien. Vierta la mezcla en un molde engrasado con mantequilla y póngalo en el horno precalentado a 350° Farenheit, 30 minutos. Adorne con huevos hervidos (duros) y guárdelo en el refrigerador para que a la hora de servir esté bien frío.

Nota: *Las remolachas* deben cocinarse con un pedacito del tallo, pues en esta forma mantienen mejor su color. No se las debe pinchar. **Sopa de remolacha:** En una conversación con una profesora de ruso, mencionó que **el agua de la remolacha hervida** se usaba en Rusia, para preparar una sopa con leche agria o sea sour cream. La hice y gustó mucho. Tomé el agua de la remolacha hervida, le agregué la leche agria y cuando empezó a hervir de nuevo la retiré del fuego. Se sirve caliente. Vea receta de *Puré cremoso de remolacha.* Aproveche y use el agua de la remolacha para hacer la sopa, así tendrá dos platos.

A los huevos es importante sacarlos del refrigerador con bastante tiempo antes de que vaya a usarlos. No los hierva más de 14 minutos, la yema pierde su color.

Nota de salud: La papa, fuente de vitamina C, potasio y fibras. Se cree que evita las embolias, controla el colesterol y la presión alta. No engorda, eso sí, no las coma fritas, sólo hervidas o asadas. ***Zanahoria*:** rica en betacaroteno, es un antioxidante. El cuerpo absorbe mejor sus propiedades cuando se comen ligeramente cocinadas y no crudas.

Puré cremoso de remolacha

Entre el grupo de mis amistades judías he notado que sirven remolacha como el plato principal. Receta de la Sra. Pauline Lewis, residente en Miami, Fl.

Ingredientes

3 tazas de remolacha cocinadas
1 cucharada de zumo de limón
1 cucharada de mantequilla
½ taza de leche agria
½ cucharadita de sal
½ taza de pan rallado

Preparación

Agregue el zumo de limón verde y la sal a la remolacha hervida o de lata, sin el líquido, bien escurrida a través de un colador y convertida en puré. Échele la leche agria (sour cream), puede sustituirla por crema batida. Póngala en un molde apropiado para asar en el horno a la parrilla. Rocíele pan rallado y poquitos de mantequilla por encima. Colóquela en el horno (parrilla-*broiler)* hasta que se dore un poco. Se sirve caliente. Va muy bien con puré de papas. Use el líquido de la remolacha para hacer la sopa. (Vea página anterior)

Glaseado de Remolacha

Esta receta de María Isabel Bauho de La Habana, Cuba, aparece en la libreta de su amiga doña Evelina Justiniani Dumás de Arias.

Ingredientes

1 remolacha que pese ½ libra, ½ taza de azúcar, ¼ taza de agua, 1½ cucharaditas de maicena (rasas) y ½ onza de mantequilla.

Preparación

Hierva la remolacha en ruedas y después córtelas en pedacitos. Añada la ½ taza de azúcar, la maicena previamente diluida en el agua de la remolacha y póngala al fuego hasta que espese. En este momento agregue la mantequilla. Mezcle bien. Retírela del fuego y póngala en el refrigerador para que esté fría a la hora de servirla.

Remolacha sobre lechuga

Elizabeth Crawford, me facilitó varias de las recetas de su mamá. La Sra. Virginia Burkhart Withers, nació en Buckhannon, West Virginia, en el 1927. Se mudó para Cocoa Beach, Florida, a vivir con su hermano, quien le presentó a su futuro esposo Harold Francis Crawford. De este matrimonio nacieron dos hijas: Cynthia y Elizabeth. Esta última, está casada con Manuel José, hijo de mi esposo. Hoy tienen dos niños Crawford y Jack.

Ingredientes

1 lata de remolacha con su tallo
2 cucharadas de rábano adobado en vinagre picadito
2 cucharadas de cebollino (picadito)
½ taza de apio bien picadito
½ cucharadita de mostaza seca
1 pizca de pimienta (o al gusto)
1 diente de ajo machacado
3 cucharadas de vinagre
3 cucharadas de aceite de oliva extra virgen
1 lechuga (hojas de la lechuga)

Preparación

1. Escurra bien la remolacha y póngala en una vasija de cristal. Corte el apio y el cebollino bien pequeñito, combine con el rábano también cortado en pedacitos. Añada todo a la remolacha. Mezcle bien. **2.** Una la mostaza, el ajo, el azúcar y la pimienta, agregue el vinagre. Cuando todo esté disuelto añada el aceite de oliva. Cubra toda la remolacha con este aliño y póngalo en el frío. **3.** Cuando vaya a servirla hágalo sobre hojas de lechuga.

Nota: Nunca debe aderezar la lechuga hasta el último momento. El aceite hace que se marchite.

Nota de salud: El **cebollino** (chives en inglés) es un expectorante natural. Ayuda a eliminar las mucosidades. Contiene ácido fólico y potasio. Aumenta la capacidad para digerir las grasas.

Berenjenas en salsa

Mi hija Margaret Schwall, vive en Staten Island, New York, disfruta preparando platos que sean fáciles y rápidos de cocinar. Dice que éste lleva más tiempo, pero que su esposo Steve la ayuda preparando la salsa.

Ingredientes

8 berenjenas medianas
1 cebolla mediana,
1 lata de tomates pelados
1 hoja de laurel
1 pizca de sal
1 cucharadita de perejil seco o fresco picado
1 cucharadita de pimienta
1 cucharadita de azúcar
½ libra de queso mozzarella
½ taza de aceite vegetal

Preparación

Después de sacarle el tallito a las berenjenas, lávelas bien y póngalas a cocinar en agua con una pizca de sal. Cuando estén tiernas páselas por un colador para eliminar el agua. Quite la cáscara fina y córtelas en rodajas a lo largo. Ponga en una sartén ¼ taza de aceite para preparar la salsa. Dore en él una cebolla picada fina, agregue el tomate picado en trocitos, el perejil y hoja de laurel picados también y sofría todo un momentito. Condimente con sal a gusto, pimienta y azúcar. Añada el queso mozzarella cortado en rodajas bien finas. Déjelo que se cocine con temperatura bien bajita. En otra sartén ponga el resto del aceite (¼ taza) y saltee ligeramente las berenjenas. Retírelas y póngalas en una fuente, vierta por encima la salsa. Adorne con ramitas de perejil, albahaca y si desea puede agregarle trocitos de pan frito. Sírvalas acabadas de hacer. Calientes saben muy bien.

Berenjenas asadas al horno

La berenjena se prepara de muchas formas. Empanadas, rellenas, guisadas, al horno. Todas son apetecibles y entre los italianos y judíos es un plato muy tradicional. Esta receta me la dio Angela Bianco en el año 1983 en Staten Island, N. Y. Hoy vive en Sayreville, N. J. junto a su esposo Joseph Yanotka.

Ingredientes

2¼ libras de berenjenas pequeñas
1 taza de pan molido
3 dientes de ajo
1 taza de aceite vegetal
3 cucharaditas de perejil o
2 ramitas de perejil fresco
Sal al gusto

Preparación

Pele las berenjenas de arriba hacia abajo. Córtelas por la mitad en la misma forma. Échelas en agua con sal inmediatamente por espacio de media hora para eliminar el sabor amargo. A la media hora escúrrala y séquelas con un paño. En una sartén ponga el aceite y rehogue las mitades de berenjenas a fuego lento y tapada. Colóquelas en una fuente a prueba de horno, espolvoreándolas con pan molido previamente mezclado con el perejil bien picadito con una tijera y el ajo machacado. Viértale por encima el aceite que le quedó donde se rehogaron y hornee a 350° Farenheit unos 30 minutos o hasta que estén doradas.

Nota: Al comprar las berenjenas deben ser ligeras de peso, de lo contrario están viejas y no saben bien. No las compre por el peso. Dos del mismo tamaño la que pese menos es la mejor.

Nota de salud: La **berenjena** estimula el buen funcionamiento de los riñones y se ha comprobado que sirve para bajar de peso. Conozco a muchas personas que la ponen en agua y toman varios vasos de esa agua al día. Hoy se dice que la **Cereza,** destruye los cálculos de los riñones, al igual ,el jugo de cerezas.

Berenjena empanada a La Nonna

Como se sabe que comer berenjena es bueno para mantener una buena salud, hoy se come en las casas y en los restaurantes sin que necesariamente sean italianos o judíos. Desde Cuba fue mi plato favorito, empanada con huevo y galleta molida y después frita. No se le agregaba quesos, ni tomate. Esta que les doy es como la preparan en el restaurante La Nonna, 107 Avenida entre Flagler y la 8 Calle del S.W, Miami, Florida.

Ingredientes

2 berenjenas medianas
2 huevos
½ taza de harina de trigo
½ taza de galleta molida
½ taza de pan molido
½ taza de queso parmesano
¼ taza de queso mozzarella (opcional)
1½ taza de aceite vegetal
2 tazas de salsa de tomate y 1 cucharadita de sal

Preparación

Corte un pedacito de la parte superior de la berenjena y comience a pelarla de arriba hacia abajo para evitar que se pongan amargas. Después puede cortarlas de arriba hacia abajo en lascas o en ruedas de ¾ pulgadas de ancho. Échelas en agua con sal. Bata los huevos ligeramente. En distintos platos coloque la harina, el pan molido y el polvo de galleta. Seque cada lasca de berenjena con papel toalla para que queden bien secas antes de pasarlas primero, por huevo, después por harina, por pan y por último por el polvo de galleta. Fríalas en el acto en aceite caliente. En un molde engrasado coloque una camada de berenjena frita, salsa de tomate, y el queso parmesano. Repita las camadas en el mismo orden, terminando con queso. Ponga el molde en el horno y hornee a 350° Farenheit por 45 minutos. Puede en la última camada de queso mezclar el parmesano con mozzarella le da muy buen sabor.

Gelatina rellena con espárragos

En la iglesia Bethany Lutheran Bretheren Church, en Staten Island, N.Y. ,en las reuniones mensuales de la Asociación de mujeres: *Mission friends*, servíamos entre otras golosinas, distintas clases de gelatina. Ésta era mi favorita.

Ingredientes

1 lata de sopa de espárragos, 2 paquetes de gelatina Knox, ½ limón
1 taza de leche, 1 taza de agua, Sal (opcional)
Relleno: ensalada de pollo, de pescado o vegetales.

Preparación

Disuelva la gelatina en leche por 5 minutos. A la lata de sopa añádale 1 taza de agua, la sal y el zumo de ½ limón. Póngala a calentar y después agregue la gelatina previamente disuelta. Humedezca el molde con agua fría y vierta en él la mitad de la gelatina. Póngala a congelar. Deje la otra mitad sin congelar. Una vez congelada coloque encima el relleno que puede ser de pollo, pescado o vegetales y cúbralo con la otra mitad de la gelatina que reservó. Colóquela de nuevo en el refrigerador hasta que se endurezca. En lugar de espárragos puede usar 1 lata de sopa de tomate, pero use agua en lugar de la leche.

Espárragos asados

Ingredientes

1 mazo de espárragos ½ taza de aceite de oliva 1 cdta. de sal

Preparación

Caliente el horno a 450° Farenheit, lave los espárragos, corte los pedazos finales. Eche aceite de oliva en el molde, colóquelos en hilera y póngalos a hornear unos 10 minutos. Envuélvalos de nuevo en aceite con sal y sírvalos.

Nota de salud: Usar **tomate** en cualquiera de sus formas es un medio muy beneficioso para obtener sustancias antioxidantes. Ayuda a la memoria.
Espárragos: Es un antioxidante rico en vitamina A, ácido fólico y fibra. Tiene gran cantidad de caroteno. Se dice que cura las cataratas, entre otras enfermedades de los ojos. Reduce el riesgo de enfermedades cardiovasculares y ahora se cree que ayuda a controlar el Alzheimer.

Revoltillo de langosta, pero sin langosta

Don Raúl Delgado Baguer, nació en San Luis, Pinar del Río, el 28 de marzo de 1916. Estudió bachillerato, comercio y periodismo profesional. Dirigió periódicos, revistas y trabajó en la radio en Cuba, Honduras, Puerto Rico y en varios estados de los Estados Unidos, labor que realiza todavía. En la vida pública y política fue muy activo y desempeñó importantes cargos. Ha obtenido numerosos premios y reconocimientos. Fundador y decano del Colegio de Periodistas de la República de Cuba y de la Universidad de Occidente. Escritor fecundo y luchador por la libertad de Cuba. Vino al destierro en 1960.

Origen de la receta: El pescado y los mariscos no eran muy del agrado en la dieta de los niños, porque según los padres, podían ser dañinos. Nos dice Don Raúl: «yo inventé el *'revoltillo de langosta sin langosta'*. Recuerdo que mi hijo lo disfrutaba mucho y siempre nos lo pedía. En una ocasión alguien nos regaló unas langostas y esa vez lo hicimos con langostas de verdad; cuando lo servimos, mi hijo lo rechazó diciendo que tenía un gusto extraño».

Ingredientes

1 repollo de col (de 2 a 3 libras)
1 cebolla mediana picada en trocitos
1 tomate mediano picado muy pequeño
1 ají verde picado en tiritas
4 huevos ligeramente batidos
Aceite de oliva español al gusto
Sal y pimienta al gusto, perejil (opcional)

Preparación

Quite las hojas verdes a la col. Deje solamente la parte blanca. Cocine hasta que este tierno. Desmenúcelo. Corte la cebolla, el ají, el tomate y añada perejil si lo desea y échelo en una olla con el aceite caliente para hacer el sofrito. Agregue la col desmenuzada y cuando todo esté caliente, échele los huevos batidos. Revuelva bien. Déjelo hasta que esté hecho el revoltillo. Sírvalo. Da para 4 raciones. Si piensa en el mar y en las langostas, es posible que tenga ese sabor.

Nota: La he preparado agregándole pedacitos de langosta. Si no digo que tiene col, nadie lo notará. *¡Buena suerte!*

Cacerola de maíz

El matrimonio cubano-venezolano, Fefita, famosa pintora y Armando Castellón, viven en Golden Beach, Florida. Disfrutan cocinando platos venezolanos. Adaptan las recetas a los productos que se encuentran en los Estados Unidos. Cuando cenamos con ellos nos sorprenden con platos exquisitos.

Ingredientes

1 lata de maíz en grano
1 lata de crema de maíz
½ barra dc mantequilla
1 caja de Jiffy Corn Muffin
8 onzas de crema agria (sour cream)
Siempre le agrego 1 huevo (clara y yema)

Preparación

Mezcle todos los ingredientes y en un molde de hornear engrasado eche la mezcla. Póngalo en el horno por espacio de 20 a 25 minutos a 375° Farenheit. Si dobla la receta déjelo 45 minutos adicionales. En lugar de mantequilla yo le pongo aceite de oliva extra virgen.

Nota: La sirven con pechugas de pollo rellenas con queso de cabra. Cuando preparo este plato, que es muy a menudo, uso aceite de oliva en lugar de mantequilla y le agrego un huevo entero (clara y yema).

Nota de salud: Quesos: Las personas que no toleran la leche pueden comer quesos como el Provolone y el queso de papa (Cheddar), así obtendrán el calcio, tan necesario para la salud.

En el Diario Las Américas, miércoles 3 de enero de 2001. Pág. 3-B, la investigadora Deborah Sellmeyer indicó que " las diferentes proteínas en la dieta pueden tener efectos distintos sobre el metabolismo óseo". Lo que es igual mucha carne y poca verdura aumenta riesgos de fracturas de cadera, pero es **muy importante:** "no deje de comer carne roja 3 a 4 onzas, unas 3 o 4 veces a la semana, no coma muchas en una sola comida. La carne tiene grandes nutrientes, entre ellas el hierro." (*Alice Linderman, Indiana University).*

Yurumú (Puré de calabaza)

Receta de la Sra. Blanquita Vilá de Cárdenas. El nombre *Yurumú*, (calabaza), puede ser de origen indio Es deliciosa en frituras, flan, habichuelas y helados. Verla en recetas de Helados. Se hacía en casa pero se le ponía **tocino.** El sofrito lo llama la Sra. Vilá de Cárdenas, **Pebre,** que según su hija Yolanda del Castillo Cobelo, era el nombre que le daban a esta salsa o sofrito las criollas y que en Santiago de Cuba, provincia de Oriente, Cuba, hasta mediados del siglo XX, al sofrito por lo menos que ella sepa, se le llamaba **Pebre**.

Ingredientes

2½ libras de calabaza 2 cucharadas de aceite 1 pizca de sal
Para el sofrito (Pebre) Pimienta, ajo, perejil y vinagre (al gusto)

Preparación

Hierva la calabaza unos 20 minutos con un poquito de sal. Cuando esté blanda quítele la cáscara y haga un puré bien majado. Prepare el sofrito –pebre– con perejil, pimienta, ajo y vinagre, mézclelo bien con el Yurumú (la calabaza). Se sirve caliente.

Versión II. Con Tocino y cebolla: Fría el tocino con una cebolla picadita y tan pronto tomen un color doradito agregue el puré de calabaza. Mezcle bien. Cocine 3 minutos más a fuego lento. Antes de retirarla añada el sofrito de perejil, pimienta, ajo y vinagre. Puede servirse con chuletas de puerco o de cordero asadas o fritas.

Puré de papas cubierto

Hierva las papas con cáscara y un poquito de aceite. Blandas, pélelas. Prepare un puré majándolas bien. Haga bolitas en forma de hamburguesas. Póngalas en un molde de hornear previamente engrasado, aplaste un poquito el centro. Haga lo mismo con el puré de calabaza y colóquelo encima del de la papa. Hornee en el horno ya caliente a 325° Farenheit, 15 minutos. En lugar de calabaza puede usar puré de zanahoria. Adorne con una ramita de perejil y un trocito de mantequilla o margarina. Uso una pizca de sal al hervir la calabaza. A la zanahoria o al boniato, le añado al agua una pizca de azúcar.

Calabaza al horno

Se oye más y más que debemos ingerir vegetales verdes y amarillos todos los días. Esta receta es una de las tantas que mi hermano Henry me envió para mi colección de recetas. Me dijo que ésta puede sustituirse por una de zanahoria, boniato, brócoli, habichuelas verdes, guisantes, y que puede usarse otro queso.

Ingredientes

2 libras de calabaza cortadas en tajadas finitas
½ ají rojo (pimiento grande) cortado en tiritas
½ ají verde (pimiento grande) cortado en tiritas
¾ taza dc aceite vegetal o de oliva
2 dientes de ajo bien machacados
1 cebolla grande cortada bien finita
4 huevos ligeramente batidos
2 tazas de queso rallado velvita o cheddar
1 taza de nueces (opcional) Siempre las uso
½ cucharadita de Tabasco
1 pizca de sal y pimienta al gusto
Pan rallado o galleta molida para cubrir el molde

Preparación

Una todos los ingredientes en el orden en que aparecen con excepción del pan o galleta molida (rallada). Deje que se marinen por espacio de cinco minutos. Bien unidos colóquelo en un molde de hornear previamente cubierto con el pan rallado o galleta molida. Hornee a 350° Farenheit por unos 50 minutos.

Nota de salud: Una porción de **calabaza**, contiene vitamina A, 34 veces más de lo que el cuerpo necesita. **Nueces:** Se ha descubierto que controla y reduce el colesterol malo, la presión arterial y el apetito. Contiene Omega-3, vitaminas y minerales. Consulte a su médico antes de comerlas diariamente. El Dr. Reynaldo Fraga, –Pediatra de renombre– estando de visita en casa, le mencioné el estudio que se había hecho y me dijo: *debemos limitar la cantidad..*

Brócoli (Brécol) al horno

(Da para 6 personas)

Ésta la comí en casa de Sheila Schwall, en Staten Island, N.Y. Era una receta de su mamá, la Sra. Margaret Beyer. La Sra. Beyer fue una maestra muy respetada y querida por todos sus alumnos en Staten Island, N.Y.

Ingredientes

1 libra de brécol, cocido al vapor hasta que esté tierno
½ taza de queso parmesano rallado
½ cebolla finamente picada
½ taza de pan rallado (si es el sazonado mejor)
½ taza de aceite de oliva
2 cucharadas de ajo machacado
1 huevo batido
Sal y pimienta al gusto

Preparación

La cebolla picadita se rehoga en el aceite de oliva. Agregue el ajo, el brécol, el pan y el queso. Mezcle con una cuchara de madera. Añada el huevo ligeramente batido. Siga mezclando mientras mantiene el fuego a lo mínimo. Cuando todo quede unido, agregue la sal y la pimienta. Caliente el horno a 300° Farenheit. Vierta la mezcla en un molde de hornear. Manténgalo en el horno unos 20 minutos. Sírvalo inmediatamente.

Nota de salud: En este libro hay tantos platos que llevan **Brécol** (brócoli) por ser uno de los vegetales que entre otras propiedades curativas, contiene vitamina C y un antioxidante que neutraliza el colesterol malo. Los vegetales en general favorecen a tener arterias más saludables. Al igual que la **coliflor** mejora la resistencia del sistema inmunológico. Estudio realizado por la escuela de medicina de la Universidad de Boston, Massachusetts.

Sobre el aceite de oliva extra virgen, estudios recientes indican que ayuda a fortalecer la memoria. Los componentes presentes en el aceite de oliva protegen contra el deterioro de las funciones cerebrales asociado al envejecimiento. La **yema de huevo**, se recomienda con el mismo objetivo.

Habas estofadas

Las Habas (Fabes en ciertas partes de España), es un plato muy estimado. En Cuba por ser un país donde las costumbres españolas trascendieron a todos los descendientes, las habas se convirtieron en un plato popular. No hay un hijo, nieto o bisnieto que no las haya comido. Mi madre las preparaba con o sin almejas pero esta receta me la dio Víctor Martín, receta de su mamá doña Remedio (Remy) Martín, oriunda de Avilés, Asturias, España. Según su hijo Víctor y su nuera Olga, nadie las preparaba como ella.

Ingredientes

½ taza de habas
½ taza de aceite
3 huevos duros
2 dientes de ajo
1 hoja de laurel
1 cucharadita de perejil picadito
1 cucharadita de vinagre
1 cebolla grande picadita
½ cucharadita de azafrán
½ cucharadita de pimentón

Preparación

Ponga las habas en remojo desde la noche anterior con suficiente agua para que las cubra. Al día siguiente ya limpias, échelas en una olla añadiendo la cebolla, ajo, perejil picadito, laurel, pimentón y aceite. Cúbralas con agua fría dejándolas cocer despacio y agregándole más agua fría a poquitos, a medida que la necesite. Hay que mantenerlas bañadas con el agua. Cueza a fuego lento para que queden enteras sin exceso de agua. Cuando ya estén agregue la sal y el azafrán. Si están muy secas, añada un poquito de agua fría, la suficiente para que las cubra. Deje que hierva aún más despacio un ratito más, hasta que tomen la sal. Sírvalas en la fuente, eliminando el agua que quedaba. Ponga encima de las habas los huevos cocidos, cortados a lo largo y añada el vinagre que debe cubrir toda la fuente. Yo las adorno con cebolla cortada bien finita en forma de aritos.

Nota: Si no tiene azafrán, sustitúyalo por ½ cucharadita más de pimentón.

Pastel de *Zucchini*

Este pastel lo hice muchas veces en Staten Island, Nueva York. Al mudarme para la Florida, siempre que vamos a visitar a Margaret y a Steve, en S.I. ellos saben que nos gusta mucho y lo tienen ya mezclado y guardado en el refrigerador para sorprendernos. Sólo necesitan hornearlo. Nuestros nietos, Stephanie y Matthew, no les gusta tanto, pero no pueden guardar el secreto y antes de sentarnos a cenar nos dicen: –abuelos hay pastel de zucchini.

Ingredientes

4 *zucchinies* cortados en ruedas
6 huevos grandes
1 taza de aceite vegetal
1 cebolla mediana cortada en trocitos
3 tazas de *Bisquick*
2 cucharaditas de margarina
Sal y pimienta al gusto
1 cucharadita de ajo en polvo
queso rallado al gusto

Preparación

1. Precaliente el horno a 450° Farenheit.
2. Engrase un molde de hornear 9 x 13 x 2 pulgadas con margarina
3. Mezcle todos los ingredientes en una vasija grande.
4. Vierta la mezcla en el molde. Hornee aproximadamente una hora o hasta que el pastel tenga un color claro dorado.
5. Sírvalo como aperitivo o como un acompañante de la cena.

Nota de salud: Coma muchas verduras y frutas para evitar riesgos de fracturas. Nunca coma ni huevos crudos ni las claras crudas. La clara de huevo cocinada no se limita su consumo porque no contiene colesterol como las yemas. Hoy se dice que se puede comer hasta 7 huevos a la semana, porque ayudan a la memoria. Consulte a su médico. La Asociación del corazón recomienda no comer más de 3 a 4 yemas a la semana. Todos los días sale algo nuevo. Por eso les digo que consulten a su médico.

Pastelón de legumbres

Mi prima Annie Turk, desde Chester, Vermont, me envió esta receta. Es vegetariana y pertenece al grupo de los defensores de los animales.

Ingredientes

1 libra de papas rojas
½ libra de habichuelas
½ libra de habas lima
1 coliflor mediana
3/4 libras de zanahorias
1 lata dc petit pois medianos
½ taza de aceite de oliva
2 onzas de mantequilla
½ lata de salsa de tomate de 8 onzas (yo uso V8)
4 huevos batidos ligeramente (no *le pone huevos, pero los lleva*)
2 ajos machacados y 1 cebolla mediana bien picadita
1 pizca de sal y pimienta (al gusto)

Preparación

Hierva todos los vegetales por separado, –las papas en cuadraditos, las habichuelas y las zanahorias en trocitos y corte la coliflor menudita–. Cuando todos estén blandos, escúrralos bien para que no les quede agua, pero no los apriete. En una sartén grande, caliente el aceite y la mantequilla. Sofría los ajos machacados y la cebolla picadita. Agregue la salsa de tomate o (jugo de tomate V8) y todas las legumbres previamente mezcladas. Cocine a fuego lento, revolviendo lentamente unos minutos. Retírela del fuego y añada los huevos batidos. Sazone con sal, pimienta y añada los petit pois. Engrase un molde con mantequilla. Vierta los vegetales en él y cocine al baño María en el horno a 400° Farenheit, 1 hora. Introduzca una aguja si sale seca, retírelo del horno. Cuando se refresque, vírelo sobre una fuente.

Nota: Póngale por encima una salsa. Puede usar Salsa Bechamel. Ver la receta en SALSAS. Siempre que use mantequilla para freír, añada una cucharadita de aceite para evitar que se le queme.

Tostones de plátanos verdes

Quién no ha disfrutado de unos buenos tostones de plátanos verdes llamados de muchas maneras: plátanos a puñetazos o chatinos, entre otros. Servidos con ajo y limón o con sal nada más. ¡ Pero qué ricos son!

Ingredientes

3 plátanos verdes
4 tazas de agua
Aceite vegetal para freír
3 dientes de ajo machacados
2 cucharadas de sal
Zumo de limón

Preparación

1. Pele los plátanos y córtelos en rodajas de una pulgada. **2.** Remoje las rodajas de plátanos en el agua con el ajo y la sal durante 15 minutos. **3.** Sáquelos del agua, escúrralos bien y fríalos en aceite no caliente a fuego moderado. El aceite se irá calentando poco a poco, unos siete minutos, volteándolos a los 3 minutos. **4.** Sáquelos de la sartén y póngalos en un papel absorbente. **5.** Aplaste cada rodaja con el aparato de aplastar. Si carece de él, doble un pedazo de papel sobre cada rodaja y con la palma de la mano haga presión hasta verlo chato. **6.** Ya aplastados, colóquelos en el agua otra vez. **7.** Sáquelos y séquelos inmediatamente con papel absorbente y vuelva a freír, esta vez en el mismo aceite pero bien caliente. **8.** Dé golpecitos sobre ellos, si suenan ya están. Tendrán un color doradito. **9.** Retírelos de la sartén, déjelos escurrir sobre papel absorbente. **10.** Póngales un poco de sal. **11.** Prepare en una vasija zumo de limón y dientes de ajo machacados. Al servirlos el que quiera puede mojarlo en este aderezo.

Nota: Se pueden *rellenar con mariscos, albondiguitas y con la carne llamada ropa vieja.* Al aplastar el plátano antes de freírlo por segunda vez, hunda un poco el centro. A la hora de servirlos coloque el relleno previamente cocinado. (Hay aparatos de aplastar que ya vienen preparados para hacerle el hueco sin llegar al final, o sea sin llegar a romperlos).

Fufú de plátanos verdes

Fufú o machuquillo en Cuba. Mofongo en Puerto Rico y África y en Santo Domingo se le conoce como Mangú. Para mí el más apropiado sería machuquillo porque se origina de la palabra machucar o sea golpear y eso es lo que se hace al prepararlo. Hay países que usan los plátanos pintones, pero siguen el mismo proceso. La siguiente era la receta de mi mamá.

Ingredientes

4 plátanos verdes
4 dientes de ajo
¼ libra de chicharrones de cerdo
¼ libra de masitas de cerdo fritas
2 naranjas agrias y 1 limón verde
5 cucharadas de aceite vegetal
Sal al gusto

Preparación

Ponga a hervir los plátanos después de quitarles la cáscara y cortados en trozos de una pulgada. Agregue al agua 2 cucharadas de aceite vegetal, sal y el zumo de un limón verde. Cuando se ablanden, vaya echándolos en el mortero, tienen que estar calientes. Machá-quelos bien. Agregue los chicharrones mientras los machaca. Poco a poco vierta encima el mojo previamente preparado con los ajos bien triturados, zumo de naranja agria y las restantes cucharadas del aceite, bien caliente, viértalo sobre un plato y adórnese con masitas de puerco (cerdo) fritas. También puede comerse en el mismo mortero (pilón) rodeado de las masitas.

Nota: Lo he comido en Puerto Rico servido en el mismo pilón y en un Restaurante en San Nicolás y la calle 181, en New York City, donde ponían en la mesa la salsa del plato del día (rabo, pollo).

Algunas personas prefieren freír los plátanos, después aplastarlos. Lo hago con plátanos hervidos por ser más saludable.

Frituras de malanga blanca

Las frituras de malanga blanca (yautía) me traen a la memoria esa época tan bella de estudiante en la Universidad de La Habana, Cuba. Unos grandes amigos, siempre que los visitaba en La Habana, decían: ¡miren quién acaba de llegar, *Guagüi*! Era porque a la malanga le llamábamos *guagüi*, en las provincias de Matanzas y Las Villas. A ellos, sobre todo a Rina Crespo y a Rogelio Boitel, compañeros de estudios les parecía algo cómico. Voy a poner la receta de mi suegra doña Lorenza Rodríguez Fernández. Mi madre las preparaba igual, pero le agregaba pedacitos de perejil o de albahaca.

Ingredientes

2 libras de malanga blanca (yautía, guagüi)
1 cucharadita de polvo de hornear
1 cucharadita de sal
1 diente de ajo machacado o ½ cucharadita de polvo de ajo
1 huevo batido ligeramente
Aceite vegetal para freír

Preparación

Pele las malangas, lávelas bien, séquelas y rállelas. Agregue la sal, el huevo batido, polvo de hornear y el diente de ajo bien triturado o media cucharadita de polvo de ajo en su lugar. Mezcle todo muy bien. En una sartén profunda u olla de freír eche el aceite, ponga a calentarlo a fuego alto. Cuando el aceite esté caliente eche la mezcla por cucharadas rasas. Fría unos 6 minutos. No ponga muchas a la vez, para evitar que el aceite cambie la temperatura. A los 6 minutos si las ve doradas, sáquelas y colóquelas sobre papel toalla para eliminar el exceso de grasa. Se comen calienticas.

Nota: Me gusta agregarle a la masa 1 cucharadita de perejil fresco o seco como se hacía en mi casa en Cuba. A veces uso albahaca fresca o seca (basil). Para las frituritas trato de usar el ajo machacado no en polvo.

Nota de salud: La **albahaca** ayuda a hacer buena digestión y combate los trastornos renales. El perejil es un diurético, con propiedades antibacterianas. Se usa para las infecciones de las vías urinarias. Además contiene mucho calcio.

Bolitas de papas flotantes

En un viaje a Breguenz, Austria, en la casa de huésped donde nos hospedamos, la Señora Gunther, (creo así se llamaba) hizo este plato. Dijo que la receta era de su mamá y que se la había enseñado a hacer una huésped americana.

Ingredientes

2½ libras de papas hervidas
6 cucharadas de queso parmesano
½ taza adicional del queso, rallado
Nuez moscada rallada al gusto
2 huevos enteros
1 taza de harina de trigo
½ taza de aceite vegetal
Sal y pimienta al gusto

Para la salsa

1 cebolla mediana cortadita finamente
1 cucharada de salsa de tomate
3 tomates bien picaditos
1 cucharadita de sal y pimienta
½ libra de butifarra
1 taza de aceite
1 taza de caldo de res
1 taza de vino blanco

Preparación

Cocine las papas en agua con sal, blandas y peladas haga un puré. Añada los huevos enteros, 6 cucharadas de queso, harina de trigo y aceite. Con una cuchara de madera mezcle, agregue la sal, pimienta y nuez moscada rallada. Ponga en la mano una cucharada del puré y forme unas bolitas no muy grandes. Espolvoree cada una con la harina de trigo y cocínelas en el agua hirviendo (no fría) con sal. Tan pronto suban a la superficie ya están. Sáquelas con cuidado usando una espumadera para que el agua escurra y salgan secas. Póngalas en una fuente y vierta por encima la salsa caliente. Espolvoree cada una con más queso rallado. Sírvalas calientes. **Para preparar la salsa:** dore la cebolla en la sartén cuando el aceite esté caliente. Agregue la butifarra cortadita, tomates picaditos, el caldo de res, perejil en pedacitos y el vino. Mezcle, ya unido agregue la salsa de tomate y deje que se cocine a fuego moderado hasta que la salsa se reduzca y espese un poco, evite que se seque. Manténgala al calor, debe echarse caliente sobre las bolitas de papas flotantes.

Ensaladas

Ensalada a la periqueña

Eleuteria Margarita Díaz Jardín de Hernández, natural de Cárdenas, provincia de Matanzas, Cuba, *mi madre y* Dionisio José Hernández Cabrera, *mi padre*, natural de Perico, de la misma provincia, decían que una de sus ensaladas preferidas, era ésta. Receta de mi abuela paterna, Marta Cabrera. La llamo Ensalada periqueña en recuerdo de ellos y de mi querido pueblo, *Perico*.

Ingredientes

2 libras de habichuelas (judías) verdes, frescas
5 tomates de ensalada, 4 si son muy grandes
1 lata de anchoas, filetes
6 cucharadas de aceite de oliva
2 cdas. de vinagre de manzana
2 huevos duros, *uno es para la salsa*
1 ramita de perejil picado
1 cebolla pequeña picadita
1 libra de papas rojas
Sal al gusto

Preparación

1. Ponga a hervir las papas con cáscara en agua fría con sal y aceite vegetal. Blandas, pero sin desbaratarse, páselas por agua fría. Deje que se enfríen, quíteles la piel. **2.** Corte las habichuelas en pedazos. Cocínelas en agua hirviendo con sal. *No se tapan para que conserven el color.* **3.** Corte las papas ya frías y el tomate en rodajas finas. **4.** En una fuente honda, coloque los tomates y las papas formando una cruz. **5.** Corte los fileticos de anchoas en pedacitos y colóquelos sobre los tomates y papas. **6.** En los espacios ponga las habichuelas escurridas. **7.** La yema de un huevo hervido, se vierte bien picadita sobre las habichuelas. **8.** Para preparar **la salsa de la ensalada**, una el aceite, vinagre y sal. Bata hasta dejarlo como crema. Agregue la clara de los dos huevos duros y la cebolla y perejil todos bien picaditos. La yema del huevo que le quedó aplástelo como un puré y únalo al batido. Mezcle bien. **9.** Vierta esta salsa por encima de la ensalada.

Ensalada de espinaca

Mis nietos, Matthew y Stephanie Schwall, desde muy pequeños se acostumbraron a comer espinaca preparada de muchas formas. Esta es la favorita.

Ingredientes

½ libra de espinaca fresca
½ taza de queso feta en pedacitos
½ cebolla roja preferiblemente cortada en rodajas finas
½ taza de arándanos secos (Cranberries)
2 cucharadas de nueces o almendras tostadas cortaditas
½ taza de vinagre balsámico
2 cucharadas de jugo de naranja

Preparación

Lave bien las espinacas. Escúrralas sin apretarlas. Córtelas en pedacitos pequeños y colóquelas en el bol que usará para servir directamente a la mesa. Añada el queso feta, (reserve un poquito para el final), la cebolla y mezcle con la espinaca. En otro bol, combine el vinagre y jugo de naranja. Bien unido, viértalo por encima de la ensalada pero nunca antes del momento de servirlo, para ello mezcle bien para que se impregne en cada pedacito de espinaca. Agregue el queso reservado y cubra esta ensalada con los arándanos y nueces o almendras. Tan pronto la prepare sírvala.

Nota de salud: Se ha demostrado que **las espinacas** contienen una sustancia similar a las vitaminas *Coenzima Q*. Por tener estas vitaminas si come espinacas puede mejorar su problema de las encías, ayudar al buen funcionamiento del corazón, al problema de diabetes y la fatiga. Son ricas en hierro y poseen gran cantidad de betacaroteno. Ahora se dice que detiene el avance de Parkinson y de Alzheimer. Es un antioxidante natural.

Esta receta de **espinaca** lleva cranberries, nueces, queso, cebolla, vinagre y jugo de naranja. Cada uno de ellos contiene sustancias muy beneficiosas para la salud. Comer ***cebolla*** aumenta el nivel de colesterol HDL. Limpia los depósitos de grasa en las arterias. Poderoso antioxidante. Basta esta ensalada para obtener la dieta básica del día.

Ensalada de aguacate con toronja

Estando de visita en casa de la Dra. Lucie Simanis, en Staten Island, N.Y., me dio a probar esta ensalada. Puedo decir que merece la pena sorprender a las amistades con esta exquisitez. Además, le deja a uno la satisfacción de haber comido algo saludable. El aguacate contrario a la opinión general, la mayor parte de la grasa que contiene es insaturada. Contiene ácido oleico que es un poderoso antioxidante.

Ingredientes

1 taza de pedacitos de toronjas
1 taza del jugo de toronja (o agua)
1 caja de gelatina sabor lima
½ cucharadita de jugo de apio
1 aguacate maduro
1 taza de mayonesa
1 queso crema
¼ cucharadita de sal

Preparación

1. Caliente el jugo de toronja y disuelva la gelatina sabor lima en él. Déjelo en el refrigerador hasta que esté casi cuajado **2.** Pele el aguacate, elimine la semilla y ponga la masa en la vasija pequeña de la batidora. Agregue 8 onzas de queso crema y bata hasta que todo esté cremoso y bien mezclado. **3.** Agregue la mayonesa, sal, jugo de apio. Siga batiendo a velocidad moderada. **4.** Añada a continuación la gelatina fría y casi cuajada. Mezcle bien todo. **5.** Elimine de los pedazos de toronja todo el jugo que esté suelto y en un molde de cristal coloque cada trocito en el fondo hasta que quede bien cubierto. **6.** Vierta encima la mezcla anterior y colóquelo en el refrigerador para que termine de cuajar. Sírvalo como ensalada.

Nota: Use un molde que no sea hondo, al servirlo podrá cortarlo en cuadraditos más fácilmente. Puede cuajarlo individualmente en moldes no profundos.

Nota de salud: ***Toronjas:*** *Consulte a su docto*r si toma pastillas para la presión, con algunas se prohibe comer toronjas (pomelos). Puede usar agua en lugar del jugo de toronja y para los pedacitos use los de naranja (china).

Ensalada de lechuga rellena

La Sra. Virginia Burkhart Withers, nació en West Virginia, mudándose más tarde a Cocoa Beach, Florida. Preparaba distintos tipos de ensaladas. Era de las personas que evitaba comer carne de cualquier tipo. Ensaladas de lechuga, apio, remolacha y espinacas eran sus preferidas. Yo sirvo esta ensalada acompañada de alguna carne roja, bien limpia de grasa.

Ingredientes

1 cabeza de lechuga
8 onzas de queso crema
2 cucharadas de queso Roquefort
2 cucharadas de zanahoria cruda molida finamente
2 cucharadas de ají (pimientos verdes) cortados finamente
2 cucharadas de tomates cortados en pedazos pequeños
1 cucharada de jugo de cebolla
Sal y pimienta a su gusto

Preparación

1. Ahueque la cabeza de lechuga para ponerle el relleno.
2. Mezcle bien los ingredientes, echándolos en el mismo orden.
3. Rellene la lechuga con esta mezcla.
4. Envuélvala con papel encerado.
5. Déjela en el refrigerador hasta la hora de servirla.
6. Llegado el momento, córtela en ruedas del tamaño deseado.
7. La ensalada siempre debe servirse fría y en platos fríos.

Nota: Al comprar una lechuga, corte el centro de la cabeza. Lávela bien con agua fría directamente debajo de la llave en el fregadero. Escúrrala. Guárdela en un recipiente con tapa bien cerrado. Manténgala en el refrigerador. A medida que la necesite vaya cogiendo las hojas. Se conservará fresca.

Ensalada de col

Mi hija Margaret cuando quiere rebajar o mantener el peso, siempre busca preparar platos que no tengan grasas o como dice ella: *no engorden.* Sabe que nos gusta la col, no importa si la sirve con garbanzos o con papas o de otra forma. En uno de nuestros viajes a su casa, nos dijo: *la mejor ensalada de col y buena para la salud ya que no contiene colesterol ni grasa saturada es la que vamos a comer esta noche. Además con el vinagre de manzana que uso se les quitará la fatiga del viaje* y así fue, y nos gustó mucho.

Ingredientes

3 o 4 tazas de col morada, finamente cortadita
2 manzanas medianas peladas y cortadas en lascas pequeñas
3½ cucharadas de vinagre de manzana
3 cucharadas de jugo de naranja
3 cucharadas de azúcar
½ cucharadita de pimienta
1 cucharadita de alcaravea *(caraway seeds)*
½ taza de pasitas

Preparación

1. En una vasija de cristal combine el jugo de naranja, azúcar, pimienta, vinagre de manzana y semillas de alcaravea.
2. En otro bol de ensalada mezcle la col, manzanas y pasitas.
3. Échele por encima la mezcla del jugo.
4. Una todos los ingredientes hasta que estén bien mezclados.
5. Sírvalo enseguida.

Nota: La manzana debe comerse tan pronto se pele para que no pierda su valor nutricional ni se oxide. Si le gusta la ensalada fría, ponga en el refrigerador la primera mezcla y a la hora de servirla, añada la col, manzanas y pasitas. Mezcle bien.

Nota de salud: Vinagre de manzana: Es el mejor de los vinagres: rico en pectina y potasio, además combate la fatiga. Una cucharada de vinagre de manzana ayuda a eliminar las toxinas del cuerpo y según el Dr. D. C. Jarvis, de Vermont, esto podría aumentar la longevidad.

Ensalada de col con crema agria

A mi esposo le gusta y nos la comemos muchas veces mezclada con arroz blanco. La ensalada de berro mezclada con arroz blanco también es deliciosa.

Ingredientes

1 col de 3½ libras
2 tazas de crema agria
2 cucharadas de sal
2 cucharadas de azúcar
2 cucharadas de vinagre (si es de manzana mejor)
2 cucharadas de zumo de limón
½ cebolla mediana rallada

Preparación

1. De las coles, la mejor es la rizadita. Corte la parte comestible bien finita. Debe estar lo más seca posible. Guárdela en el refrigerador para que esté bien fría a la hora de usarla. **2.** En una vasija de cristal ponga el azúcar, la sal y agregue el vinagre, limón y la cebolla rallada. Mezcle todo bien. **3.** Añada la crema agria y bata vigorosamente hasta que todo quede unido. **4.** Un momento antes de servir, eche la crema sobre la col fría y mezcle hasta que se haya unido completamente a la col. **5.** Sírvala inmediatamente.

Nota de salud: Si sufre de sequedad en la boca las coles rizadas, remolacha y rábanos estimulan las glándulas salivales. La col contiene vitamina C. El berro, el perejil y el mastuerzo son ricos en vitaminas y minerales con un alto contenido en hierro, calcio y fósforo. Se usan como diuréticos para aliviar el edema, gota e infecciones de la vejiga.

Importante: el perejil convertido en una pasta se pone en las manchas de las manos todos los días y las elimina. Otros prefieren hervir el perejil, aplastarlo y ponerse nada más que el agua.

El vinagre de manzana tiene gran cantidad de potasio, necesario para el funcionamiento del corazón y los músculos. Recuerde que ayuda a controlar la fatiga, elimina las toxinas del cuerpo.

Ensalada de brócoli (brécol)

Margot Lendoiro, cubana, vive en Orlando, Florida. En uno de sus comentarios sobre la ensalada de brécol (brócoli) dijo que como la de ella nadie la hacía. Me la ofreció diciéndome: –Ahora mi receta va a ser famosa.

Ingredientes

½ libra de bacon frito bien picadito
1 mazo de brécol, (picado en porciones pequeñas)
2 tazas de apio cortado en trocitos pequeños
1 cebolla grande, cortada en rodajas bien finitas
1 taza de almendras o nueces picadas
1 taza de pasitas
2 tazas de uvas rojas sin semillas (yo uso las uvas con semillas)*
1 taza de mayonesa , ¼ taza de leche, 1 cucharada de vinagre

Preparación

Combine el brécol, apio, cebolla, pasitas y uvas mezclando muy bien. Guárdelo en el refrigerador. Espere que esté bien frío y a la hora de servirlo añada el bacon frito, nueces o almendras, mayonesa, leche y vinagre. Mezcle bien y sírvalo inmediatamente.

Nota de salud: Las *pasitas* contienen gran cantidad de hierro. **Las semillas de las uvas*: antioxidante más poderoso que se conoce. Estudios recientes han probado que el que coma uvas evitará el deterioro de los dientes. Cebolla, aumenta el nivel de colesterol HDl. Limpia los depósitos de grasa en las arterias. Antioxidate.

Platos decorados con uvas

Corte las uvas en racimitos, después páselas por claras de huevos sin batir. Bien mojadas, envuélvalas en abundante azúcar. Colóquelas en una bandeja y déjelas al aire una hora más o menos para que se sequen. Se usan para decorar cualquier plato o también a la hora de servir la cena, para adornar el centro de la mesa.

Ensalada tropical Playa Guanabo

En el año 1949, una novia de mi esposo llamada Noemí, lo invitó a que fuera durante el mes de julio a la Playa Guanabo en La Habana, Cuba. Su padre alquilaba una casa y llevaba a la familia todos los años. Los domingos servían en la terraza un almuerzo muy agradable. El padre de Noemí preparaba esta ensalada. Aquello resultó ser un romance de verano, pero la ensalada se quedó en su memoria y paladar para siempre. Le he dado el nombre de Ensalada Tropical Playa Guanabo, porque así la llama Juan.

Ingredientes

6 plátanos de fruta (bananas)
1 aguacate grande
1 piña mediana fresca
1 limón mediano
1 pizca de sal
¾ taza de aceite de oliva extra virgen
¼ cucharadita de pimienta negra (opcional)

Preparación

1. Pele la piña, elimine el corazón y córtela en trozos pequeños. 2. Quite la cáscara a los plátanos y córtelos en ruedas pequeñas. 3. Remueva la cáscara y semilla del aguacate y córtelo en trozos pequeños. 4. Póngalos en una fuente honda y vierta sobre ellos el adobo de aceite, zumo de limón, sal y pimienta preparado de antemano y bien unido. 5. Revuelva suavemente para que el aderezo cubra cada trozo sin romper ninguno. 6. Puede comerse al tiempo o ponerse en el refrigerador una hora antes de servirse.

Nota de salud: Se dice que la cáscara de la piña es medicinal. Lávela bien y póngala en una jarra con agua en el refrigerador. Tome por lo menos un vaso diario de esta agua. Se considera antioxidante y diurético y contiene alta concentración de una enzima que ayuda a procesar las proteínas. *La pera y la banana* son las únicas frutas que no se pueden congelar; las demás sí, si se mantienen en envases cerrados. *El aguacate* tiene un bajo porcentaje de grasas saturadas. Se estima que 30 gramos de pulpa contienen 3 gramos de grasa insaturada y 2 de grasa saturada (La Prensa 34 NUESTRO, Orlando, 11 de enero de 2001).

Ensalada de macarrón y frutas

En el año 1960 cuando llegamos a Jersey City, New Jersey, el apartamento que alquilamos era de una chilena-argentina casada con un alemán. Ellos vivían en los bajos y nosotros en el piso superior. Muy a menudo preparaba esta ensalada que según ella, la aprendió a hacer en la Argentina. Un día viviendo ya en North Bergen, New Jersey, se me ocurrió hacerla. Le gustó a mi familia y hoy es un plato que sirvo sobre todo en el verano.

Ingredientes

1 paquete de macarrón de aritos
1 lata de piña en cuadraditos
½ taza de zumo de limón verde
1½ tazas de azúcar blanca
4 huevos batidos ligeramente
1 manzana grande picada en trocitos
1 naranja o mandarina cortada en pedacitos (o ambas)

Preparación

1. Siguiendo las instrucciones del paquete hierva los macarrones en agua con sal. Usando un colador deje que escurra toda el agua. No los apriete, pero deben quedar secos. **2.** Bata ligeramente los huevos, usando un tenedor. Añada el azúcar, jugo de la lata de piña y el zumo de limón y cocine a fuego moderado, revolviendo con una cuchara de madera hasta que espese a su gusto. **3.** Cuando se enfríe, añada los macarrones, la piña, manzana y naranja o mandarina. O ambas. Mezcle bien. **4.** Deje que se enfríe por espacio de 12 a 24 horas antes de servirla. **5.** A la hora de ponerla en la mesa y si es de su agrado puede agregarle 1½ taza de crema batida.

Nota: La ventaja de esta ensalada es que se puede preparar días antes.

Pastas

Lasaña especial con salsa de chorizos

Esta receta me la envió a Staten Island, New York, una amiga de mis padres María Pérez, natural de La Habana, Cuba. Vivió en Miami desde que salió de Cuba, donde fue conocida y querida por todos los que tuvimos el honor de conocerla. Me vaticinó en uno de mis viajes que vendría a vivir a la Florida más pronto de lo que me imaginaba. Así resultó, cosa que nunca había pasado por mi mente. Cuando le comenté que pensaba escribir un libro de recetas de cocina, me dijo: *quiero que si lo haces, que sé que lo harás, pongas la receta de mi Lasaña especial, recuerda que la comiste en mi casa cuando vino de Cuba mi sobrino Martín Pérez.* ¡María, donde quiera que te encuentres en el cielo, que Dios te bendiga. He aquí tu Lasaña.

Ingredientes

1 paquete de *lasaña y* ½ taza de caldo de res
1 cebolla mediana cortada finamente
3 chorizos (el de su preferencia)
1 cucharadita de pimentón (*paprika*)
½ taza de aceite de oliva extra virgen
1 taza de queso parmesano rallado
1 hoja de laurel picadita y sal al gusto

Preparación

Prepare la salsa calentando el aceite en una olla a fuego moderado. Añada la cebolla, chorizos, hoja de laurel, pimentón y el caldo de res revolviendo constantemente. Mezcle bien. Deje que hierva hasta que espese. Siguiendo las instrucciones del paquete cocine la pasta en agua con sal. Después escúrrala a través del colador sin aplastar. Coloque los fideos (*lasaña)* en un molde que sirva para el horno y para servir directamente en la mesa. Échele por encima el queso rallado y después la salsa caliente. Ésta debe cubrir toda la pasta. Hornee 15 minutos en el horno previamente calentado a 325° Farenheit, Sírvala enseguida.

Nota: A veces le pongo encima del queso parmesano un poquito de queso mozzarella. Los **chorizos** deben pincharse antes de ser asados o antes de freírlos.

Macarrones a la carbonara

Cuando vivía en Staten Island, N. Y. Lorraine Cucciniello, una de mis alumnas me invitó a cenar. Su mamá preparó la comida, se la celebré y le dije que tenía muchas recetas pero pocas de pastas. Me explicó cómo se hacía.

Ingredientes

12 onzas de pasta
4 onzas de jamón de cocinar fritos
½ taza de queso parmesano rallado
2 huevos ligeramente batidos
Pimienta y sal al gusto
1 cucharada de aceite vegetal (puede usar mantequilla)

Preparación

Siga las instrucciones del paquete para cocinar la pasta en agua con sal. Cocido los minutos recomendados, escurra la pasta usando un colador grande. Debe quedar sin una gota de agua. Regrésela de nuevo a la olla y cocine a fuego moderado a medida que le echa los huevos batidos, el jamón cortado en trocitos y previamente fritos ligeramente en aceite vegetal. Revuelva con una cuchara de madera. Tan pronto espese, añada el queso, sal y pimienta. Mezcle bien. Sirva inmediatamente en platos individuales preferiblemente y que estén calientes.

Nota: Puede adornar el plato con ramitas de perejil. Como a la mayoría le gusta agregar queso y pimienta a las pastas, se recomienda poner extra en la mesa, así el que quiera puede servirse más.

Nota de salud: El perejil es un diurético. Aumenta la absorción del manganeso para la formación de los huesos, evitando con ello la osteoporosis. Si usted tiene manchas en las manos ponga a hervir una ramita de perejil en poca agua, déjela refrescar. Frote y déjesela un rato diariamente, éstas van desapareciendo con el tiempo. Remedio que usan y me dieron Mercedes Stahl y su hermana Dulce en Hialeah, Florida el lunes 22 de enero de 2001. Otras personas usan después de exprimir el perejil, el agua sin la pasta.

Pasta con Ricota

Durante los 20 años que viví en Staten Island, la gran mayoría de mis amistades eran italianos, judíos, noruegos, irlandeses y alemanes. La Sra. Ann DeVita, madre de Paula, una de mis alumnas, me invitó a cenar y al terminar le pedí esta receta. Según ella era la preferida de su esposo el Sr. Peter DeVita.

Ingredientes

1 caja de pasta de 12 onzas
1 taza de queso Ricota
¼ taza de queso Parmesano rallado
1 cucharada de mantequilla
Sal y pimienta (al gusto)
Nuez moscada (opcional)

Preparación

1. Siga las instrucciones que aparecen en la caja. Cocine en agua con sal. Después, usando un colador grande, escúrrala.
2. En una licuadora, bata el queso Ricota hasta convertirlo en una pasta suave. Añada el queso Parmesano y la mantequilla. Bata de nuevo. Agregue la sal, la pimienta y la nuez moscada.
3. Añada todo esto a la pasta y mezcle bien.
4. Viértalo en un molde de cristal y en un horno precalentado a 325° Farenheit, póngalo a hornear.
5. Déjelo en el horno 10 minutos o hasta que los quesos comiéncen a derretirse.
6. Se sirve en platos individuales calientes, en una fuente también caliente o en el mismo molde.

Notas de salud: **La Asociación Americana del corazón**, recomienda para reducir la grasa ingerir pasta, arroz, frijoles y/o los vegetales como plato principal. O combinar esos alimentos con pequeñas cantidades de carne magra, aves o pescado. Los vegetales contienen flavonoides que ayudan a tener arterias saludables.

Pastel de macarrón

Receta del Sr. Henry Hernández Nicolello por años Jefe principal de cocina de varios restaurantes famosos, entre ellos el *Le Club,* en la ciudad de Nueva York. Tenía gran variedad de recetas de pastas.

Ingredientes

1 libra de macarrón
1 cucharadita de sal
1 lata de puré de tomate
¼ taza de ketshup
4 tiras de tocineta fritas (bacon)
1 taza de queso parmesano
1 cucharadita de mantequilla

Preparación

Al agua agréguele la sal y cuando esté hirviendo échele la libra de macarrón. Al hervir de nuevo baje el fuego y cocine de tres a cuatro minutos, revolviéndolo. Usando un colador, escurra bien. En un recipiente una el ketshup, el puré de tomate y la tocineta frita previamente. Mezcle bien. En un molde untado de mantequilla o aceite, coloque una capa de macarrón. Encima de ésta, la mezcla previamente preparada, otra de macarrón y así sucesivamente. Termine con una de macarrón. Espolvoree ½ taza de queso parmesano. Hornee a 325° Farenheit unos 15 o 20 minutos. Viértale por encima la otra ½ taza de queso y cocine 5 minutos más.

Versión II

Como me paso la vida inventando se me ocurrió ponerle a la mezcla una taza de brécol, (brócoli) fresco o congelado, bien desmenuzado. Como ha gustado, he seguido con mi versión. Mi hermano se burlaba diciéndome que mejor que profesora, debía dedicarme a las artes culinarias y poner con él un restaurante.

Macarrones al gratin

Lo que más gusta de este plato es por ser preparado al gratin. Al echarle pan rallado o queso por encima y ponerlo en el horno queda tostadito. Si le gusta la salsa de tomate puede ponerla por encima después de sacarlos gratinados del horno, nunca antes. Receta de John Nicolello, padrino de mi sobrino José Luis.

Ingredientes

1 paquete de 1 libra de macarrones
1 cucharada de aceite de oliva extra virgen
2 cucharadas de harina de trigo
2 tazas de leche
1 taza de queso rallado
Pimienta y nuez moscada rallada
Sal al gusto

Preparación

Cocine los macarrones cortados en pedacitos en agua con sal, siguiendo las instrucciones del paquete. El tiempo también es de acuerdo a cómo le guste a usted. Para preparar la salsa blanca, coloque en una olla el aceite, cocine a fuego moderado y cuando esté caliente, añada la harina, deje que se cocine un momento. Agregue la leche, revuelva con una cuchara de madera continuamente para evitar que se formen grumos. Baje el fuego a lento hasta que se espese. Agregue más leche si la quiere menos espesa. Añada la sal, pimienta y nuez moscada. Cuando los macarrones estén cocinados páselos por un colador para que queden bien escurridos. Mézclelos con la salsa blanca. Échelos en un molde de cristal que sirva para el horno y para llevar a la mesa, poniéndole por encima el queso rallado. Hornee a 325° Farenheit unos 20 minutos de acuerdo a su gusto, para que se gratinen. Si desea ponerle salsa de tomate inmediatamente que lo saque del horno, siga las instrucciones de la *receta sencilla de salsa de tomate,* que aparece en la página siguiente.

Salsas

Salsa de tomate para los macarrones al gratin

Tan pronto saque el molde del horno, vierta la salsa de tomate por encima. Nunca antes, el queso no quedará tostadito. Esta salsa puede usarla en otros platos. Guárdela en el refrigerador por varios días en un recipiente con tapa.

Ingredientes

1 cebolla mediana bien picadita, lo más finita posible
1 cucharada de aceite de oliva extra virgen (vegetal si lo prefiere)
2 tomates medianos pelados y cortaditos
1 hoja de laurel, sal y pimienta, al gusto
1 ramita de perejil cortadita (uso tijeras para cortarla)

Preparación

Dore la cebolla en una sartén con el aceite caliente a fuego alto. Agregue los demás ingredientes. Revuelva con una cuchara de madera. Cocine ahora a fuego moderado unos minutos hasta que espese un poquito. Ponga la salsa sobre el gratinado de los macarrones.

Salsa para el pavo asado

La Dra. Alicia Ledesma de Remos, residente en Miami Beach, Florida, acompaña su pavo asado con esta salsa. Receta de su mamá la Sra. Isabel Ungo de Ledesma, natural de Majagua, provincia de Camagüey, Cuba.

Ingredientes

Menudos de pavo
1 cucharada de maicena

Preparación

Cocine los menudos de pavo bien picaditos en poca agua para que el caldo quede bien concentrado. Cuele el caldo. Agregue la maicena y la grasa que soltó el pavo asado. Una todo bien y caliéntelo hasta que cuaje un poco. A la hora de cenar se le vierte por encima al pavo. Si lo desea puede servirla en un bol.

Salsa holandesa

Mi prima Annie Turk vive en Vermont, es vegetariana, no resiste que sacrifiquen a un animal para ser devorado por un ser humano. Me dio esta receta de Salsa, para los vegetales. La he usado con carnes y sabe muy sabrosa. Perdona Annie, pero en casa comemos pequeñas porciones de carne y pescado dos o tres veces a la semana. Muchos vegetarianos carecen de vitamina B 12, por no seguir un plan de alimentación que incluya éstas y otras vitaminas.

Ingredientes

3 yemas de huevo
1 ruedita de cebolla
2 cucharadas de zumo de limón verde
½ cucharadita de pimienta
1 pizca de sal
½ taza de mantequilla
½ taza de agua hirviendo
1 ramita de perejil

Preparación

Eche todos los ingredientes en el vaso de cristal de la batidora, menos el agua caliente. Tápelo y bata a velocidad moderada cinco minutos o hasta que esté suave, destape el vaso, siga batiendo mientras agrega ahora y poco a poco el agua hervida. Cuando todo quede bien unido, vierta la mezcla en una olla. Cocine al baño María, revolviendo con una cuchara de madera constantemente hasta que la salsa tome la consistencia de una natilla suave. Sepárelo del fuego. Manténgalo caliente hasta la hora de servir. Puede guardarlo en el refrigerador y calentar solamente la cantidad que necesite. Da una taza aproximadamente.

Nota de salud: La mejor vitamina es la que se consume natural, directamente de vegetales, frutas, cereales, etc. Las preparadas químicamente tarde o temprano pueden hacer daño. La famosa vitamina C, preparada en los laboratorios, ahora se ha descubierto que puede ser una causante de padecer de cáncer. No abuse. Todo en exceso es perjudicial. Pregúntele a su médico.

Salsa Verde Goya

Fue desarrollada por la *Compañía Productos Goya* para usarla en las croquetas de pollo. Yo la uso en las de carne, de jamón y de papa.

Ingredientes

1 aguacate mediano, pelado y cortado en lascas
1 taza de crema agria (sour cream)
1½ cucharada de jugo de limón fresco
2 cucharaditas de cebolla picada
½ cucharadita de ajo picado. Sal y pimienta al gusto

Preparación

Combine todos los ingredientes. Mezcle hasta que la masa tenga una consistencia suave. Agregue la sal y pimienta. Da 1½ tazas.

Salsa Chimichurri

El señor Fernando Parra, ecuatoriano, nos dijo que el Chimichurri, salsa de origen argentino se usa en las carnes asadas en la brasa, (churrascos). Pero que él, la come con pan y la prepara de esta forma. Les pido disculpas a los argentinos si la receta que el Sr. Parra me dio no es así.

Ingredientes

4 dientes de ajos machacados, 1 rama grande de perejil
¼ taza de aceite de oliva. (Pan tostado, si la usa como el Sr. Parra)

Preparación

Mezcle todos los ingredientes (menos el pan) hasta hacerlos un puré. De acuerdo a la cantidad añada más o menos ingredientes.

Nota de salud: ***El aguacate***: la mayor parte de grasa que contiene es insaturada. A diferencia de otras verduras y frutas presenta todas las vitaminas del reino vegetal A,B,C,D,E,K, B2, B3, B5, B8 y ácido fólico. *"La Prensa 11 de enero 2001. Información de la Comisión del aguacate de California, en Estados Unidos.* El Centro de Salud del corazón recomienda comerlo con moderación. Comer ***cebolla*** aumenta el nivel de colesterol HDL. Limpia los depósitos de grasa en las arterias. Poderoso antioxidante. Si se quema, corte una rodaja de cebolla y frote con ella la quemadura. **Perejil**: diurético natural.

Salsa Alfredo a lo Hernández

Mi hermano Henry Hernández, fue dueño en Cuba de la fábrica de dulces de ajonjolí y maní, llamada CHA-CHA-CHA En los Estados Unidos, fue el Chef de cocina de: *Nicolello Restaurant* en Roslyn, Long Island; del *Le Club* en la ciudad de Nueva York y más tarde en *Chateau Vega Restaurant* en Las Vegas, Nevada. Entre sus muchos y exquisitos platos se vanagloriaba de su famosa forma de preparar las salsas.

Ingredientes

¼ de crema de leche (heavy cream)
2 huevos
3 onzas de queso rallado
3 cucharadas de harina de trigo
Pimienta al gusto
1 taza de sustancia de pollo
1½ taza de leche fría

Preparación

Ponga a hervir la crema. Agregue la pimienta y sustancia de pollo, deje que hierva bien despacio. Añada el queso siempre revolviendo. Bata las yemas de huevo un poco y agréguele una taza de leche fría, después de estar bien mezclada, viértala en el cocido. Tome 3 cucharadas de harina de trigo disuelta en la otra ½ taza de leche fría, y únala con la salsa, batiéndola para que tome consistencia, recuerde que ésta cuajará cuando enfríe. A la hora de servirla póngala a fuego lento y agregue si quiere un poco de leche para que se afloje. Esta salsa es para ser servida sobre Fettuccine (Egg nudles).

Nota: Puede tostar pan cubano o francés, y ponerle encima camarones o masitas de cangrejo. Éstos se cocinan en esta salsa en los últimos cinco minutos. Recuerde que los camarones no deben estar más de 5 minutos cocinándose, se endurecen, se secan y no hay quien se los coma.

Salsa bechamel

Las salsas: bechamel, salsa crema, salsa blanca, mayonesa, salsa cremosa y salsa de piña, todas nos las enseñaron a preparar en la Escuela del Hogar de Matanzas, Cuba. Agradezco todo lo que aprendí. Recuerdo con gran cariño a las profesoras Hortensia, Rosa Acosta y a Luisa entre otras y a la inolvidable Quetica, que con tanto esmero cuidaba la puerta de entrada.

Ingredientes

1 onza de mantequilla (2 cucharadas)
2 cucharas de harina
4 tazas de leche
Sal al gusto

Preparación

En una olla sin esmalte ponga la mantequilla, desbarátela y agregue la harina. Cocine a fuego moderado de 3 a 4 minutos. Revuelva todo el tiempo con una cuchara de madera, para evitar que se dore, se queme y se pegue. Fuera del fuego agregue despacio la leche que debe estar caliente a la hora de usarla, bata con un batidor de alambre bien rápido hasta verla fina, mezclada y sin grumos. Agregue la sal, revuelva y póngala otra vez al fuego. A los quince minutos ya estará. Si quiere una salsa más espesa, cocine unos minutos más y si la prefiere más fina, agregue un poco más de leche caliente, manteniéndola al mínimo de fuego sin que hierva. Ponga trocitos de mantequilla encima para evitar que forme nata. Cuando vaya a usarla, revuelva para que se mezcle.

Salsa crema

Siga los mismos pasos de la salsa bechamel, pero al final añádale dos yemas de huevo. Usando el batidor de alambre bata bien rápido y cocine unos minutos más. La diferencia estriba en esas dos yemas de huevo que se agregan al final.

Nota: Es necesario disponer siempre de un colador y de un batidor de alambre, con éste se evitan los grumos y la salsa resulta más fina. Revuelva siempre con cuchara de madera o espátula de goma.

Salsa blanca

Mamá decía que mi abuela Marta Cabrera, la usaba en pescados y vegetales.

Ingredientes

1 cucharada de mantequilla (½ onza), o aceite vegetal
1 cucharadita de perejil seco o 1 ramita pequeña triturada
½ diente de ajo 1 pizca de sal 4 cucharadas de vino blanco
½ taza de agua 1 cucharada de harina

Preparación

Ponga a fuego lento una sartén con la mantequilla o el aceite. Agregue la harina. Déjela cocinar un poquito. Agregue el agua hirviendo para que se deslíe, revolviendo de prisa para evitar los grumos. El ajo machacado previamente con el perejil, se deslíe en el vino blanco, añada la sal y únalo todo a la salsa. Deje que hierva hasta que se encuentre en el punto que desee, más o menos espesa.

Salsa Mayonesa Sencilla

Si lo desea agregue a la yema del huevo antes de empezar a batir una cucharadita de azúcar, de mostaza y una pizca de sal Cuando la mayonesa esté preparada, no la ponga en el frío pues puede cortarse.

Ingredientes

1 yema de huevo, 1 taza de aceite de oliva extra virgen, 1 pizca de sal, ¾ cucharadita de zumo de limón fresco o vinagre de manzana

Preparación

Ponga en un recipiente de cristal la yema de huevo, separada muy bien de la clara. Revuelva hacia el mismo lado con una cuchara de madera o un batidor de alambre. Agregue una gotica de limón o vinagre y un poquito de sal. Siga revolviendo y eche alternando gotas de aceite, limón, aceite. A medida que tome forma se le puede echar más gotas de limón o de aceite, despacio para que no se corte. Si se corta, eche un poquito de agua hirviendo. Revuelva, no le agregue más aceite del indicado.

Salsa de piña

Esta salsa la hacemos con piña sembrada en nuestro patio, también usamos la de lata que sabe muy bien. Mi esposo Juan, insiste en que la añada a este libro. La aprendí a preparar en la Escuela del Hogar, Matanzas, Cuba, y quizás alguien más de esa época ha de recordar a nuestra Quetica, la que con tanto esmero cuidaba la puerta de entrada. A Quetica, le dediqué un versito y a cada profesora y alumnas, en diciembre del año 1950, vestida como Santa Claus. Tenían que adivinar el nombre de la persona a la que hacía referencia el versito.

Ingredientes

2 latas (14 onzas) de piña molida
1 pimiento rojo,1 pimiento amarillo,1 pimiento anaranjado
1 cebolla mediana roja
2 limas (zumo fresco) (limón amarillo)
2 cucharadas de albahaca (basil) seca o fresca

Preparación

Vierta la piña molida en una vasija de cristal. Corte en pedacitos pequeños los pimientos, la cebolla y la albahaca. Mezcle esto con la piña. Exprima las limas y agregue el zumo y siga mezclando bien. Tape la vasija y póngala en el refrigerador para que se enfríe a su gusto. La uso como parte de la cena en una pierna de cerdo asada. La combinación de salsa de piña con el cerdo o con masitas fritas gusta mucho. Para la salsa de mango uso el mismo procedimiento e ingredientes, eliminando la piña.

Nota de salud: La **piña** al igual que el **mango** contiene alta concentración de una enzima que ayuda a procesar las proteínas. Tanto la fruta como los tallos de la piña contienen enzimas adicionales que dicen ayuda a reducir los tumores cancerosos. Contiene dos tipos de bromelaina en las hojas y en los tallos.

El té de ***albahaca*** induce al sueño. También alivia el padecimiento de gases (flatulencia). En la finca de mis padres en Cuba, teníamos sembrado albahaca alrededor de la casa y en un tiesto dentro de la casa. Se dice que ahuyenta los mosquitos y las moscas.

Los pimientos contienen un alto nivel de fibras y mucha más vitamina C que los tomates. Se dice que evita las embolias y ayuda a las enfermedades respiratorias, sin importar su color.

Salsa francesa

Mi hermano José Enrique nos explicaba cómo se deben preparar las salsas para las ensaladas o pastas. Mencionaba el error de los que llaman *Salsa francesa* a la que aliñan con un sin fin de ingredientes. Decía que sólo lleva: aceite de oliva, vinagre, sal y pimienta, de lo contrario no es genuina.

Ingredientes

12 cucharadas de aceite de oliva extra virgen
2 cucharadas de vinagre de cebada (*malt vinegar*)
2 cucharadas de vinagre *tarragon*
¼ cucharadita de pimienta negra y ½ cucharadita de sal

Preparación

Mezcle todos los ingredientes y déjelos reposar hasta la hora de usarla. La ensalada debe estar bien fría y servida en platos fríos. Cuando vaya a ponerla en la mesa, bata la salsa para que todo los ingredientes estén bien mezclados. Puede echarla sobre la ensalada o echarla en un bol para que cada persona se sirva lo que quiera.

Salsa sencilla para ensaladas a lo Henry

Henry decía que de todas las salsas, ésta era su preferida, no sólo por su sabor, sino por lo fácil y por la rápido que se prepara.

Ingredientes

1 taza de aceite de oliva
1/3 taza de vinagre de manzana
1 cucharadita de salsa *Worcestershire*
1 cebolla pequeña cortadita
1/3 taza de miel de abeja
1/3 taza de tomate, *(catsup)*

Preparación

Mezcle todos los ingredientes, revuelva por un rato. Guárdelo en el refrigerador hasta el instante de usarlo. Entonces vuelva a batirlo para que todo quede bien mezclado. Sírvalo en un bol.

Salsa Vodka con tomates secos (*sun-dried*)

Al preparar la bebida Viva Jello-Vodka y en la botella le quede un poco de Vodka, aproveche y haga esta salsa para servirla sobre pollo, spaghetti u otra pasta. Esta receta es del Sr. Steven Schwall, Staten Island, New York. Tiene por costumbre preparar la bebida y la salsa casi siempre el mismo día.

.Ingredientes

¼ taza de aceite vegetal
2 o 3 cucharaditas de ajo en polvo
1 taza de tomate secos (*sun-dried)*
½ taza de Vodka
½ taza de salsa de tomate sazonada (½ de jugo de tomate V8)*
1 taza de crema de leche (heavy cream)

Preparación

Caliente el aceite en una sartén, agregue los tomates secos picaditos. Cocine a medio fuego cuando le eche encima el vodka. Cuidado porque el Vodka puede formar llamas. Déjelo a fuego lento hasta que el alcohol se haya quemado de 2 a 3 minutos. Añada ½ taza de salsa de tomate sazonada mezclada con la ½ taza de jugo de tomate V8) y la crema –*heavy cream*–. Bata con el molinillo de alambre y sírvalo sobre pollo, *spaghetti* u otra pasta. **Yo soy la que uso jugo de tomateV8, pero Steven Schwall usa 1 taza de salsa de tomate.**

Nota: La sirvo con papitas, doritos, zanahorias. Con chicharrones de puerco (cerdo), albóndigas. Si cocina arroz blanco, ponga un bol con la salsa en la mesa y todos al ponerla sobre el arroz van a celebrarla.

Nota de salud: uso ***jugo de tomate V8*** en casi todas las recetas que llevan salsa o puré de tomate, porque le da a la comida un sabor muy agradable, además de contener los vegetales necesarios para mantener una buena salud. Entre los vegetales que contiene se encuentra el berro, rico en vitaminas, minerales, hierro, calcio y fósforo.

El berro se usa como diurético para combatir el edema, gota e infecciones de la vejiga y alivia la tos. **El pereji**l y **el mastuerzo** tienen propiedades similares al berro, así que puede sustituir unos por otros si así lo desea en las comidas.

Salsa de tomates frescos con albahaca

Steven Schwall dice que para que una comida quede buena depende del adobo o de la salsa que se le ponga. Uno de los condimentos o hierbas que más usa es la albahaca; en inglés *Basil*. La prefiere fresca.

Ingredientes

1 cebolla mediana
3 dientes de ajo machacados
½ taza de vino blanco
Albahaca fresca a su gusto
1½ barrita de mantequilla (margarina)
6 tomates frescos picados en trozos.
Sal y pimienta al gusto
1 cucharadita de azúcar (opcional) Yo la recomiendo

Preparación

Corte las cebollas en pedazos bien finos. Fríalas en ½ barrita de mantequilla o margarina. Tan pronto se amortigüe, añada el ajo y cocine un poco más. Eche el vino blanco y retire la sartén un momento del fuego. Agregue la albahaca y vuelva a poner la sartén esta vez a fuego lento con el resto de la mantequilla o margarina. Agregue los tomates, la sal y pimienta. Aplástelos un poquito. Añada una cucharadita de azúcar para eliminar la acidez del tomate. Cocine 5 minutos más. Sírvalo con pollo o cerdo. Si es con *spaghetti*, ponga la salsa en un plato aparte.

Nota: Para evitar que la mantequilla se queme en la sartén, añada un poquito de aceite vegetal.

Nota de salud: Se dice que el **ajo y la cebolla** inhiben el crecimiento de los hongos y otros microbios en el intestino. Además, reducen el riego de formación de coágulos, estimulan la circulación y reducen el colesterol malo. Si usted sufre de Pie de Atleta, espolvoreé los pies con ajo molido o machacado.

Además, se recomienda comer **cebolla** si padece de asma, bronquitis, diabetes y arteriosclerosis. Contiene una hormona parecida a la insulina que ayuda a disminuir los niveles elevados de azúcar en la sangre.

Salsa de arándano (Cranberry)

La salsa de arándano (cranberry) la uso para cuando preparo pechugas de pollo, bistec de ternera o chuletas de cerdo. La primera vez que probé esta salsa fue servida con pavo asado, en casa de la Sra. Evelyn Gilje, noruega. Residente en esa época en Staten Island, N.Y. Steve Schwall, también la hace igual.

Ingredientes

¼ taza de vino seco blanco
¼ taza de caldo de pollo o de carne
2½ cucharadas de mostaza
1½ cucharadita de maicena
1½ cucharada de agua
¾ taza de arándano seco, (*Craisin®Sweetened Dried Cranberries)*
1 cucharadita de aceite vegetal
1 cucharadita de mantequilla
¼ taza de cebollino (use la parte verde) bien picadita
¼ de pimiento verde picadito (si no tiene cebollino)

Preparación

En una sartén, caliente el aceite y la mantequilla a fuego moderado. Agregue el vino, el caldo y la mostaza. Revuelva un poco hasta verla dorada. Combine la maicena y el agua en un bol pequeño. Eche la mezcla en la sartén, agregando el arándano (cranberries). Deje que hierva alrededor de 2 minutos o hasta que la salsa se espese. Al final añada el cebollino bien picadito, la parte verde nada más y a fuego lento-moderado cocine dos minutos adicionales.

Nota: Esta salsa se la pongo por encima a las pechugas de pollo, a los bistec de ternera o a las chuletas de cerdo ya cocinados. Si preparo chuletas de cerdo acarameladas (vea receta), pongo esta salsa en una salsera y así el que quiera puede usarla. Cuando preparo en el desayuno Oatmeal, le agrego 2 cucharadas de arándano seco y una cajita de pasitas. Así tengo dos de las frutas de las cinco que deben comerse diariamente.

Nota de salud: El cranberry (arándano) contiene vitamina C y un alto nivel de fibras. Evita los resfriados. Ayuda a eliminar mucosidades producto del resfrío.

Sandwich

Sandwich Elena Ruz

En los Estados Unidos lo escriben con th, o sea Ruth, como un invento americano, esto es un error. Según Estampas de Cuba por María Argelia Vizcaíno artículo que aparece publicado en Miami, Florida, en el Semanario **Libre**, sección Tribuna Libre, viernes 4 de mayo de 2001, página 53, hace un relato completo del verdadero origen del sandwich, basándose en lo que la propia Elena Ruz le contó al escritor George Childs y que él escribió para El Nuevo Herald. También Rosendo Rosell en su libro *Vida y Milagros de la Farándula en Cuba. Tomo IV, dice "muchos habrán probado el sandwich sin saber que Elena Ruz existe y vive aquí en Miami"*. Elena Ruz Valdés-Fauli a finales de la década de 1920, iba con sus amiguitas de la escuela *El Sagrado Corazón*, al restaurante *El Carmelo*, en La Habana, que antiguamente fue un bodegón de madera de un español de apellido Álvarez. Un día Elena mandó a preparar un sandwich que no estaba en el menú. Dijo cómo lo quería y durante más de un año fue complacida. Un día le pidió al encargado que lo incluyera en el menú y así no tendría que explicarle lo mismo cada vez. Durante la Semana Santa fue a Varadero y a su regreso, volvió con sus amiguitas a *El Carmelo*, allí estaba un letrero en luz neón que decía **"Sandwich Elena Ruz, 25 centavos"** Este sandwich la hizo famosa como su amiga Sesita Sola lo había soñado. Elena Ulacia Ruz, escribió en la Tribuna del Lector del periódico El Nuevo Herald, el 7 de abril de 1994 *",... que su mamá fue entrevistada con relativa frecuencia por su famoso sandwich. Salió en la televisión y en los periódicos..."* A pesar de esta información en los Restaurantes hispanos se le sigue poniendo Ruth en el Menú, aunque en las computadoras aparece Ruz.

Sandwich Elena Ruz

Ingredientes

1 pan de media noche
Lascas de pavo
Mermelada de fresa
Queso crema majado
Lechuga

Preparación

El pan de medianoche se tuesta solo sin agregarle nada hasta que esté durito y calentito. Después se le pone al pan ya tostado, las lascas de pavo, el queso crema majado o batido, la mermelada de fresa y la lechuga.

Fritas cubanas

Al estilo de *El Recodo* de La Habana

Desde los comienzos del siglo pasado, nace en Cuba el gusto por las fritas. De los muchos lugares famosos en la ciudad de La Habana, Cuba, *El Recodo,* situado en Zapata y Paseo, en el Vedado, llegó a ser el gourmet cubano de este popular emparedado. Hoy en Miami, Florida, desde la llegada de los primeros inmigrantes cubanos, la frita se ha convertido en una exquisitez.

Ingredientes

1 libra de carne de res molida
2 cebollas picaditas finas (sin cocinar)
1 cucharadita de pimentón
8 panecitos redondos
2 ajos machacados
1 huevo
2 cucharadas de sofrito (puede usar el de pomo)
3 papas grandes fritas cortadas a la Juliana

Preparación

Adobe la carne con el huevo, pimentón, ajo y el sofrito de pomo. Si lo desea puede usar su propio sofrito. Una la masa amasándola hasta que todo esté unido. Haga ocho bolitas con la masa. Déjelas reposar por varias horas para que el sazón penetre en la carne. (Puede sazonar la carne el día anterior pero sin ponerle la sal, porque la reseca, endureciéndola). Agregue la sal en el momento de hacer las bolas. En una sartén grande, ligeramente engrasada, con el fuego moderado, ponga en la sartén las bolas de carne bien aplastadas para que queden finitas. Dore ambos lados, virándolas una sola vez. Colóquelas sobre una de las tapas del pan. Encima de cada una ponga un poco de cebolla picadita cruda. A continuación las papitas fritas a la juliana. Cúbralas con la otra tapa del pan. Se comen enseguida. Si prepara muchas papitas, y desea que se mantengan calientes, manténgalas en el horno a 225° Farenheit.

Nota: Recetas de las Papitas fritas a la Juliana, a la española y a la francesa están en la página siguiente.

Papitas fritas a la Juliana, a la española y a la francesa

Las papitas fritas a la Juliana son las que se usan para las Fritas cubanas. Vea receta en la página anterior. En el Restaurante Lilas que está en Coral Way y la 86 Avenida, en Miami, Florida, sirven el bistec cubierto con papitas a la Juliana. Lo que lo ha hecho famoso en los Estados Unidos y entre los turistas de otros países.

Ingredientes

3 papas grandes cortadas en tiritas muy finas
Sal al gusto. Aceite vegetal para freír. Papel absorbente

Preparación

A la Juliana:

Pele las papas y córtelas en tiritas bien finitas; lo más parejo posible. Séquelas muy bien con un paño o papel toalla. En una sartén con bastante aceite caliente y a fuego moderado, temperatura 375° Farenheit, fríalas. No las eche todas a la vez porque se salcochan en lugar de freírse, debido a que el aceite se enfría. Déjelas unos 5 minutos o hasta que las vea doraditas, no quemadas. Se escurren sobre papel absorbente y después échele por encima la sal, –al gusto de la persona– Para la receta de las fritas cubanas, úselas enseguida. Con bistec, se sirven en el mismo plato.

A la española:

Es el mismo procedimiento, sólo que se cortan rodajas de aproximadamente ¼ de espesor. Deben cocinarse unos 8 minutos y con la temperatura menos caliente que a la Juliana.

A la francesa:

Las tiras al cortarlas tienen más o menos ½ pulgada de ancho y córtelas a lo largo. Fríalas con el aceite caliente y a fuego moderado, unos 8 minutos a 375° Farenheit. Todas las papas fritas siguen el mismo proceso. Deben comerse enseguida.

Carnes

Boliche asado al caldero sin mechar

Mi tía y madrina Enriqueta Díaz se llevaba el premio preparando este plato. A veces lo mechaba con chorizos o jamón. Nació en la ciudad de Cárdenas, provincia de Matanzas, Cuba. Al casarse con Eloy del Sol, mi padrino, también de Cárdenas, fueron a vivir al Central España, Perico, en la misma provincia.

Ingredientes

½ boliche (2 libras)
2 pimientos morrones,
½ vaso de vino blanco
1 ramita de perejil
Agua si fuera necesaria.
3 papas(opcional)
3 dientes de ajos
2 cebollas medianas
½ taza de aceite
Sal al gusto

Preparación

Con un cordel grueso ate la carne fuertemente para darle buena forma. Sazone con dos dientes de ajo machacado. Déjela adobada por espacio de ½ hora. En una olla ponga a calentar el aceite y cuando esté caliente dore la carne sin el ajo, por todos los lados. Añada la cebolla cortada en trozos grandes, el ajo con el que adobó la carne y un diente de ajo machacado y desleído con el vino blanco. Agregue la sal, (puede añadirle papas cortadas en rodajas al momento de ponerle la sal.) tape la cazuela y cocine a fuego moderado. Destápela de vez en cuando, pero el agua debe caer siempre en la carne. Agregue un poquito de agua fría si fuera necesario. Retírela del fuego cuando esté blanda y sin pincharla, quite el cordel y deje que se enfríe antes de cortarla en ruedas finas. Cuele la salsa y póngala de nuevo en la cazuela sin taparla con el fuego moderado. Cuando hierva agregue las rodajas de carne y cocine una media hora con el fuego esta vez muy lento para que quede jugosa, sin taparla. A la hora de servirla coloque las rodajas en la fuente de tal forma que parezca que la carne no se ha cortado. Ponga pimientos morrones como adorno.

Nota: El ajo no le da mejor sabor a la carne porque se le ponga el día anterior. La sal nunca se le pone antes de cocinarse. Para que la salsa tenga un color dorado, se hierve destapada a fuego vivo.

Carne napolitana

Esta es una de las recetas que me facilitó la Sra. Miriam Arteaga, que aparece en la libreta de cocina de su suegra, la Sra. Evelina Justiniani Dumás.

Ingredientes

3 libras de boliche
¼ libra de jamón crudo
3 huevos hervidos
1 naranja agria
2 hojas de laurel
1 cebolla mediana entera
6 dientes de ajo machacados
1 pizca de orégano
1 pizca de pimienta molida
1 ramita de canela
¼ taza de aceite vegetal

Preparación

Al boliche con un cuchillo de hoja ancha se le abre un hueco por una de las cabezas sin llegar al otro lado. Se mezcla la sal, pimienta, orégano y ajos. Se le unta a la carne por dentro y por fuera. Por el hueco que se le abrió a la carne procurando formar las paredes del relleno coloque las lascas de jamón, después vaya introduciendo los huevos uno a uno sin que se desbaraten. Éche-le por encima el zumo de la naranja agria y póngala a marinar con la canela, las hojas de laurel y la cebolla por ½ hora. Con el aceite bien caliente dore la carne en su adobo, agregándole 1 taza de agua fría y cocínela a fuego lento y bien tapada unos veinte minutos por libra. Córtela en ruedas finas a la hora de servirla.

Nota: Me gusta después de cortada en ruedas y en su fuente armar el boliche para adornarlo con pimientos morrones. Si la fuente es grande le coloco ruedas de papas previamente asadas al caldero.

Rosbif a la criolla

Tuve el honor de conocer en casa del Sr. Armando Castellón, a su hermana la Sra. María Isabel Castellón, cubana-venezola en un viaje que hizo de placer de Venezuela a la Florida. Su cuñada, la famosa pintora cubana-venezolana, Fefita Lucas de Castellón, mencionó durante la cena que yo estaba escribiendo un libro de cocina. María Isabel, gentilmente me envió esta receta.

Ingredientes

1 pieza de 1 libra de cañada, palomilla o filete de res
2 cucharaditas de laurel en polvo
2 cebollas grandes, 4 hojas de laurel
3 tazas de vino blanco seco
Sal y pimienta a gusto
Aceite vegetal para dorar la carne

Preparación

1. El día anterior a la fecha en que vaya a cocinar la carne adóbela con la cebolla picadita, la sal, el laurel en polvo, la pimienta, las hojas de laurel y el vino blanco seco. **2.** El próximo día en una olla apropiada, dore la carne sin el adobo en suficiente aceite. Una vez que esté dorada, agregue la cebolla y cuando ésta esté marchita añada el vino y el resto del adobo. **3.** Tape la olla y cocine 5 minutos por un lado, voltéela y cocine otros 5 minutos por el otro lado. **4.** Retírela de la olla y córtela en rebanadas finitas con un cuchillo eléctrico a ser posible. **5.** Si la carne está muy cruda cocine dándole vuelta y vuelta en el vino caliente hasta que esté a gusto de la persona que la va a comer. **6.** Generalmente se acompaña el Rosbif con puré de papas.

Nota: Existe la costumbre de envolver la carne con harina de trigo antes de ponerla en el caldero con el aceite caliente, dorándola para sellarla para que no pierda el jugo. Hoy se dice que queda dura, seca y no jugosa. También se recomienda poner la sal en el momento de cocinarse por la misma razón.

Nota de salud: Carnes: Debe comerse de 3 a 4 onzas tres veces a la semana. No en una sola comida. Contienen nutrientes como el hierro. Necesario para el buen funcionamiento del cerebro. Use la carne en sopas, vegetales y pastas.

Trío de Bistec empanado

Hace algunos años en Nueva York, conocí a una joven turista llamada Lorea. Le dije que nunca había conocido a nadie con ese nombre. Me dijo que era vasco y que en español significa, *La flor.* Hablamos de comida. Me dio la receta de su plato preferido. La hice y la recomiendo. Aunque a veces sustituyo los bistec por pechugas de pollo cortadas bien finitas y aplastadas.

Ingredientes

8 bistec de palomilla
8 lascas de jamón dulce
2 huevos ligeramente batidos
8 lascas de queso suizo fino (o queso que sirva para freír)
2 tazas de harina de trigo y de polvo de galleta
El zumo de un limón verde
Sal y pimienta al gusto
Suficiente aceite para freír

Preparación

1. Sazone los bistec con sal, pimienta y zumo de limón, cortados finos y del mismo tamaño de las lascas de jamón y queso.
2. Coloque una lasca de queso y otra de jamón a cada lado del bistec. O sea que el bistec esté en el centro.
3. Con la mano haga presión para que queden bien pegados.
4. Páselos por la harina de trigo, después por huevo batido y por último por el polvo de galleta. Si el polvo o la harina se humedecen, elimínelos y ponga más fresco.
5. Puede prepararlos con anticipación y mantenerlos en el frío hasta el día que vaya a usarlos. Se sacan del refrigerador por lo menos media hora antes.
6. En una sartén eche aceite suficiente para que cubra la carne y cuando esté caliente cocínelos hasta que se doren. Sírvalos acabados de freír.

Nota: Acompáñelos sirviendo en otra fuente setas, cebollas y pimientos verdes, rojos y amarillos, amortiguados en un poco de aceite caliente

Bistec a lo gallego

Mi suegra doña Lorenza Rodríguez Fernández, como buena gallega decía que las comidas de Galicia eran las mejores del mundo. José, su esposo, le decía que nada se podía comparar a la comida de Asturias.

Ingredientes

1 libra de carne
2 huevos
1 taza de pan rallado
1 taza de aceite vegetal
1 taza de leche
Sal al gusto

Preparación

Corte los bistec gordos, de carnes tiernas, filete o de la cadera. Lávelos y póngale un poco de sal. Déjelos que escurran hasta que estén sin agua. Con una toalla de papel o paño séquelos. En una vasija mezcle la leche con el huevo batido. Eche los bistec dentro y déjelos el mayor tiempo posible. Cuando vaya a servirlos, envuélvalos en la miga de pan previamente rallada. Déjelos reposar para que el pan se impregne bien. Fría en abundante aceite caliente. Sírvalos con papas asadas con su piel y cortadas en forma de dados o con papas fritas. Recetas págs. 117 y 110 respectivamente.

Carne de cerdo a la habanera

Estando de visita con Edelmira Piedrahita viuda de Argüellez en casa de Mercedes Labourdet, en la Habana, Cuba, nos sirvieron este delicioso cerdo frito. Se mencionó que su familia lo conocía con este nombre desde finales del siglo XIX.

Ingredientes

1 libra de carne de cerdo
1 cucharadita de orégano
¼ taza de vinagre
1 ají (pimiento)
Sal al gusto
Aceite

Preparación

Corte la carne de cerdo en pedazos, póngalos en una fuente. Adobe con vinagre, sal, orégano y ají. Déjelo marinando por ½ hora o más. Después que se haya impregnado se pone a freír en abundante aceite (en esa época se usaba manteca). Cuando tome un color doradito, se saca de la sartén, se escurre bien. Se sirve con platanitos maduros fritos o tostones.

Pernil asado a lo Margarita

Mi madre tenía dos maneras de asar el pernil de cerdo: una al horno y otra al caldero. Para esta última usaba el mismo procedimiento de la receta de Boliche asado al caldero que aparece en la página 111.

Ingredientes

1 pernil de unas 8 o 9 libras
Ajos (10 dientes de ajos)
1 cucharadita de pimienta
2 cucharaditas de orégano seco
1 cucharadita de sal por cada libra del pernil
1 cebolla mediana picada en rodajas
2 tazas de naranja agria (o) 1½ tazas de jugo de naranja ligado con el jugo de dos limones. Puede sustituirlo por ½ taza de vino de cocinar pero entonces use menos sal.

Preparación

1. Lave el pernil bajo el agua. Escúrralo y séquelo bien. Elimine parte del cuero y exceso de grasa. **2**. Mezcle el ajo machacado, con la pimienta, orégano, sal, naranja agria (o jugo de naranja y limón), o vino de cocinar. **3.** Guarde un poco de este adobo para más tarde. El resto viértalo por encima del pernil, tratando de introducirlo por dentro del cuero o por pequeños agujeros en la carne. **4.** Caliente el horno a 350° Farenheit. Antes de ponerlo en el horno coloque un termómetro en el pernil por un hueco que habrá hecho pero que no toque ni el hueso ni la grasa. **5**. Agregue el resto del adobo y coloque rodajas de cebolla por encima para que absorba parte de la grasa. **6**. Póngalo a hornear. Cuando marque 185° Farenheit, ya estará asado. Si carece de termómetro hornee 35 minutos por cada libra que tenga el pernil. **7.** Cuando llegue a su temperatura, viértale por encima sin pincharla un poco del adobo que está en el fondo. Sírvalo con yuca.

Nota: No uso el adobo de la carne, preparo uno con naranja agria, ajo y sal.

Costillas de cerdo acarameladas

El Sr. Guillermo Mancilla y su hermano peruanos, ambos viven en Colombia, nos visitaron en nuestra casa de Orlando, Florida. Los acompañaron mis primas Yolanda, Maia, Yoli y Annie.. Estuvimos hablando de platos típicos colombianos y peruanos. Mencionaron el de las *Costillas de cerdo acarameladas*. La preparé días más tarde y fue un éxito. No sé si la receta es peruana o colombiana.

Ingredientes

6 costillas de cerdo ½ taza de azúcar Sal al gusto
2 cucharadas de mantequilla 1 cucharada de aceite vegetal

Preparación

Adobe cada costilla con sal por ambos lados. Use una sartén grande que le quepan 6 costillas o use 2 sartenes. Ponga la mantequilla y el aceite a calentarse a fuego moderado. Las costillas se fríen y se viran una vez. Cuando las vea a medio cocinar, añada el azúcar por encima y por debajo de cada costilla. Deben quedar bien envueltas por ambos lados y costados de azúcar. Siga cocinándolas hasta que se haya convertido en caramelo.

Papas asadas

Acompaño las chuletas con papas asadas. Pongo a hervir después de lavadas y peladas 6 papas medianas blancas con un poquito de sal y una cucharadita de aceite vegetal. Cuando están a media cocción, las retiro del fuego. Las coloco en un molde de hornear. Les echo por encima un poquito de aceite y las aso a 325° Farenheit hasta verlas doradas y tiernas.

Papas asadas con cáscara

A las papitas cortadas en cuadraditos sin pelar se le agrega bastante ajo en polvo. Use el *Roastec Garlic, marca Good Seasons,* si lo prefiere. Mezcle bien. Unte el molde con aceite *y* hornee las papitas a 400° Farenheit, 40 minutos o hasta verlas doraditas.

Chuletas de cerdo con salsa bechamel

Lizardo, asturiano y su esposa Rosa, gallega, vivían en La Ceiba, Marianao, Cuba. En un viaje a casa de mis padres, él quiso cocinar estas chuletas, aprovechando que se acababa de matar un cerdo para sacarle la manteca, hacer chicharrones y freír las masitas. Lizardo se las daba de buen cocinero y lo era.

Ingredientes

6 chuletas
3 cucharadas de harina
1 cucharada de mantequilla
3 tazas de leche caliente
Pan molido fresco (abundante)
1 cabeza de ajo bien machacado y aceite para freír.

Preparación

I. Sazone las chuletas con bastante ajo machacado, déjelas en reposo. **II.** Mientras tanto prepare la salsa bechamel. En una olla sin esmalte si es posible, cocine la mantequilla, aplástela bien y agregue la harina, removiéndola constantemente con una cuchara de madera. Cocine por espacio de 3 a 4 minutos, evitando que se dore para que la salsa no sepa a harina. Retírela del fuego y vierta la leche caliente poco a poco, removiendo rápidamente con el batidor de alambre, para que no forme grumos. Bien mezclada, añada la sal y póngala de nuevo a fuego moderado, dándole 15 minutos adicionales. Debe quedar bien espesa. Retírela del fuego **III.** Agregue sal a las chuletas que estaban en reposo y sazonadas con ajo, y fríalas en aceite caliente a fuego moderado. **IV.** Rebócelas después de fritas con la salsa bechamel. Deben quedar bien envueltas. **V.** Inmediatamente se pasan por pan molido hasta que cubra toda la chuleta. El pan debe estar siempre seco, retírelo si está húmedo y agregue nuevo. **VI.** Tiene que esperar a que estén frías, para volver a freírlas en aceite caliente. Sáquelas de la sartén cuando estén doradas a su gusto.

Paticas de cerdo con garbanzos

Unos le llaman cerdo, otros, cochino, guarro, gorrino, puerco, chancho. En mi casa, le llamábamos cochino y a la hembra puerca. Prefiero llamarlo cerdo. Esta receta es de Edelmira Piedrahita viuda de Argüellez, amiga de mi madre.

Ingredientes

6 paticas de cerdo no grandes, cortadas a la mitad a lo largo
12 onzas de garbanzos de paquete o 1 lata de garbanzos
3 tazas del caldo de las patas, sal y pimienta, a su gusto
1 libra de papas, peladas y cortadas en cuadritos
¼ libra de jamón de cocinar cortado en pedacitos
1 latica de salsa de tomate
½ libra de tocineta en trocitos
1 cebolla mediana bien picadita
2 pimientos verdes picaditos
4 dientes de ajo machacados
1 chorizo bien cortadito
½ taza de aceite de oliva
2 hojas de laurel trituradas
6 aceitunas mechadas
1 cajita de pasas

Preparación

I. Si usa garbanzos de paquete póngalos en agua fresca y sal toda la noche, al día siguiente bote el agua y en agua limpia deje que hierva hasta que los garbanzos estén blandos. Si usa los de lata elimine el líquido, enjuague los garbanzos con agua fresca y escúrralos. **II.** Hierva con bastante agua las paticas cortadas a la mitad, ya blandas saque las masitas, elimine los huesitos. Corte las masas en pedazos pequeños y reserve 3 tazas del caldo. **III.** En una olla caliente el aceite y sofría el jamón, chorizo, tocineta, cebolla, pimientos. Añada el ajo, salsa de tomate o el de V8 y sofría a fuego moderado, 5 minutos. **IV.** Añada las paticas, los garbanzos bien escurridos, pasitas, aceitunas, hojas de laurel bien trituradas, el caldo de las patas que reservó y las papas crudas cortadas en trocitos, revuelva y tape la olla. A fuego lento deje que hierva 20 minutos o hasta que las papas estén blandas y el caldo se haya espesado lo suficiente o a su gusto.

Paticas de cerdo con harina

Mi madre preparaba muchos platos con maíz y cuando cocinaba paticas de cerdo o de res con garbanzos reservaba algunas ya blandas y 4 tazas del caldo para hacer este plato. Esta idea se la dio mi inolvidable Nana, la mamá de Edelmira Piedrahita viuda de Argüellez. Ambas fueron muy amigas de mi abuela Charo, de mi mamá y mías más tarde. Receta de finales del siglo XIX.

Ingredientes

3 paticas hervidas
8 onzas de harina marca Goya
4 tazas del caldo de las paticas.
1 latica de tomate picadito (Uso V8)
¼ taza de aceite de oliva
1 cebolla, 1 ají verde (pimiento)
3 dientes de ajo, 1 cucharadita de orégano
Limón, sal y pimienta al gusto

Preparación

Hierva con bastante agua las paticas cortadas a la mitad. Ya blandas quíteles las masitas y elimine todos los huesitos. (Hay quien deja los huesitos). Prepare un sofrito con aceite de oliva muy poquito y sólo con una cebolla, un pimiento verde (ají), tres dientes de ajo, una cucharadita de sal, una cucharadita de orégano, pimienta al gusto y una latica de tomate natural (*yo uso jugo de tomate V8, por eso lo pongo en los ingredientes).* Al caldo reservado (4 tazas) agréguele las masitas de las paticas y poco a poco unas 8 onzas de harina de maíz, revolviendo para que no se pegue y no forme peloticas. Añada zumo de limón verde a su gusto. Cuando la harina se despegue de los lados de la olla, apague el fuego. Déjela reposar antes de servirla.

Nota: Yo reservo una taza o más de caldo y en él disuelvo la harina antes de echarla en la olla y así evito que se formen pelotas. Ante se usaba el tomate de cocinar, el natural, no el de latas.

Tamal en hoja

Hoy resulta más fácil hacer tamales pues se puede comprar el maíz ya molido. En la época de mis abuelos era plato típico en las fiestas. Las mazorcas de maíz se rallaban en un *guayo*. Receta de tamal de la Sra. Josefa Hernández, prima de mi padre, al estilo de los campesinos cubanos.

Ingredientes

1½ libras de masitas de cerdo
5 dientes de ajo machacados
1 pimiento (ají) verde picadito
¾ taza de salsa de tomate
1 cebolla grande bien picadita
1½ tazas de agua
6 tazas de maíz molido
2 cucharaditas de sal
½ taza de vino seco
¼ taza de jugo de tomate V8
1 cdta. de pimienta

Preparación

En una olla sofría las masitas de cerdo bien picaditas a fuego moderado, revolviendo para que se sofrían parejo. En esa misma grasa haga el sofrito con ajo, pimiento (ají), vino seco, la salsa de tomate y el jugo de tomate V8. Mezcle bien. Añada el maíz, la sal y la pimienta. Ponga la mezcla en hojas de maíz o plátanos y envuélvalos bien para que no se salga la mezcla. Use un cordel para amarrarlos. En casa se usaba un cáñamo fino. Si carece de las hojas de maíz o plátanos, use papel de aluminio. Coloque la mezcla en el centro y doble el papel hasta que quede bien sellado por todos los lados para evitar que el agua entre en la masa. En una olla grande y con agua hirviendo que los cubra, cocínelos por espacio de una hora.

Para preparar el mojito criollo:

Sofría en manteca o aceite vegetal una cebolla picadita, el zumo de 1 limón, 2 dientes de ajo y pimienta. A la hora de servir, retire las hojas y vierta por encima el mojito.

Nota: Uso jugo de tomate V8, pero si usted quiere puede echarle la taza completa de la salsa de tomate (puré) como lo hacía Josefa. O combinar mitad y mitad.

Tamal en Cazuela

El maíz ha sido el alimento más usado durante los años de pobreza –por los años 30 del siglo 20). Surgieron mil maneras de cocción. Hoy se han hecho populares los tamales en hojas, los zurullitos, las empanadas, las frituritas, el arroz con maíz, la harina con leche, con paticas de cerdo, con picadillo, el majarete, la torta y el tamal en cazuela. Esta receta es de María Plá, vecina nuestra en Cuba; se la enseñó a hacer a mi mamá. Hoy uso maíz tierno congelado y no mazorcas, y jugo de tomate V8 por la salsa de tomate o puré.

Ingredientes

1 paquete dc maíz tierno, congelado o mazorcas tiernas ralladas
¼ taza de aceite de oliva o vegetal (antes usaban manteca)
1 pimiento (ají) verde grande, bien picadito en trocitos
1 limón verde (zumo) y otro cortado en rodajas finas

½ libra de masa de cerdo		1 cebolla mediana picadita
3 dientes de ajo, machacados		1 cucharadita de pimienta
6 tomates medianos de cocinar	**o**	1 latica de salsa de tomate
1 cucharada de sal (al gusto)		3 tazas de agua

Preparación

Adobe la carne de cerdo con sal y zumo de limón verde. En una olla sofría en aceite caliente la cebolla, pimiento y ajo. Mezcle bien. Agregue el tomate. A los 3 minutos, añada la carne de cerdo adobada y siga cocinando a fuego moderado unos 20 minutos. Agregue el agua y poco a poco el maíz tierno, revolviendo siempre. Tape la olla y cocine a fuego lento. Revuelva con una cuchara de madera de vez en cuando para evitar que se pegue. Al espesarse si la carne no está blanda agregue despacio un poco más de agua caliente y revuelva. Cuando ya esté, viértala en una fuente no honda para que se refresque y se endurezca. Sabe mejor cuando no está muy caliente.

Nota: El jugo de tomate V8 le da un sabor muy bueno, además de contener 8 vegetales tan necesarios para una buena alimentación.

Pulpeta

Receta de la Sra. Florentina García Barbón viuda de mi primo Octavio Barreto. En la actualidad, Florentina vive en Union City, New Jersey. La próxima receta se parece mucho a ésta, con una ligera variación.

Ingredientes

1 libra de carne de res
½ libra de jamón
2 huevos (yema y clara)
¾ taza de galleta molida
½ libra de carne de puerco
1 lata de pimientos morrones
3 huevos duros
1 cucharadita de adobo Goya

Para la salsa

3 cebollas medianas picadas finas
1 pimiento picadito
¼ de cucharadita de sal
1 lata de puré de tomate
1 taza de vino seco
1 taza de agua

Preparación

Muela las carnes y agregue el adobo Goya y los dos huevos con la galleta molida, para formar una masa compacta. Extienda la masa y rellénela con tres huevos duros cortados en ruedas, o sea una camada de huevos y una de pimientos y otra de huevos. Enróllela en forma de cilindro. Envuélvala en galleta molida, después cúbrala con papel de aluminio, debe quedar sellada. Póngala en una olla con el agua que la cubra bien. Cocine por espacio de una hora.

Salsa para la Pulpeta

Caliente el aceite y cocine la cebolla hasta que esté transparente. Agregue el pimiento, la salsa de tomate, vino seco y una taza de agua. La carne ya cocinada, se retira del fuego. Quítele el papel de aluminio y con mucho cuidado póngala en la salsa. Déjela que se cocine a fuego lento unos 20 minutos volteándola de vez en cuando, para que la salsa se impregne en la carne. Da de ocho a diez buenas porciones.

Pulpeta de carnero y cerdo

La combinación de carnero y cerdo le da un toque muy especial a esta pulpeta. Recomiendo tener caldo de res, de pollo o pescado en el congelador para cuando vaya a preparar platos que lo requieran. Puede usar los cubitos, no me gustan porque contienen mucha sal. Receta de mi hermana Rosario Rodríguez, Según ella es de Edelmira, una cocinera que había en la casa de Octavio y Herminia Barreto en el Central España, Perico, provincia de Matanzas, Cuba.

Ingredientes

½ libra de carne de cerdo limpia y molida
1 libra de carne de carnero molida
2 huevos batidos y pimienta al gusto
1½ cucharadita de sal (al gusto)
¼ taza de apio cortado bien finito
2 cucharadas de cebolla cortada finamente
1 taza de caldo de res (si es de cubitos cuidado con la sal)
1½ tazas de pan rallado, seco sin leche (½ taza es para gratinar)
¼ taza de mantequilla derretida (para gratinar)

Preparación

Combine en una olla todos los ingredientes con excepción de la ½ taza del pan para gratinar y la mantequilla. Bien mezclados y haciendo presión sobre esta masa, póngala en un molde de 8½ x 4½ x 2¾ pulgadas. Mezcle la mantequilla derretida y la ½ taza de pan que reservó y vierta la mezcla sobre toda la carne haciendo presión sobre ella para que quede bien gratinada. Coloque el molde en el horno a fuego moderado a 350° Farenheit por una hora y media.

Nota: Una libra de picadillo es igual a 2 tazas. Cuatro onzas de pan molido o rallado seco, se convierte en una taza o sea 8 onzas. Para conseguir un buen caldo debe ponerse la carne en agua fría, pues poniéndola en agua caliente, la carne se cocina de repente y ésta no suelta el jugo necesario. Recuerdo haber visto en las casas en las que no había horno, poner la olla al fuego y sobre la tapa que la cubría le colocaban carbón encendido.

Pulpeta Manolete

Manolete es el nombre que le damos cariñosamente en familia a Manuel José Suárez-López, el hijo menor de mi esposo Juan Suárez Rodríguez. Nació en Miami y reside con su señora Elizabeth Scott y sus dos hijos, Crawford Scott y Jack Lawrence en Orlando, Florida. Además de ser un arquitecto prestigioso, se distingue entre sus familiares preparando platos exquisitos para los días de fiestas, como por ejemplo sus famosas pasticas de quesos. La pulpeta gusta mucho por los ingredientes que le pone que realzan el sabor de la misma y la hace diferente a la Pulpeta tradicional.

Ingredientes

1 libra de carne de res molida
½ libra de butifarra (sausage) molida sin pellejos
1 lata de tomates picados en dados (14½ onzas)
½ taza de galleta molida
2 huevos, sal y pimienta al gusto
¼ taza de queso romano rallado
¼ taza de queso parmesano rallado
¼ taza de queso mozzarella rallado

Preparación

Mezcle las carnes, agregue los huevos ligeramente batidos, la galleta, sal y pimienta. Añada poco a poco los quesos previamente mezclados. Cuando todo esté bien unido, enróllelo en forma de cilindro. En un molde de cristal coloque la masa y viértale por encima el tomate cubriendo bien toda la carne. Hornee 45 minutos a 350° Farenheit. Se come caliente o fría. Al servirla puede adornarla con tiritas de pimientos morrones.

Nota: A la hora de servirla coloco en una fuente hojas de lechuga y encima le pongo la pulpeta. Nunca debe aderezar la lechuga hasta el momento de servirse. El aceite hace que se marchite. Al comprar una lechuga, corte el centro de la cabeza. Lávela bien con agua fría directamente debajo de la llave en el fregadero. Escúrrala. Guárdela en un recipiente con tapa bien cerrado. Manténgala en el refrigerador. A medida que la necesite vaya cogiendo las hojas. Éstas se conservarán frescas.

Vaca frita

Doña Cuquita Forteza, pinareña, preparó este plato cuando vivía con su hijo el Dr. Héctor Miranda y su nuera la Dra. Quina Álvarez en el Bronx, N.Y. Me fijé cómo lo hizo. Le pdedí la receta y después lo he hecho muchas veces. .

Ingredientes

1 libra de falda (hervida, guarde el caldo para otro plato)
¼ cucharadita de orégano seco, (si es fresco, tuéstelo y tritúrelo)
¼ taza de aceite vegetal
1 cucharadita de sal
1 cebolla grande
5 dientes de ajo

Preparación

Hierva la carne, sáquela de la olla, escúrrala y córtela en pedazos para que le sea fácil machacarla sobre la tabla de cortar. Separe las hilachas de la carne pero sin llegar a separarlas completamente del pedazo de carne. Póngale por todo el alrededor sal y orégano. Deben quedar bien sazonadas. En una sartén grande eche el aceite vegetal y a fuego moderado caliéntelo. Añada los dientes de ajo, cuando estén casi dorados, agregue la cebolla cortada en ruedas finas, cuando la vea tierna, eche los trozos de carne y con el fuego alto *(esto es muy importante para que quede jugosa)* fríala hasta que la vea tostada. Retírela de la sartén bien escurrida. Vierta por encima el mojo crudo ya preparado.

Ingredientes para el mojo

¼ taza de jugo de naranja agria
1 cebolla cortada en rueditas
¼ taza de aceite vegetal
4 dientes de ajo machacados

Preparación

Machaque en el mortero (pilón) los ajos, bien triturados, añádale el zumo de naranja agria, mezcle. Agregue las rueditas de una cebolla pequeña. Caliente bien el aceite y únalo al mojo. Una parte échelo sobre la Vaca frita y el resto sobre la yuca o plátano verde hervido, con lo que casi siempre se acompaña. Se sirve acabada de freír.

Albóndigas cubanas a lo Belencita

Preparo las albóndigas, grandes y pequeñitas como las hacía mamá en la finca Belencita, Perico, Matanzas, Cuba. Siempre dejo picadillo para hacer rellenos de papas o de plátanos. Las llamo a lo Belencita en honor a mis *Padres*.

Ingredientes

1½ libras en total de carne de res y cerdo limpias de grasa
2 huevos (yema y clara) y 1 cebolla grande picadita
1 pimiento verde grande (ají) cortado en trozos pequeños
4 dientes de ajo bien machacados y ½ taza de aceite vegetal
2 latas de puré de tomate y *1 latica de jugo de tomate V8
1½ tazas de agua y 1 cucharadita de azúcar (opcional)
5 cucharadas de galleta molida (prefiero migas de pan en leche y exprimido)
1 taza de harina de trigo, sal y pimienta al gusto.

Preparación

I. Sazone la carne molida con sal y pimienta. Agréguele ½ cebolla, ½ pimiento y 2 dientes de ajo machacados. Mezcle bien. Añada los 2 huevos ligeramente batidos y la galleta molida, amasando bien la mezcla. **II.** Tome porciones de la masa, más o menos de acuerdo al tamaño de las albóndigas, no las haga muy grandes. **III.** Envuélvalas en la harina de trigo, deben quedar bien cubiertas. Déjelas reposar un rato. **IV.** En una olla caliente el aceite y sofría la otra media mitad de la cebolla, pimiento y ajo. Cuando estén salteadas, agregue el puré de tomate, el V8, el azúcar y el agua. **V.** Coloque las albóndigas sin moverlas mucho. Tape la olla y cocine a fuego lento. A los 20 minutos destápela y con una cuchara grande vierta salsa por encima de las albóndigas. Si la salsa está espesa, baje el fuego y échele ½ taza de vino seco (opcional). Se comen calientes con arroz blanco o pasta.

Nota: Uso migas de pan porque le dan más suavidad a las albóndigas. Mi madre usaba galleta molida o triturada y tampoco le ponía ***el jugo de tomate V8.** Lo uso porque además de los vegetales que contiene no produce la acidez del puré o salsa de tomate. Para contrarrestar la acidez agréguele una pizca de azúcar.

Albóndigas Hawaianas

Uno de los momentos más felices que pasé con mi hija Margaret fueron aquellos días cuando íbamos a la cocina a preparar platos como decía ella: *especiales y que no se parecían en nada a los míos*. Preparaba las albóndigas bien pequeñas. Las llamaba hawaianas porque les ponía jugo de piña. Adornaba la fuente con pedacitos de piña fresca. Otras veces preparaba un jamón al estilo Hawaiano delicioso. Sus recetas las obtenía de las mamás de sus amigas.

Ingredientes

3 huevos
¾ taza de leche
1 libra de jamón molido
1 libra de carne de res molida
¾ taza de avena sin cocinar
1 lata de piña en trocitos
½ taza de azúcar parda
½ taza de vino seco
2 cucharadas de mostaza
½ taza de jugo de piña
Para decorar: ruedas de piña fresca o de lata

Preparación

Mezcle las carnes con la leche, huevos y avena. Tome pequeñas porciones en la mano y forme las bolas. Colóquelas en un molde de hornear. A cada una de ellas le hará una hendidura en el centro cuidando de no llegar al fondo. Coloque unos trocitos de piña en cada hoyo. En un recipiente combine el azúcar parda, mostaza, vino seco y el jugo de piña. Cuando esté bien unido, reserve una parte de esta mezcla para el final, y la otra, viértala encima de las albóndigas. Póngalo en el horno sin cubrir a 325° Farenheit por espacio de una hora. Después eche por encima de las albóndigas la mezcla que reservó. Apague el horno y déjelo reposando en él unos 5 minutos más. Da para unas 8 personas.

Albóndigas a la orensana

Doña Lorenza Rodríguez Fernández, natural de Orense, una de las cuatro provincias de la región gallega, España, preparaba estas albóndigas y según su hijo Juan, ella decía: *sin vegetales no son orensanas.* Cada vez que las preparo las sirvo con vegetales para complacerlo.

Ingredientes

1½ libra de ternera molida y 3½ onzas de tocino picadito
1 taza de vino blanco y 1 taza de guisantes sin el líquido
3 dientes de ajo machacado (reserve un diente para el final)
½ taza de agua desleída en ½ cucharadita de harina de trigo
3 zanahorias cocidas partidas en cuadraditos
½ lata de pimientos morrones picaditos
2 papas fritas cortadas en cuadraditos
2 huevos ligeramente batidos
1 ramita de perejil picadito
½ cebolla (grande) picadita
2 cucharadas de miga de pan
1 cucharada rasa de harina de trigo
6 cucharadas de leche y 1 pizca de sal

Preparación

Mezcle el tocino con la carne, el perejil, los huevos, la sal, 2 dientes de ajo, una cucharada de vino blanco y el pan remojado en la leche y exprimido. Forme las albóndigas con ayuda de la harina. Fríalas en el aceite caliente hasta que estén doraditas. Colóquelas en una cacerola. En el mismo aceite caliente añada la cebolla y agréguele a éste, la ½ cucharadita de harina desleída ya en el agua, el otro diente de ajo machacado con un poquito de perejil, disuelto a su vez con el resto del vino blanco. Deje que hierva. Échelo sobre las albóndigas. Cocine a fuego moderado unos 15 minutos. Agregue los guisantes, zanahorias, pimientos morrones. Cocine 10 minutos más con el caldo que las cubra. Sírvalas en una fuente rodeadas de vegetales y de papas fritas.

Albóndigas rellenas

Nereida Forcades fue una de mis mejores amigas en el Central España, Perico, provincia de Matanzas, Cuba. Estudiábamos para el examen de ingreso en la Facultad de Educación de la Universidad de La Habana (1952), unas veces en mi casa otras en la suya. Su mamá preparaba estas albóndigas muy ricas y me dio la receta. Acababa de graduarme como Maestra Hogarista y coleccionaba recetas de cocina, costumbre que jamás he perdido.

Ingredientes

1 libra de carne molida
2 huevos hervidos (duros)
2 huevos crudos
½ taza de vino blanco
6 onzas de jamón molido
½ taza de pan molido
6 cucharadas de harina de trigo
1 lata de pimientos morrones
3 dientes de ajo
1 ramita de perejil picadito o
1 cucharadita de perejil seco
1 pizca de sal y aceite para freír.

Preparación

Mezcle la carne y el jamón ya molidos. Adobe con ajo, perejil y el vino blanco. Después de un rato de tenerlo en reposo, usando un poco de la harina forme las bolas con esta mezcla. Aplástelas y coloque en el centro una tirita de pimientos y otra de rodajas de los huevos cocidos, cúbrala bien, dándole de nuevo la forma de albóndigas. Páselas por harina, huevo ligeramente batido y pan. En una sartén caliente el aceite a fuego moderado y fríalas hasta verlas doradas. Sírvalas con puré de papas, de calabaza o con salsa de tomate. En mi casa se servían con arroz blanco, sigo la costumbre. Preparo una salsa de tomate (ver receta en salsas) cuando las pongo para picar o sea como aperitivo.

Ternera a la italiana

Mi hermano Henry, cuando era Chef de cocina, preparaba estos platos: *Ternera a la italiana* y *Ternera con espagueti* dándole según sus palabras un sabor hispano.

Ingredientes

1½ libra de chuletas de ternera, 2 huevos batidos, 1 pizca de sal
3 dientes de ajo machacados, ¼ cucharadita de pimienta
½ taza de queso parmesano rallado, ¼ taza de puré de tomate
½ taza de aceite de oliva, ½ taza de pan rallado fresco
2 o 3 lascas de queso mozzarella

Preparación

Agregue a los huevos ligeramente batidos, la sal y la pimienta. Frote las chuletas con el ajo machacado. Reboce las chuletas en el huevo, después en el pan y por último en el queso rallado. Caliente el aceite en una sartén grande a fuego moderado y cocine las chuletas unos cinco minutos por cada lado, doradas por ambos lados colóquelas en un molde apropiado de parrilla. Encima de cada una ponga las lascas de queso mozzarella y encima la salsa de tomate. Ase a la parrilla hasta que el queso comience a derretirse.

Ternera con espagueti

Ingredientes

1 libra de ternera cocinada y cortada en cuadritos
2½ tazas de salsa de tomate, 1½ cucharadita de sal
2 dientes de ajo, ½ cebolla, 1 hoja de laurel, 1 taza de agua
1 taza de apio, picados en trocitos, ½ taza de ají bien picadito
½ cucharadita de pimienta y ½ libra de espagueti sin cocinar

Preparación

En una taza con el agua fría eche la ternera cortada en cuadritos, el jugo de tomate, sal, dientes de ajo, cebolla y hoja de laurel. Póngala a hervir 15 minutos. Una los demás ingredientes con los espaguetis crudos. Échelos en un molde de hornear, añada el caldo y los pedacitos de ternera. Hornee a 350 ° Farenheit, 30 minutos. Si está a su gusto, sáquelo y sírvalo.

Lengua de ternera entomatada

La lengua de ternera es una carne tierna y muy sabrosa sobre todo entomatada. Se hacía frecuentemente en casa de mis padres. Mi tía Felipa, vivía en La Habana y en una de sus visitas a casa en el año 1949, en lugar de tomate le puso pimientos verdes y mucha cebolla. Mi madre después viviendo en Miami, la hacía agregándole champiñones o sea setas, y también tomate pues le gustaba bien entomatada. Esta es la receta de mi mamá pues le agrego las setas.

Ingredientes

1 lengua de ternera pequeña
¼ taza de vino de cocinar (opcional)
3 dientes de ajo, 1 cebolla mediana, 1 ají grande verde
6 u ocho setas (o una latica), 1 taza de aceite
1 cucharadita de pimienta en polvo o en grano
3 tomates sin piel (asados preferiblemente), sal al gusto

Preparación

Limpie la lengua primero con agua hirviendo. Ráspela para que no le quede nada de piel. Lave la lengua con bastante agua fría hasta que la vea bien limpia. En una olla ponga el aceite y cuando esté caliente, añada el diente de ajo y la lengua. Tan pronto la vea dorada, déle vuelta sin pincharla, cúbrala con agua e incorpore la cebolla, las setas, pimienta, vino (opcional) y la sal. Deje que hierva a fuego moderado hasta que esté blanda, casi sin caldo. Retírela del agua, bien escurrida córtela en rodajas finas. Si tiene tomates asados y sin piel échelos en la olla, junto con el ají y las setas, deshágalos en la salsa que quedó de la lengua, que no debe ser mucha. Agregue un poquito de sal y a fuego moderado deje que hierva el caldo para que tome el gusto del tomate, ají y setas A la hora de servir coloque las rodajas de la lengua en la fuente. Cuele la salsa, agregue las setas. Viértala por encima o póngala en una salsera.

Nota: El vino de cocinar tiene sal, cuidado al añadir más sal a la comida.

Nota de salud: La **seta** (champiñones-hongos) es un relajante para los nervios, que ayuda a controlar la fatiga y hace crecer el pelo.

Chuletas de cordero

El cordero (conocido en Cuba como carnero) es el plato preferido entre muchas familias españolas. En casa, unos días antes de la Navidad, se cocinaba el cordero junto a las masitas fritas de cerdo, anticipo del otro cerdo asado en Noche Buena, el pavo en fricasé, no asado y los guineos. Las fiestas comenzaban el 21 de diciembre con la llegada de los tíos y primos de La Habana, hasta el 6 de enero, Día de los Reyes Magos. Esta es una receta de Herminia Borrego, amiga de mis padres.

Ingredientes

8 chuletas de carnero
16 lonjas de jamón cocinado
2 cucharaditas de sal (al gusto)
½ cucharadita de pimienta negra
1 taza de cebolla bien picada
¾ taza de seta bien picadas (uso las de latas)
3 cucharadas de aceite vegetal
2 cucharadas de mantequilla derretida
¼ cucharadita de nuez moscada (opcional). Papel de aluminio.

Preparación

Elimine la grasa del carnero y adóbelo con sal y pimienta. En una sartén estando el aceite caliente dore la cebolla, agregue las setas, nuez moscada y una pizca de sal. Cocine a fuego lento 10 minutos. Retire la sartén del fuego y deje que se enfríe unos 5 minutos. Corte 8 piezas de papel de aluminio lo suficientemente grandes para que cada pedazo cubra una chuleta. Con una brocha unte de mantequilla el papel, póngale encima una lonja de jamón, sobre éste, un poco del sofrito de cebolla, encima el carnero y por último otra lonja de jamón. Repita lo mismo con las otras chuletas. Con el papel de aluminio cúbralas completamente y selle bien cada una, colóquelas en un molde y hornee a 350° Farenheit, 45 minutos. Si las chuletas tienen de grueso más de ¼ de pulgada, déjelas una hora. No elimine el papel, corte sólo la parte superior y sírvalas directamente en él.

Cordero al Horno

Doña Conchita, desde Perlora, España, me envió varias recetas en el año 1984. Junto a ésta, recibí la del Tocinillo del cielo. ¡Gracias Conchita!

Ingredientes

1 pierna o espalda de cordero
3 cucharaditas de perejil
½ libra de seta (champiñones)
4 dientes de ajo
Zumo de dos limones
3 tomates enteros
Sal al gusto
½ taza de aceite

Preparación

El día antes prepare un adobo de ajo, perejil, zumo de limón, mezclado con el aceite. Bien unido se echa sobre la espalda o pierna del cordero directamente en la misma fuente que va a ir al horno. Frótele bien el adobo, sobre todo el ajo. Procure que quede bien bañado en los cortes. Al día siguiente antes de ponerlo en el horno, retire el ajo y póngale la sal. Caliente el horno a 350° Farenheit y hornee 20 minutos por cada libra de lo que pesa la pierna. Un poco antes de acabar de asarse, nunca antes, añada el ajo que retiró del adobo, los champiñones (setas) un poco salados y los tomates cortados por la parte de arriba, bañados con la misma salsa del cordero. Si usa termómetro estará cuando llegue a 180° Farenheit.

Nota: En lugar de limón como le pone Conchita, yo uso el zumo de naranja agria y un poquito de pimienta. A las carnes se les pone la sal a la hora de cocinarla, nunca antes. Se ha descubierto que la sal reseca la carne. El ajo debe machacarse bien y frotase en la carne para que se impregne mejor.

Recomendación: Si una receta le pide 1 cucharadita de jugo de limón puede sustituirla por ½ cucharadita de vinagre y recuerde que 1 diente de ajo es igual a 1/8 de cucharadita de ajo en polvo.

Rollitos de Cordero

Una de mis alumnas portuguesas, Alda M. Tavares, me invitó a su boda en Rhode Island, Connecticut. Me quedé en la casa de sus padres varios días. En una de las cenas sirvieron este delicioso plato. Su mamá me dio varias recetas. Alda después de graduarse se radicó con su esposo Robin di Meglio en Horntown, Virginia.

Ingredientes

2 libras de masa de cordero
½ libra de espinaca fresca, bien picadita
1 latica de seta o ½ libra de setas frescas, cortaditas
2 dientes de ajo picaditos o machacados
¼ taza de vino seco (blanco es mejor)
½ taza de aceite de oliva
1 pizca de sal y pimienta al gusto

Preparación

1. El día antes lave el cordero, quite la grasa y hueso. Corte por el centro y ábralo sin llegar al fondo, dando cortes interiores por distintas partes pero mantenga los bordes intactos. Coloque un pedazo de tela o papel sobre la carne y con la mano de un mortero dé golpes sobre ella hasta que tenga una forma plana y fina. **2.** Eche en una sartén el ajo cuando el aceite de oliva esté caliente y tan pronto comience a dorarse agregue las setas, espinacas, sal y pimienta. Cocine a fuego moderado cinco minutos más. Deje que se enfríe fuera del refrigerador. **3.** Rellene el cordero con el sofrito. Vire ambos lados hacia adentro y bien enrollado envuélvalo con papel de aluminio, doblando bien los extremos para que quede sellado. **4.** Guárdelo en la parte baja del refrigerador y al día siguiente póngalo en un molde con ½ taza de agua y vino seco y cueza en el horno a 375° Farenheit, 30 minutos. Después elimine el papel de aluminio, córtelo en lascas de ½ pulgada y vuelva a hornear en el mismo molde, hasta que estén cocinadas a su gusto. Sírvalas con su salsa preferida. Ellos usaron la de menta.

Pierna de cordero mechada

Mis buenos amigos Víctor y Olguita Martín residentes en Miami, cubanos, recuerdan con gran emoción lo sabroso que cocinaba Doña Remedio (Remy), Dice Víctor, que su mamá disfrutaba muchísimo cuando preparaba platos típicamente españoles.

Ingredientes

1 pierna de cordero de 3 libras
1 taza de vino blanco
1 lata de pimientos morrones
½ taza de aceite de oliva
1 ramita de perejil
¼ libra de jamón
¼ libra de tocino
5 dientes de ajo
1 cebolla grande
Sal al gusto

Preparación

Escoja una pierna de cordero de unas 3 libras y elimine todo el sebo. Ábrala y sáquele todo el hueso menos el del mango. Déle la forma anterior amarrándola con un cáñamo o cordel. Con la aguja de mechar o con lo que pueda introduzca tiras de tocino, jamón y pimientos, alternando. Sazone con el ajo machacado y déjela a un lado una hora. Pasada la hora añada la sal y dórela en aceite bien caliente por ambos lados. Después agregue la cebolla cortada en trocitos, ajo, perejil cortado en pedacitos y por último el vino blanco. Cocine a fuego moderado hasta que esté blanda. Cuando esté fría trínchela en lonchas de un centímetro y colóquela en una fuente dándole su forma original. Cuele la salsa de la carne y bien caliente viértasela encima. Puede adornarla con pimientos, lechuga y zanahorias hervidas cortadas en rueditas.

Nota de salud: La sirvo con **brócoli**. Tiene mucho calcio y evita la osteoporosis. Los vegetales de hojas verdes, frijoles, semillas y frutas secas son ricos en magnesio. Ayudan a controlar los nervios y la fatiga. Reducen el daño causado por los radicales libres. El **perejil** fresco, además de darle colorido al plato, es un diurético natural excelente. No debemos olvidar que el **aceite de oliva y las verduras cocidas** reducen el riesgo de contraer la artritis. Estudio hecho por la escuela de Medicina de Atenas, Grecia

Croquetas de carne a lo Remy

En mis viajes de Nueva York a Miami, siempre visité a doña Remedio (Remy) Martín. Nunca permitió que regresara a casa sin sus croquetas. Las hacía de huevo muy ricas. (Ver receta *Croquetas de huevo*, en la página 56). En recuerdo de ella, con el permiso de su hijo Víctor y su nuera Olguita, se las ofrezco.

Ingredientes

1 cucharada de mantequilla
3 huevos desbaratados
3 cucharadas de harina
1 taza de leche
½ libra de carne molida cocinada (1 taza)
2 tazas de pan rallado o polvo de galleta
Sal y pimienta (opcional)
Aceite suficiente (que cubra las croquetas)
Salsa bechamel (Vea receta en Salsas)

Preparación

La carne de res, pescado o ave que use debe estar previamente cocinada y molida en forma de picadillo. La salsa bechamel, ha de quedar espesa, sin echarle más harina de lo indicado. A medida que la vaya cocinando se espesa, y cuando se despegue del fondo de la olla, agréguele el picadillo. Sal y pimienta opcional. Cocine hasta que espese y se desprenda del molinillo en forma sólida no chorreando. Échela en una fuente llana, extendiéndola para que se enfríe. Ya fría, coja con un tenedor un poquito de la masa (*1 cucharada*), pásela ligeramente por harina. Con la palma de las manos déle una forma alargada con las puntas más afinadas Cuando todas estén formadas rebócelas en los huevos previamente desbaratados con un tenedor. Después páselas por pan rallado o galleta hasta que queden envueltas. Cuando termine con todas, déjelas en un lugar fresco hasta la hora de freírlas en abundante aceite hirviendo, para evitar que se revienten. No fría muchas a la vez, el aceite pierde su temperatura y las croquetas se abren. Sírvalas caliente.

Jamón Hawaiano

Mi hija Margaret me dio dos recetas, ésta y las de las albóndigas hawaianas en uno de nuestro viaje a Staten Island.

Ingredientes

1 jamón grande con clavo de comer, 2 cervezas, ½ taza de mostaza
1 taza de azúcar morena, 2 cucharadas de vinagre, zumo de 1 naranja
½ pomito de cerezas, 1 latica de piña en rodajas y el jugo de la lata

Preparación

Prepare un jamón con clavo de comer. Cúbralo con una cerveza. Póngalo a hornear a 325° Farenheit por 1½ hora. Sáquelo del horno, agregue la otra lata de cerveza. Aparte una el vinagre, el azúcar y la mostaza. Bátalo bien y cuando todo quede mezclado viértalo sobre el jamón. Adorne con las rodajas de piña y cerezas. Colóquelo en el horno y añada el zumo de naranja y el jugo de piña. Déjelo 30 minutos más. Sírvalo en una fuente con vegetales. El boniato en sus distintas formas es lo usual para servirlo con jamón.

Nota de salud: El **clavo de comer** sirve para aliviar los dolores de muela y el de las articulaciones. Comer cerezas ayuda a eliminar los calculos de los riñones. Estudio realizado en Inglaterra.

Souflé de jamón

Receta de Alicia Gutemberg, argentina-chilena. La conocí en N.J. en el 1960

Ingredientes

¼ libra de jamón cocido
6 huevos y 1 pizca de sal
2 cucharaditas de mantequilla
1 cucharadita de pimienta

Preparación

Bata por separado las seis yemas hasta verlas espumosas y las seis claras a punto de nieve, únalas revolviendo suavemente. Condimente con la pizca de sal y pimienta. Añada el jamón cocido finamente picado. Coloque esta mezcla en un molde untado de mantequilla. Agregue más por encima y hornee a 350º Farenheit 20 minutos o hasta que se cocine a su gusto. Use perejil picado al servirlo.

Aporreado de tasajo

Entre los platos típicos cubanos están el *aporreado de tasajo y el tasajo frito.* El aporreado de tasajo al **estilo camagüeyano** al primer hervor, se saca del agua y se deshilacha, después se sigue el mismo procedimiento. El tasajo era la comida de los esclavos porque al igual que el maíz y el boniato, les daba fuerzas para trabajar. *El tasajo frito,* es delicioso con arroz blanco.

Ingredientes

1½ libras de tasajo
1 taza de aceite vegetal
1 latica de jugo de tomate V8
2 hojas de laurel, trituradas
4 dientes de ajo, triturados
1 latica de puré de tomate
5 o 6 tomates de cocina, cortados en pedacitos, sin piel
2 pimientos verdes grandes, cortados en pedacitos
1 cebolla grande, cortada bien finita

Preparación

Ponga el tasajo cortado en pedazos la noche anterior en agua. Agregue ½ libra más si lo hará también frito. Cambie el agua dos veces. Después con agua fresca ponga a hervir el tasajo una hora a fuego moderado o hasta que esté blando. Déjelo enfriar para separarlo en hilachas finas, será más fácil golpeándolo con la mano del mortero. En una sartén caliente el aceite. Deje un poco para el final. Sofría los ingredientes a fuego moderado y en la misma salsa incorpore despacio el tasajo deshilachado y añada el aceite que reservó. Revuelva para que se impregne del puré y jugo de tomate. Cocine 30 minutos más a fuego lento para que el condimento penetre y le dé buen sabor. Si está muy seco añada un poco más de salsa. No debe quedar ni muy mojado ni muy seco. El tasajo requiere mucho aceite.

Tasajo frito

Use ½ libra del tasajo ya hervido, prepare el mismo sofrito, **sin tomate**. Agregue el tasajo deshilachado. Fría en aceite caliente. Sírvalo con arroz blanco, boniato hervido y aguacate.

Ajiaco cubano con quimbombó

Ajiaco es un guisado de carne con viandas y vegetales sazonado con ají, de aquí su nombre. El quimbombó a pesar de su baba que se elimina con limón, es uno de los platos más populares en los campos cubanos, en España y en otras partes de Europa. Fácil de cosechar. La madre de mi cuñada Oilda Daniel, la Sra. Basilia Rodríguez, de origen irlandés, preparaba este ajiaco.

Ingredientes

½ libra de masas de puerco (cerdo)
2 cucharadas de zumo de limón
½ taza de aceite vegetal
1 pizca de pimienta
1 cebolla mediana picadita
½ lata de salsa de tomate **o** 4 tomates de cocinar
3 dientes de ajo machacados
1 libra de quimbombó
2 plátanos maduros
½ cucharadita de sal
1 ají verde picadito
2 tazas de agua

Preparación

Dore en poco aceite los pedacitos de carne de puerco (cerdo). En otra sartén usando poco aceite, prepare un sofrito de ajo, cebolla y ají verde. El quimbombó después que lo lave, córtelo en rueditas, échele limón, únalo a la carne y al sofrito. Póngalo a hervir en dos tazas de agua y añada el tomate, sal y pimienta. Cocine a fuego lento hasta que la carne esté cocinada. Mientras tanto en dos tazas de agua hirviendo, ponga a cocinar los plátanos con su cáscara, unos 20 minutos. Quíteles la cáscara y aún calientes májelos, agregando una cucharada de aceite. Haga unas bolitas de 1½ pulgadas. Unos minutos antes de que la carne esté, y aún a fuego lento, añada las bolitas de plátanos. Cocine 5 minutos más. El ajiaco se come solo o con arroz blanco.

Ajiaco criollo

Se elimina el quimbombó. Lleva tasajo, carne de cerdo o de res, boniato, yuca, calabaza, plátano. Sigue el mismo procedimiento del anterior pero la calabaza se le agrega casi al final. Puede echarle además de las bolitas de plátanos algunos trocitos.

Tortillitas de papa y carne

Me encontré entre los papeles de Paula Cancel esta receta llamada Pancakes. Era de Mrs. J. Behar, probablemente amiga de ella. Las bauticé con el nombre de tortillitas, por el color doradito que tienen después de fritas.

Ingredientes

2 tazas de carne de res cocida, molida y fría
2 cucharadas de aceite vegetal
8 papas medianas crudas
2 huevos grandes
2 tazas de harina
Pimienta y sal al gusto

Preparación

Ralle las papas, póngalas cinco minutos en agua fría que las cubra bien. Escurra las papas, séquelas con una toalla. Tienen que estar bien secas. Mida las papas ralladas y agregue la misma cantidad de la carne previamente cocinada y después convertida en picadillo, una taza de harina, los huevos ligeramente batidos, sal y pimienta. Bata con velocidad para que quede bien mezclado. Agregue poco a poco la otra taza de harina. Muy importante que sea en pequeñas cantidades para evitar grumos. Siga batiendo hasta que tenga la consistencia firme. Caliente una sartén y úntele generosamente aceite. Eche 2 cucharadas rasas de la mezcla en la sartén por cada tortillita. Cocine a fuego moderado hasta verla dorada. Vírela una sola vez.

Nota: No use papas blandas, ni con partes verdes o brotes.Antes de pelar las papas y rallarlas; muela la carne previamente cocinada, tenga los huevos batidos y la harina preparada. Al sacar las papas del agua y secarlas debe usarlas inmediatamente, pues se oxidan. Si al cocinar cualquier plato se le fue la mano en la sal, agregue una papa cruda.

Nota de salud: *La papa* es fuente de vitamina C, potasio y fibras. No engorda siempre que se coma hervida o asada. Evita las embolias, controla la presión arterial y el colesterol.

Papas y plátanos maduros rellenos

Las papas y los plátanos maduros rellenos con carne molida, son muy populares Estos últimos, se hacen mucho en Puerto Rico. En Cuba, las de papas son las preferidas.

Ingredientes

3 libras de papas o 8 plátanos maduros
3 libras de carne molida de res
¼ libra de jamón de cocinar molido
1 tirita de tocineta opcional
3 onzas de mantequilla
1 pimiento verde (ají) bien picadito
1 diente de ajo machacado
1 latica de jugo de tomate V8
1 cajita de pasitas, 3 aceitunas rellenas
1 cucharadita de alcaparras (opcional)
2 cucharadas de maicena o harina de trigo
2 huevos, 1 cucharadita de orégano
½ cebolla mediana cortadita, sal al gusto
½ cucharadita de vino seco, ½ cucharadita de azúcar
1 cucharadita de aceite vegetal con achiote (paprika)

Preparación

Pele las papas, córtelas en trozos y póngalas a hervir en agua que las cubra, agregue sal y ½ cucharadita de aceite vegetal. Si las va a hacer de plátanos, se hierven sin pelar, corte sólo las puntas. Cocine a fuego moderado 20 minutos. Use una espumadera para sacarlas o sacarlos del agua, escurra bien y maje las papas o plátanos. Con las papas, el puré debe hacerse estando calientes, y mientras las maja agregue la mantequilla, sal, una cucharada de maicena y un huevo batido. Deje el otro huevo para después. Vea explicación al final. Mezcle y ponga el puré de papas en el frío. Al plátano después de majarlo hay que mantenerlo tibio. Mientras que las papas o plátanos se cocinen, prepare el relleno.

Relleno para ambas recetas

En una sartén ponga un poquito de aceite vegetal, sofría la tocineta picadita. Cuando suerte un poquito de grasa añada la cebolla, pimiento verde, ajo, todos picaditos. Agregue las carnes molidas, la de res y jamón. (Si usa de cerdo, tiene que cocinar un poquito más las carnes). Mezcle bien y añada todos los demás ingredientes (orégano, aceituna, vino seco, azúcar, pasitas, pimentón (paprika). Un poquito de maicena y alcaparra si le gusta. Al agregar la latica de V8 o salsa de tomate si prefiere, tiene que dejar que se seque bastante para usarla en el relleno. Cocine unos 20 minutos a fuego moderado o hasta que espese y no esté caldosa.

Formación de las papas o maduros rellenos

El puré de papas o plátanos se divide en 15 partes iguales. Ponga maicena o harina de trigo en la mano. Debe estar bien cubierta. Tome una de las partes del puré y haciendo presión con los dedos forme un hueco sin que llegue al fondo de la masa. Eche una cucharada del relleno. Cubra todo el relleno con el puré que tiene en la mano. Vaya poniéndose maicena o harina cada vez que lo necesite de lo contrario se le pegará el puré y no puede formar la bola. Cuando todas estén echas, unas 15 aproximadamente, todo depende del tamaño, fríalas hasta que se doren en abundante aceite vegetal caliente y a fuego moderado. No las ponga a freír todas a la vez, porque el aceite tiende a enfriarse. El de papas como el de maduros –los dos– siguen el mismo procedimiento.

Nota: En el de las papas, (por eso en los ingredientes puse dos huevos en lugar de uno), es que paso las bolas de papas por huevo batido y después por pan rallado con queso sheddar, antes de freírlas. Es una versión mía, no es la más conocida. Preparo más picadillo para comerlo con arroz blanco y ensaladas de vegetales (lechuga, aguacate y pepino). A veces, reemplazo la ensalada por plátano pintón hervido.

Nota de salud: uso mucho el pepino por tener propiedades diuréticas, ayuda a perder de peso, además combate el edema y la gota. Calma el ardor de picaduras de insectos, dejando o frotando la rodaja de pepino sobre ella.

Pastelillos rellenos con col y carne

Juan, desde que nos casamos me dice que su primera esposa, Carmen del Pilar López Martínez, hacía Pastelillos de col con arroz. Se los preparé como se los vi a hacer a mi madre . Ella los llamaba **Pastelillos árabes.**

Ingredientes

A. 1 col de 4 libras 16 tazas de agua 2 cucharadas de sal

B. ½ libra de carne de res, molida bien fina
1 cucharada de aceite con achiote
1 taza de salsa de tomate (uso jugo de tomate V8)
½ cucharadita de vinagre
1 cucharadita de alcaparras (opcional)
Sal al gusto, ¼ taza de pasas, sin semillas

C. ¼ cucharadita de orégano seco
3 dientes de ajo machacados con el orégano
1 ají (pimiento) verde sin semillas bien picaditos
5 aceitunas, sin semillas, 1 cebolla mediana bien finita
1 tomate mediano picadito
3 hojitas de culantro o albahaca seca bien molidas

D. 1cucharada de aceite vegetal, ¼ de tocino
¾ onza de jamón de cocinar, 1 taza de arroz

Cómo preparar la col

Lave la col y póngala en una olla grande con el agua y la sal. Cocine a fuego moderado durante 25 minutos con la olla bien tapada, no las cocine mucho, las hojas deben quedar amortiguadas. Retire la col del agua y, usando un colador deje que escurra. Guarde 6 tazas por lo menos del agua en que la hirvió para cocinar en ella los pastelillos. Con un cuchillo no muy grande, poco a poco vaya desprendiendo las hojas de la col, una a una, introduciéndolo alrededor del tallo, para que las hojas no sufran. Si ve que hay hojas que no están cocinadas, póngalas a hervir de nuevo, sin dejar de observarlas para evitar que se cocinen demasiado, quizás con 3 o 5 minutos baste. Cada hoja debe colocarla por el revés. Con el cuchillo y con cuidado de no romperla, rebaje un poco la vena del centro. Déjelas a un lado mientras prepara el relleno.

Relleno

En una olla grande una todos los ingredientes que están en la **B.** Las alcaparras le dan un buen sabor. Los ingredientes que aparecen en la **C,** únalos, muélalos o macháquelos en el mortero. Los ingredientes de la **B,** se unen a los de la **C.** En una sartén u olla grande con aceite dore a fuego alto el tocino y el jamón, disminuya el calor a fuego bajo y añada todos los ingredientes **BC**,ya unidos menos el arroz. Dore un poquito. Lave el arroz, escúrralo en un colador, únalo a lo anterior. Cocine hasta que todo quede mezclado, casi cocinado, pero no completamente.

Formación de los pastelitos

Coloque el picadillo y las hojas de la col en una mesa a su alcance. Escoja la primera hoja de col, póngala en la mesa y sobre ella coloque en el centro 2 cucharadas rasas del relleno. Doble la hoja en forma de pastelitos y usando dos o más palillos cruce los extremos. En el mismo caldero y en el agua donde hirvió la col póngala a hervir a fuego alto. Agregue un tomate, una cebolla y una taza de salsa de tomate (use ½ taza de jugo de tomate V8 y la ½ taza de salsa de tomate hasta obtener una taza). Cuando esté hirviendo añada los pastelitos. Cuando hierva, reduzca el fuego a moderado. Tape el caldero. Cocine unos 35 o 40 minutos. Quite la tapa y deje que hierva 20 minutos. Se sirven calientes.

Nota de salud: Repollos, coles, brécol (brócoli), acelga, espinaca, coliflor son ricos en vitamina C. La **coliflor** mejora la resistencia del sistema inmunológico. La **espinaca** además es rica en hierro, posee cantidad de betacaroteno. Evita la aparición de cataratas y es un antioxidante.

Empanada gallega a lo Lolita

La Sra. Lolita Fandiño, de Vigo, Pontevedra, España, cuando vivía en Staten Island, N.Y. y su esposo el Sr. Florencio Fandiño, era el presidente de *Cervantes Cultural Organization,* después de las reuniones tenían por costumbre brindarnos empanadas y bizcocho. En una de las reuniones me dio las dos recetas.

Ingredientes para la masa

5 tazas de harina	2 huevos	½ taza de mantequilla
2/3 taza de aceite	1 taza de agua	1 cucharadita de sal

1 cucharadita de polvo de hornear (Royal)

Preparación de la masa

Ponga la harina en una mesa o tabla de mármol. Haga un hueco en el centro de la harina. Eche el polvo de hornear, mantequilla derretida, sal, agua y huevos. Únalo todo con las manos hasta que la masa ya unida no se le pegue en los dedos. Déjela reposar cubierta con un paño húmedo en un lugar fresco para que crezca.

Ingredientes para el relleno

1 libra de carne de cerdo	½ libra de chorizo	½ libra de ternera
½ libra de jamón	1 ajo mediano	½ pimiento verde
1 cta. de orégano	2 cebollas	1 tomate picadito
1 pizca de pimentón	Pimienta negra	Sal

2 yemas de huevo, mezclada con una cucharada de agua y una pizca de azafrán. (Si no tiene azafrán, use pimentón)

Preparación del relleno

Caliente el aceite, fría las cebollas medianas muy despacio en una olla grande de freír que después pueda tapar. Antes de que la cebolla adquiera un color amarillo, agregue el ajo, el ají, el chorizo sin la piel, la carne de cerdo, el jamón de cocinar y la ternera, todos picados en trocitos pequeños. Añada el orégano y tomate. Cocine a fuego moderado unos 20 minutos, con la olla tapada. Revuelva de vez en cuando para que no se queme o seque demasiado.

Formación de la empanada

I. Coloque un papel refinado en la mesa y échele un poco de harina por encima. Vierta la masa sobre éste y uniéndola con las manos, divídalas en dos partes. Una parte será usada para cubrir el relleno.
II. La otra mitad estírela con un rodillo previamente enharinado, extiéndala en forma circular de adentro hacia afuera, pero sin trabajar mucho sobre ella.
III. Tan pronto tenga el tamaño y espesor deseado para cubrir el molde póngale encima un papel refinado, enróllela para que al colocarla en el molde pueda ir desenrollándola y dejarla sin el papel.
IV. Cuando esté colocada, pinche la masa ligeramente por distintos lugares y póngale por encima la carne preparada.
V. Trabaje la otra mitad de la masa en la misma forma y cubra con ella la carne, dejándola caer suavemente sin que le quede muy estirada. Pinche un poquito la masa por distintos lugares.
VI. Una las orillas con las puntas de un tenedor mojadas en agua o leche. Para darle un color dorado bata las yemas de dos huevos con el agua y azafrán (o pimentón) y viértalos encima de la empanada. Si le gusta un sabor dulzón puede polvorearle un poquito de azúcar por encima. Siempre lo hago.
VII. Póngala en el horno a 350º Farenheit por espacio de 30 o 40 minutos hasta que vea la masa dorada.

Nota: Es muy importante que al extender la masa coloque el rodillo en el centro y desde allí moverlo hacia arriba, volver al centro y rodarlo hacia abajo. Siempre desde el centro dándole una forma circular y con una presión lo más pareja posible. Puede comprar la masa ya preparada en las panaderías. Prefiero prepararla, uso el paquete de harina que tiene pintado unos panecitos. A veces preparo empanaditas individuales, para ello sigo el mismo procedimiento. Divido la masa en porciones pequeñas y las estiro individualmente, las corto en forma circular, coloco el relleno en el centro y la cubro con otra parte. Para sellarla y todo lo demás, es igual a la grande. Si lo desea puede doblar un lado de la masa sobre el relleno y hacerlas más pequeñas.

Pollo

¿Cómo deshuesar un pollo?

Aprendí a deshuesar pollo en las clases de cocina en la Escuela del Hogar de Matanzas, Cuba, por los años del 1948-50. Hoy viene limpio sin pelusas ni el buche adentro. En esa época para quitarle las pelusitas, se pasaba el pollo rápidamente por la llama, se le hacía un corte alrededor del pescuezo a dos centímetros más o menos para sacarle el buche y el huesito arqueado que está adherido al hueso de la pechuga.

Procedimiento

En los momentos actuales el pollo se compra limpio. Hágale un corte separando las alitas y raspe con un cuchillo chico, de manera que toda la carne quede pegada a la piel, dejando el esqueleto limpio. Al llegar a las caderas haga un corte con el cuchillo para separar las piernas de la cadera, dejándolas adheridas a la piel. Siga raspando hasta llegar a la rabadilla, separándolo con un corte pequeño del esqueleto para que también quede pegada a la carne y a la piel. Así tendremos el esqueleto completamente limpio sin carne. Los huesos de las alas y de las piernas que se quedaron en la piel y en la carne sáquelos uno a uno, raspando siempre con el cuchillito. Como a las puntas de las alas no es posible sacarles el huesito, corte las puntas y saque los huesitos de las alas y de las piernas del lado de adentro por la abertura del pescuezo. Quedan sólo dos aberturas la del pescuezo y una muy pequeña debajo de la rabadilla. Después de asados debido a que se contraen rellenándose con su propia carne, nadie podrá figurarse cómo han sido deshuesados. Los pollitos pequeños quedan riquísimos. Este procedimiento es el mismo que se sigue para deshuesar gallinas y pavos. Con la gran ventaja que ahora no hay que seguir los tediosos pasos para eliminarles las plumas y pelusas.

Nota de salud: El pellejo de las aves es muy sabroso pero es muy dañino. Debemos sacrificar el paladar con tal de tener una buena salud.

Pechugas de pollo agridulce

Millie Arias Arteaga, nació en Ciego de Ávila, provincia de Camagüey, Cuba. Vive en Orlando, Florida, Estados Unidos. Está casada con el Dr. Juan P. Suárez- López, el hijo mayor de mi esposo. Me dijo que las comió por primera vez en Puerto Rico y que su amiga Dimaris Iturrondo le dio la receta.

Ingredientes

4 pechugas de pollo deshuesado sin piel
2 chorizos españoles cortaditos
2 tazas de azúcar parda
¼ taza de vinagre
½ barra de mantequilla (o sea ¼ de taza o 4 cucharadas)
1 cucharadita de polvo de ajo (o adobo de pollo)

Preparación

Aliñe las pechugas con el adobo de pollo o con ajo bien triturado si es fresco. En una olla dore las pechugas en mantequilla. Agregue una cucharadita de aceite vegetal en la mantequilla cuando vaya a freír para evitar que ésta se queme. Añada las tazas de azúcar parda, el vinagre y los chorizos cortaditos en rodajas finas. Cocine a fuego moderado con la olla tapada ½ hora sin revolverlas. Después destape la olla y déjela ½ hora más a fuego moderado. Sírvalas calientes sobre arroz blanco o con papas hervidas cortadas en dados (cuadraditos de una pulgada). Si prepara papas asadas, éstas deben comerse acabadas de salir del horno, (ver receta pág.117).

Nota de salud: Como el ácido fólico es tan importante en la dieta, sirva estas pechugas también con **espárragos asados** (ver pág. 70). Se dice que éste previene defectos de nacimiento, problemas cardiovasculares y el Alzheimer.

Nota: . El espárrago verde se cocina en una olla estrecha y se amarra el mazo para que permanezca parado. Recuerde que la vitamina B es soluble en agua, si hierve los espárragos demasiado pierde parte del ácido fólico.

Pechugas al Brandy

Las pechugas al Brandy, le dieron a una vecina de la Sra. Beiro, en Fuengirola, España, la fama de ser la mejor del lugar haciendo las pechugas de pollo.

Ingredientes

12 onzas de champiñones (setas)
½ taza de Brandy
½ taza de aceite
Pimienta al gusto
4 pechugas de pollo
½ taza de leche
1 diente de ajo
Sal

Preparación

Limpie los champiñones y córtelos en láminas. Adobe las pechugas con sal y pimienta. Fríalas en una sartén grande en ½ taza de aceite. Retírelas y en el mismo aceite rehogue el ajo picado y a continuación los champiñones. Una vez evaporada el agua que ellos desprenden, rocíelos con el Brandy (fuera del fuego) y añada la leche. Ponga las pechugas de nuevo en la sartén. Deje que todo se cocine lentamente durante 15 minutos; si las desea bien cocidas déjelas más tiempo.

Nota: Si tiene invitados a cenar, es aconsejable tener platos adicionales y variados para aquellos que son vegetarianos o sufren de alergias. Nunca invite a grupos o personas que no tengan intereses comunes. La reunión podría resultar desagradable.

Nota de salud: En la dieta diaria los vegetales deben predominar más que las carnes. Se ha demostrado que las personas que comen mucha carne y poca o ninguna verdura tienen más riesgos de fracturarse la cadera. El ácido fólico tan importante se encuentra en los carbohidratos: espinacas, lentejas, hojas verdes, pescados, brécol, espárragos, remolacha, setas. Relajante de los nervios y fatiga. No elimine la carne, coma pequeñas porciones 3 o 4 veces a la semana. Un estudio hecho por la Escuela de Medicina de la Universidad de Atenas, Grecia, aparecido en la revista de American Journal of Clinical Nutrition dice que el aceite de oliva y las verduras cocidas reducen el riesgo de contraer artritis. (Diario Las Américas p. 4 B, miércoles 18 de julio, 2001.

Pechugas de pollo empanadas con ajonjolí

Cuando vivíamos en Cuba mi hermano José Enrique tuvo una fábrica de dulces de maní y ajonjolí llamada Cha-Cha-Chá. Antes de llevársela para Colón la tenía en la finca Belencita, en el garage de nuestra casa. Se sembraba maní y ajonjolí para que él hiciera los dulces. Mi madre cuando quería preparar pechugas de pollo, iba al garage y decía:«José Enrique tuéstame un puñado de semillas de ajonjolí, voy a hacer pechugas de pollo». Receta de Charo, mi abuela materna.

Ingredientes

6 pechugas de pollo
½ taza de caldo de pollo
2 huevos batidos ligeramente
1 taza de harina
1 taza de pan rallado
¾ taza de ajonjolí
¾ taza de aceite vegetal

Preparación

I. Lave y seque bien las pechugas. Póngales una tela por encima y macháquelas un poquito. Reboce las pechugas, primero por harina y después por huevo. Déjelas reposar mientras mezcla el ajonjolí con el pan acabado de rallar. Pase las pechugas por esta mezcla, haciendo presión, virándolas para que queden parejas, bien rebozadas por ambos lados y sobre todo por las orillas. **II.** Vierta en una sartén el aceite, si desea puede añadirle un poquito de mantequilla. Cuando estén calientes (si puso mantequilla se sabe por la espumita que forma) agregue las pechugas. Vírelas una o dos veces. Añada ½ taza de caldo de pollo y cocine hasta verlas a su gusto. **III.** Si prefiere hacerlas en el horno póngalas en un molde ligeramente engrasado, hornee a 350° Farenheit. A los 10 minutos voltee las pechugas. Eche por encima el caldo y cocine 20 minutos más. Observe si están bien cocidas antes de sacarlas. **IV.** Si cuando las preparó no las va a freír al instante, guárdelas en el refrigerador hasta el momento de usarlas.

Ensalada de pollo a lo Blanquita

La ensalada de pollo casi siempre la hacen con vegetales mixtos, prefiero usar frutas. Dura más tiempo en el refrigerador, es refrescante y sabe deliciosa. La llamo a lo Blanquita, porque es mi forma de hacerla.

Ingredientes

2 pechugas de pollo (Puede usar las pechugas de un pollo asado)
1 latica de 15 onzas de cóctel de frutas en almíbar clara
4 cucharadas de mayonesa
3 papas rosadas grandes
1 hoja de laurel
½ cebolla grande
Cerezas para el adorno
3 manzanas rojas grandes
2 dientes de ajo
½ ají (pimiento verde)
Sal al gusto
Huevos duros (opcional)

Preparación

1. Hierva las pechugas sin piel, con sal, ajo, cebolla, ají y laurel. **2.** Pele las manzanas, córtelas en cuadraditos, póngalas en agua con una cucharadita de limón para que no se oxiden. **3.** En el agua que hirvió las pechugas cocine las papas peladas y cortadas en cuadraditos, unos 15 minutos para que queden firmes y no se conviertan en puré. **4.** Desmenuce las pechugas uniéndolas a las manzanas. Con una espátula o cuchara de madera mezcle bien a medida que le echa la mitad de la mayonesa. (2 cucharadas). **5**. Ya cocidas las papas y pasadas por agua fría agrégueles el cóctel de frutas sin el almíbar y añada el resto de la mayonesa. **6.** Mezcle todo. Trate de que el pollo y las manzanas queden bien unidas a las papas, pero no las aplaste. Puede echarle un poco de almíbar del cóctel. Ponga la ensalada en una fuente bonita. Adorne con huevos duros cortados en rodajas y cerezas Sírvala fría.

Nota de salud: Las **yemas de los huevos** contienen ácido fólico, tan necesario para una buena circulación sanguínea La yema de huevo ayuda a mejorar la memoria. Según estudios recientes pueden comerse hasta 7 huevos a la semana. Consulte a su médico en algunos casos no debe comerse más de tres.

Fricasé de pollo

Uno de los platos típicos de las familias cubanas los domingos era el arroz con pollo o el fricasé. Se condimentaban de muchas maneras. El fricasé más conocido sólo lleva papas. Hoy le ponen chorizos,setas, zanahorias y jamón.

Ingredientes

1 pollo de 3 libras limpio (o) 3 libras de presas grandes
½ taza de aceite vegetal
1 ají (pimiento) grande
1½ cucharadita de orégano
½ taza de alcaparrado
1 cajita de pasas, sin semillas
¼ cucharadita de pimienta
1 lata de pimientos morrones
1 taza de guisantes, reserve el líquido
1 lata salsa de tomate (o de V8)
2 hojas de laurel
1 naranja agria
1 cebolla mediana
1 taza de vino seco
1 libra de papas
4 dientes de ajo
1 ramita de perejil
½ taza de agua
1½ cucharadita de sal

Preparación

Corte el pollo en cuartos. Prepare un adobo con el ajo, ají, orégano, cebolla, pimienta y hojas de laurel trituradas. Añada la naranja agria. Ponga el adobo bien mezclado sobre el pollo. Déjelo reposar. En una olla apropiada caliente el aceite y sofría el pollo sin el adobo hasta verlo dorado y añada de nuevo el adobo. Mantenga el fuego alto. Añada la salsa de tomate, el líquido de los guisantes, vino seco (total 3 tazas de líquido) y todos los ingredientes menos las papas, guisantes y aceitunas. Cocine a fuego alto hasta que hierva. Si es necesario agregue ½ taza de agua. Añada las papas peladas y cortadas en cuatro. Reduzca el fuego a moderado con la olla tapada 20 minutos. Destape, mezcle y cocine 20 minutos más. Agregue los guisantes (petit-pois), las aceitunas verdes rellenas. Deje que se espese y sírvalo con pimientos morrones y ramitas de perejil fresco o cebollino.

Nota de salud: El **cebollino** ayuda a eliminar las mucosidades, es un buen expectorante natural. Aumenta la capacidad para digerir las grasas. Contiene potasio y ácido fólico.

Chicharrón de pollo

Por los años 70, vine a Miami desde N.Y., a visitar a mis padres y a mi hermano Bernardo. Él trabajaba como ayudante de cocina en un restaurante y para demostrarme que era un gran cocinero, él mismo preparó el pollo. Me gustó muchísimo. De nuevo en Staten Island, N.Y., convertí este plato en mi favorito.

Ingredientes

1 pollo de 3½ libras
3 dientes de ajo machacados
½ cucharadita de orégano seco
4 tazas de aceite vegetal
1 cucharadita rasa de pimienta
2 cucharaditas más de aceite
1 taza de harina de trigo
1 cucharadita de vinagre
1 limón verde
3 tazas de agua
3½ cucharaditas de sal

Preparación

En 3 tazas de agua con el zumo de un limón añadido, lave el pollo. Escúrralo y séquelo con papel toalla. En un mortero machaque el ajo y agregue la pimienta, orégano, vinagre, sal y las 2 cucharaditas de aceite. Mezcle bien y sin hacerle ningún corte y mucho menos pincharlo, adobe el pollo con estos sazones por todo el alrededor, por dentro y por debajo del pellejo, las pechugas tienen en sus lados espacios abiertos por los que puede colocar el adobo. Para que éste se impregne mejor déjelo reposar varias horas en el refrigerador, pero sáquelo 1 hora antes de cocinarlo. Corte el pollo en pedazos y envuelva muy bien cada porción en harina de trigo. Caliente el aceite en un caldero de freír a 400° Farenheit, agregue los pedazos de pollo, dorándolos un poquito. Reduzca la temperatura a fuego lento, tápelo y cocine 45 minutos más. Destape el caldero, suba la temperatura a fuego alto, virando las porciones para que doren parejo. Al quedar a su gusto, retírelos. Envuélvalos en papel toalla para que al absorber la grasa tengan menos calorías.

Nota: Importante adobar el pollo entero y cortarlo después de estar adobado.

Pollo frito con limón al caldero

La Sra. Clara Nieves Jacinta de la Paz Martínez Leal, natural de Majagua, provincia de Camagüey, Cuba; *Nievecita,* como la llamaban cariñosamente sus allegados, hacía un pollo tan rico que era la admiración de amigos y familiares. Cada vez que sus dos únicas hijas casadas Carmen y Marta iban de La Habana a Majagua a visitarla, ella les preparaba este suculento plato para que se lo comieran durante el viaje de regreso a La Habana.

Ingredientes

1 pollo mediano
4 dientes de ajo machacados
1½ tazas de zumo de limón verde
1 latica de pimientos morrones
1 cucharadita de pimentón (paprika)
1 ramita de perejil
Aceite y sal

Preparación

El pollo limpio, lavado y seco se sazona con 2 de los 4 dientes de ajo machacados por fuera. Se deja reposar ½ hora. Se le quita el ajo y se le echa por adentro. Se cubre con sal y en un caldero (preferiblemente de hierro) se fríe en aceite caliente, moviéndolo todo el tiempo para que se dore parejo. Añada el resto del ajo machacado con el perejil, al que previamente se le agregó el pimentón y parte del zumo del limón. El pollo debe quedar cubierto por todos los lados. Tápelo y cocínelo a fuego moderado unos minutos. Quite la tapa y agregue un poquito de aceite. Vaya virándolo y poniendo más limón hasta que vea que está dorado y blando. Agregue sal si fuera necesario. En la fuente coloque el pollo y adórnelo con tiritas de pimientos morrones y ramitas de perejil. Se sirve con papas fritas al estilo que desee. Yo lo sirvo con papas hervidas.

Nota de salud: El perejil, como los granos y los mariscos, aumentan la absorción del manganeso, tan importante para la formación de los huesos y para evitar la osteoporosis. El perejil es un gran diurético natural.

Pollo al ajillo

Si doña Clara Nieves Jacinta de la Paz Martínez Leal, hacía el pollo frito con limón al caldero para chuparse los dedos, el pollo al ajillo que hacía mi madre, era delicioso. Como le daba tanta importancia al ajo para la salud, a veces le ponía a las comidas más de lo debido, pero nos fuimos acostumbrando al sabor y también al del vino blanco o coñac que usaba para cocinarlo.

Ingredientes

1 pollo de 3 libras
8 ajos cortados en lascas (más si fuera necesario)
4 cucharadas de vino blanco o coñac
1 mazo de perejil
Aceite para freír, sal al gusto y cebolla para adornar

Preparación

Lave el pollo, séquelo bien, córtelo en pedazos pequeños y fróte-le por encima varias lascas de ajo y déjelo con el ajo una ½ hora. Después quítele los que se les pegó (guárdelos para usarlos más tarde) y eche sal a su gusto, en cada pedazo de pollo. En un caldero de hierro grande fría los pedazos en abundante aceite caliente a fuego moderado, para que se cocinen y doren parejo sin quemarse. Cuando los vea dorados, sáquelos del caldero, colocándolos en un molde de hornear. En el mismo caldero y con un poquito de aceite que nada más cubra el fondo, fría los pedazos de ajo que reservó. Ya doraditos y con el aceite hirviendo viértalo todo sobre el pollo. Agregue el vino blanco y póngalo en el horno a 325° Farenheit o menos, unos 15 minutos. Puede adornarlo con perejil picadito y cebolla. Sírvalo con arroz blanco y ensalada mixta. Si no lo pone en el horno coloque el pollo en el caldero donde doró el ajo, agregue el vino y cocine a fuego moderado sin taparlo unos 20 minutos o hasta que esté bien cocinado.

Nota de salud: Comer un diente de ajo crudo diario reduce la presión arterial. Si padece de Pie de Atleta espolvoree los pies con ajo molido. El que coma cebolla diariamente puede elevar el colesterol bueno.

Cuartos de pollo y pechugas rebozados

Esta receta de muslos, entremuslos y pechugas deshuesados y rebozados, adornados de bananas empanadas, jamón cocido y maíz encebollado era una de las preferidas de mi madre. Usaba maíz fresco y empanaba con ajonjolí.

Ingredientes

½ taza de salsa blanca, bien espesa (ver receta en las Salsas)
6 pedazos de pollo (cuartos delanteros y pechuga)
6 rodajas de jamón cocido
1 cebolla grande cortada en rodajas
2 huevos ligeramente batidos
1 docena de bananas
1 lata de maíz
1 taza de pan rallado
1 taza de aceite vegetal
Sal y pimienta al gusto

Preparación

1. Pollo: Elimine de los cuartos de pollo, los huesos y la piel de la pechuga y de los delanteros. Aplástelos para dejarlos bien finitos, adobe cada pedazo con sal y pimienta al gusto. Páselos por el huevo batido. Déjelos reposar unos minutos, reboce ahora con pan rallado hasta que se impregnen bien, cambiando el pan si se ha puesto húmedo. A veces le agrego al pan una cucharada de ajonjolí. Déjelos reposar varios minutos antes de freírlos en aceite vegetal caliente a fuego lento.

2. Bananas: corte las bananas por la mitad a lo largo. Páselas por huevo y después por pan rallado. Fríalas en aceite caliente a fuego moderado.

3. Cebolla y maíz: en una sartén con poco aceite dore las cebollas cortadas en rodajas finas y agregue la lata de maíz. Cocine mezclándolo todo ligeramente, añada la salsa blanca, sal y pimienta al gusto. Mamá usaba el maíz de la mazorca no el de la lata.

4. Jamón: caliente en otra sartén las rodajas de jamón cocido.

5. Sirva en una fuente el pollo cocinado, y sobre cada pedazo coloque una rodaja de jamón que esté caliente y dos mitades de banana. Ponga la mezcla del maíz aún caliente alrededor del pollo.

Pollo en escabeche

La Sra. Miriam Arteaga de Arias, nació en Majagua, provincia de Camagüey, Cuba. En los Estados Unidos se radicó por varios años en California y más tarde en Orlando, Florida, donde reside con su esposo Cloaldo Arias. Al salir de Cuba, empezó a hacer sus pininos en la cocina usando recetas de su familia y las de su suegra, la Sra. Evelina Justiniani Dumás de Arias. Miriam le añade un toque original a todas sus comidas.

. Ingredientes

1 pollo de 3 libras limpio
1 cucharada de adobo criollo
3 pimientos verdes (ajíes)
1 taza de aceitunas rellenas
1 cucharadita de pimentón
½ cucharadita de orégano
1 taza de aceite de oliva
3 cebollas medianas
3 hojas de laurel
1 taza de vinagre
1 limón verde (zumo)
Sal y pimienta al gusto

Preparación

1. Lave el pollo y después de secarlo con papel toalla, sazónelo con adobo criollo y zumo de limón. Póngalo a hervir en poca agua, unos 20 minutos.
2. En una olla en aceite de oliva caliente, sofría ligeramente la cebolla y pimientos. Agregue el orégano, pimentón, las hojas de laurel, las aceitunas rellenas cortadas en rueditas y el vinagre.
3. Desmenuce las piezas del pollo, échelas en el sofrito. Mezcle bien, y cocine a fuego lento 30 minutos más. Deje que se refresque y guárdelo en un recipiente bien tapado en el refrigerador.
4. Puede servirse como aperitivo con galletas variadas o como plato adicional en la mesa.

Nota de salud: El mejor de los **vinagres** es el de manzana por ser rico en pectina y potasio. Una cucharada de vinagre ayuda a eliminar las toxinas del cuerpo. La pectina se encuentra en muchos frutos maduros.

El aceite de oliva y las verduras cocidas: reducen el riesgo de contraer artritis (Revista de American Journal of Clinical Nutrition) Diario Las Américas , P. 4 B, miércoles 18 de julio, 2001.

Pavo

Pavo relleno para el Día de Dar Gracias

Es muy famoso el pavo relleno, la salsa y las manzanitas de la Dra. Alicia Ledesma de Remos, cubana, residente en Miami Beach, Florida. Ella sigue usando la receta de su mamá la Sra. Isabel Ungo de Ledesma, natural de Majagua, provincia de Camagüey, Cuba.

Ingredientes

1 pavo de 8 libras
1 libra de jamón molido
1 cebolla grande picadita
6 dientes de ajo machacado
Condimento de pavo al gusto
4 manzanas de cocinar
¼ libra de almendras
1 cucharadita de paprika
½ libra de margarina o mantequilla
1 cucharadita de pimienta, apio y sal al gusto
1 paquete de pan de molde, ½ taza de leche

Preparación

Lave el pavo, séquelo por dentro y por fuera. Póngale sal, ajo, cebolla picadita, pimienta, paprika y el condimento de pavo. Después, prepare el relleno. Sofría en ¼ de margarina, el apio, cebolla, jamón, almendras, mucho condimento de pavo, (se compra en el supermercado) y 4 manzanas picaditas. A este sofrito agréguele el pan previamente mojado en leche y exprimido. Rellene el pavo con esta mezcla. Viértale por encima ¼ de margarina o más si así lo desea y cúbralo con papel de aluminio. Póngalo a hornear a 350° Farenheit. Elimine el papel de aluminio cuando esté casi cocinado para que se dore.

Nota: Si usa mantequilla para freír, añada una cucharadita de aceite vegetal para que no se queme. Póngale leche al pan para que el relleno quede suave.

Pavo relleno navideño

Mi segunda Navidad en los Estados Unidos en el 1961, las pasé en Union City, New Jersey, en casa de Rosita Astorquiza, prima de mi madre. La ayudé en los preparativos de la cena. Cuando empezó con el pavo me fijé paso a paso cómo lo hacía. A la hora de servirlo lo adornó con gelatina de sabores y de diferentes colores. Me gustó tanto que copié la receta ese mismo día.

Ingredientes

1 pavo entre 14 y 18 libras
½ libra de carne de cerdo molida
½ libra de carne de ternera molida
½ libra de jamón de cocinar picadito
2 tazas de coñac para el pavo
¼ taza de zumo de limón
Sal y pimienta al gusto
4 huevos enteros
½ taza de aceite vegetal
½ taza de coñac para el relleno
1 cebolla grande bien picadita, lo más finita posible
1 libra de castañas cocinadas y cortadas en pedacitos o
1 libra de nueces picaditas, si no consigue castañas
1½ taza de migas de pan, remojadas en leche y exprimidas
Sal, pimienta y nuez moscada rallada (todo al gusto)

Preparación

Limpie el pavo por dentro y quítele el hueso de la pechuga. Lávelo y séquelo bien. Póngale la sal, pimienta, zumo de limón y coñac que lo cubra todo por dentro y por fuera. Déjelo reposar.

Relleno: Para preparar el relleno, dore en una sartén la cebolla en aceite caliente a fuego moderado, tan pronto se dore, retírelo del fuego. En una fuente honda ponga y mezcle todos los demás ingredientes, añáda la cebolla sin el aceite. Reserve éste para el final. Rellene el pavo con esta mezcla sin aplastarlo. Vaya moviendo el relleno para que quede bien acomodado. Cosa todas las aberturas y ate las patas, pásele un cordón por el alrededor, para que el relleno no se salga, pues al cocinarse, tiende a crecer. Póngalo en una asadera, y usando el aceite reservado vaya cubriendo el pavo sin que quede un lado sin rebozar. Coloque la asadera en el horno a temperatura moderada, 350° Farenheit, de 15 a 18 minutos por libra o hasta que el termómetro marque 185° Farenheit. Debe comerse bien cocido por lo que lo dejo un poco más.

Castañas: Si va a rellenar con castañas, hiérvalas a fuego lento unos 15 minutos. Escurra bien, pélelas y córtelas cada una en pedacitos bien pequeños y si desea puede molerlas.

Decoración con gelatina

Prepare 3 cajitas de gelatina de diferentes sabores y colores siguiendo las instrucciones del paquete (lima, naranja, fresa). Póngalas a congelar en moldecitos individuales, si son de figuras de animales mejor o puede después de desmoldar las gelatinas, cortarlas en cuadraditos de una pulgada. Mezcle algunas con mayonesa. Colóquelas alrededor de la fuente y por encima del pavo. Use moldecitos de pavo. Para el Día de Dar Gracias, en la Navidad o Día de los enamorados trate de usar moldes alegóricos a estas fechas.

Nota: El pavo sabe mucho más jugoso si se sirve por lo menos media hora después de haberlo retirado del horno. Debe dejarlo enfriar antes de cortarlo. Ármelo nuevamente, colóquelo en una fuente y decore el pavo por encima y alrededor.

Nota de salud: La **cebolla** contiene una hormona semejante a la insulina, que ayuda a reducir los niveles elevados de azúcar. En un estudio realizado en la Escuela de Medicina de la Universidad de Boston, Massachusetts, tomar y comer té negro, vino, vegetales, cebollas, toronjas, favorecen a tener arterias más saludables por los flavonoides que poseen.

Pescados

Bacalao a la portuguesa

En Staten Island, New York hay un restaurante portugués llamado *La Candela española,* situado en Amboy Road, GreatKill. Varias veces al año llevaba a mis alumnos de Wagner College a cenar. El dueño era el Sr. Carvalho. Una vez pedí este plato, me gustó muchísimo y su hijo Joe me dio la receta. Quizás lo hizo por la amistad que me unía a su familia. Yo ssigo la receta al pie de la letra, menos que le añado una lata de jugo de tomate V8 de 12 onzas.

Ingredientes

1½ libra de filetes de bacalao, 1 taza de harina de trigo
1¼ libras de papas peladas, cortadas en ruedas de ½ pulgada.
5 huevos (dos huevos batidos y 3 duros cortados en rodajas)
½ taza de leche, ½ taza de aceite de oliva y ½ taza de vinagre
1 cebolla grande picadita, 3 dientes de ajo machacados muy bien
1 taza de tomates picaditos (yo le añado 1 lata de V8 de 12 onzas)
2 cucharadas de maicena. Perejil, sal y pimienta al gusto
Pimientos morrones, perejil y aceitunas verdes para adornar

Preparación

Desde la noche anterior ponga el bacalao en agua. Al día siguiente escúrralo bien y corte el bacalao en trozos de 2 pulgadas. Póngalo sobre papel toalla para que esté bien seco. Cada trozo se pasa por harina de trigo y luego por los huevos batidos. Fríalos en aceite caliente. En otra olla con el aceite caliente prepare un sofrito con la cebolla y los ajos. Agregue el tomate, *el jugo de tomate V8* y el vinagre. Retire la olla del fuego. En un molde de cristal de hornear coloque la mitad del bacalao, encima la mitad del sofrito, seguida de las papas y otra de los huevos duros. Repita todo en el mismo orden y por último vierta la leche disuelta en maicena. Hornee a 350° Farenheit, 40 minutos. Adorne con pimientos morrones, perejil y aceitunas.

Nota de salud: El vinagre de manzana orgánico, es el mejor. Es superior al vinagre de vino blanco porque contiene más vitaminas, enzimas y minoácidos.

Bacalao a la Pamplona

La familia Jardan, pasó de Francia a Andorra, después a Pamplona, España, por último a Cuba. Se cambiaron el apellido a Jardín. Mi madre, Margarita Díaz y Jardín mencionaba cómo su abuela (mi bisabuela) preparaba este plato. Mamá guardaba la receta escrita por mi abuela, en un papel casi sin color, gastadito. Al venir a vivir a los Estados Unidos me la dictó de memoria, pues aquel viejo papel se quedó en Cuba como tantos otros recuerdos.

Ingredientes

1 libra de bacalao sin espina (1½ con espina)
2 cucharadas de aceite de oliva, 2 tomates pelados
½ cucharadita de azúcar, 2 dientes de ajo machacados
1 cebolla grande picada bien fina, 2 hojas de laurel
1 pimiento (ají) grande verde picado, ½ taza de vino blanco
½ cucharada de orégano, si es fresco mejor
¼ cucharadita de comino, ¼ cucharadita de mejorana o albahaca

Preparación

En una vasija grande cubra el bacalao con agua fría y déjelo por espacio de 20 minutos. Elimine el agua. Corte el bacalao en pedacitos de 2 pulgadas más o menos. Cúbralo con agua fría y déjelo toda la noche en remojo, cuidando que la piel del bacalao quede hacia abajo. Al día siguiente se pone a hervir, tan pronto hierva reduzca el fuego a lo mínimo por espacio de 50 minutos. Pruébelo, si está salado se enjuaga de nuevo con agua hirviendo, hasta que esté a su gusto. Escúrralo bien. En una sartén grande caliente el aceite de oliva, añadiéndole todos los demás ingredientes. Los platos de bacalao se cocinan con abundante aceite de oliva. Agregue el bacalao. Cocine a fuego lento con la sartén destapada 30 minutos. Mezcle bien, tape la sartén y cocine otros 20 minutos. Sírvalo adornado con pimientos morrones y huevos hervidos.

Nota de salud: Aceite de oliva: Grasa monoinsaturada. Combate las enfermedades del corazón, reduce la presión arterial, evita la formación de coágulos de la sangre. No sólo reduce el colesterol malo sino que eleva el colesterol bueno.

Bacalao a la vizcaína

Receta de la muy admirada pintora cubana-venezolana Fefita Lucas de Castellón. Vive en Golden Beach, Florida, en compañía de su esposo el destacado C.P.A. Sr. Armando Castellón.

Ingredientes (Da 8 raciones)

1 libra de bacalao sin espinas
1 ají de ensalada grande
1/3 taza de aceite de oliva
1 lata de salsa de tomate
1 cucharadita de vinagre
2 laticas de pimientos morrones
1 libra de papas
3 dientes de ajo
1 cebolla grande
1/3 taza de agua
1/3 taza de vino seco

Preparación

Remoje el bacalao desde la noche anterior. Al día siguiente cambie el agua. Póngalo al fuego hasta que esté blando. Elimine el agua y escúrralo bien. Desmenúcelo en pedazos grandes. En una cacerola plana de las que se usan para hacer el arroz ponga en el fondo las papas cortadas en ruedas. Cúbralas con el bacalao, la cebolla en ruedas, los ajos machacados, el ají cortado en tiras, el agua, el vino seco, el aceite, la salsa de tomate y los pimientos de una de las laticas molidos en su líquido. Déjelo a fuego mediano hasta que las papas estén blandas. Sírvalo con pan frito y adornado con los pimientos morrones de la otra latica.

Bacalao a la catalana

En un viaje a Barcelona, España, pedí en un restaurante un plato de bacalao. La receta es igual a la anterior pero se sirve con almendras peladas, tostadas y picaditas con perejil y apio cortados en trocitos muy pequeños. El mesonero me explicó que esto se agrega unos minutos antes de servir el bacalao. Muy sabroso

Nota de salud: Recuerden que las semillas son muy buenas para la salud. Por lo que cada vez que preparo bacalao le agrego un poco de almendras o nueces.

Serenata de bacalao

Es un plato típico de Puerto Rico. En Santo Domingo y en Cuba se prepara con ligeras variaciones. Lo comí en Hatillo, un pueblo precioso de Puerto Rico, en la casa del profesor Luis L. Pinto, preparado por su esposa Gloria.

Ingredientes

2 libras de bacalao sin espinas preferiblemente
1½ libra de ñame, 1½ libra de malanga (yautía), aguacate
6 guineos verdes (platanitos), 3 tomates de ensalada
1 cebolla grande, ½ ají (pimiento), 1 pizca de pimienta
1½ taza de aceite de oliva, ½ taza de vinagre
huevos duros y perejil para adornar (opcional)

Preparación

Lave el bacalao para eliminar la sal. Déjelo en agua toda la noche. Al día siguiente bote esa agua. En una olla con agua suficiente para que lo cubra, póngalo a hervir 30 minutos a fuego moderado. Cuidado, al hervir la espuma sube y se derrama. Sáquelo del agua, escúrralo y deje que se refresque. Desmenúcelo. Póngalo en una fuente honda, añada la mitad del aceite y del vinagre, mezcle bien. En esa agua hierva la yautía (malanga) y el ñame. A los 15 minutos agregue los guineos. Blandos sin que se desbaraten, retírelos del agua. Deje que se enfríen, córtelos en pedazos pequeños y únalos al bacalao. La cebolla, el ají (pimientos) y los tomates córtelos bien finos y agregue la otra mitad del aceite, vinagre y pimienta. Únalo al bacalao. Mezcle y déjelo reposar. Puede comerse caliente o frío. Añada el aguacate al final. Adorne con huevos duros y ramitas de perejil. Agregue más tomate, aguacate y aceite si fuera necesario.

Nota: El tomate debe guardarse en lugares frescos no en el refrigerador. Las recetas que piden salsa de tomate, pero solamente tiene tomate en pasta, añada a ¾ tazas de pasta de tomate 1 taza de agua y tendrá el equivalente a 2 tazas. Como he dicho anteriormente prefieo usar jugo de tomate V8 y el natural.

Nota de salud: El tomate es bajo en grasa y en caloría, además de ser muy rico en vitaminas A, C, y fibras. La vitamina C baja un 9% la presión arterial.

Puré de garbanzos y bacalao

En la época de La Cuaresma no se comía carne ni los miércoles ni los viernes y en la Semana Santa se incluía el jueves después de las 10 de la mañana hasta el día de la Resurrección. Mi madre se las ingeniaba para preparar platos que a todos nos resultaran apetecibles. Los de bacalao eran los que predominaban. Mi madre seguía con esta receta los pasos de su suegra (mi abuela) Marta Cabrera, y así complacía a mi padre.

Ingredientes

1 libra de garbanzos
1 cebolla grande picadita
1 libra de bacalao sin espinas
3 ajos machacados
1 ramita de perejil picadito
1 libra de papas cortadas en rodajas
1 libra de zanahorias cortadas en rueditas
Aceite de oliva, sal (al gusto) y 4 tazas de agua

Preparación

En una olla grande con agua, ponga el bacalao y los garbanzos en remojo toda la noche. Al día siguiente en otra olla y con las 4 tazas de agua limpia y caliente se cocinan los garbanzos y bacalao juntos, pero antes desmenuce bien el bacalao, quítele la piel y las espinas si las tiene. Agregue la cebolla, los ajos, el perejil, zanahorias, papas y sal (a su gusto). Déjelo hervir a fuego moderado hasta que todo esté casi deshecho. Ahora páselo por un colador (pasador de puré). Agregue agua hirviendo si fuera necesario. Fría un diente de ajo en el aceite de oliva, viértalo sobre el puré. Mezcle revolviendo con una cuchara de madera. Cocine unos minutos adicionales con el fuego bien bajo. Sírvalo con pan frito como acompañante.

Nota de salud: Las **verduras cocidas** reducen el riesgo de contraer artritis, igual que el aceite de oliva. El extra virgen es un zumo natural de aceituna, obtenido por medios exclusivamente mecánicos.

Frituritas de bacalao

Cuando vaya a hacer bacalao a la vizcaína, a la pamplona, serenata, la de puré de garbanzos con bacalao, o la de arroz, con ñame y bacalao, compre ½ libra adicional y así tendrá para preparar las frituritas. Receta de doña Remedio Martin y de Ofelia Sarria. Las dos la hacía igual, pero Ofelia no usaba perejil.

Ingredientes

½ libra de bacalao seco sin espina
1½ taza de harina de trigo
1 cucharadita de polvo de hornear
2 dientes de ajo machacados
1 cucharadita de perejil seco
Aceite vegetal para freír
1 cucharadita de pimienta
1 pizca de sal (al gusto)
1 huevo
1½ taza de agua

Preparación

Lave el bacalao, córtelo en pedazos y déjelo en agua toda una noche. Si lo tiene en agua por varias horas, bote el agua, eche nueva y póngalo a hervir a fuego moderado 15 minutos. No deje que hierva para evitar que la espuma se derrame. Sáquelo del agua con una espumadera para que salga bien escurrido. Elimine el pellejo o espina que pueda tener. Pruebe el bacalao. Si lo encuentra salado, póngalo en agua fría, cámbiela 2 o 3 veces hasta que esté a su gusto. Apriete con las manos para eliminar toda el agua. Debe estar bien seco. Desmenuce el bacalao lo más posible. En otro recipiente hondo ponga la harina, polvo de hornear, sal, huevo y mezcle bien. Agregue la 1½ taza de agua en el centro. Únalo con una cuchara de madera o espátula de goma. Añada el ajo triturado, pimienta, perejil y el bacalao desmenuzado. Forme una masa compacta. En un caldero de freír eche el aceite y póngalo a fuego alto. Cuando esté bien caliente, eche el bacalao por cucharadas. Ya doradas, retírelas con una espumadera, colocándolas sobre papel toalla. Se comen acabadas de hacer. Entre más pequeñas más ricas. Si al freírlas se desbaratan, añádale harina.

Filetes de pescado salteados al horno

Con la facilidad que tenemos de poder usar hornos pequeños este es un plato que resulta rápido y fácil. Debe comerse pescado todas las semanas. En ésta, uso el pescado fresco, pero no hay diferencia si usa el congelado.

Ingredientes

1 libra de filetes de pescado fresco o congelado
1 libra de papas peladas y cortadas en ruedas de ½ pulgada
2 cebollas grandes y cortadas en ruedas no muy finas
2 hojas de laurel partiditas o trituradas casi polvo
1 cucharadita de polvo de ajo o 2 dientes de ajo machacados
1 cucharadita de orégano en polvo o perejil. Sal al gusto
½ cucharadita de pimienta blanca o la de su gusto
1 pimiento verde grande cortado en lascas
1 limón verde grande (zumo) y ½ taza de aceite de oliva

Preparación

Sazone los filetes con sal, pimienta, ajo, zumo de limón, orégano o perejil. Use un molde de cristal para hornear. Cubra el fondo con las ruedas de las papas. Coloque encima una camada del pescado ya sazonado. Siga con otra de cebolla, pimientos verdes y las hojas de laurel. Échele por encima el aceite de oliva. En el horno precalentado a 350° Farenheit, hornee durante 30 minutos o hasta que el pescado y las papas se ablanden. Sírvalo en el mismo molde que se cocinó.

Nota: Como a veces las papas salen duras, las hiervo peladas y cortadas en ruedas unos 10 minutos. Las escurro bien y después las pongo en el molde. Así evito que el pescado se cocine demasiado. Adorne el plato con pimientos morrones y aceitunas verdes o negras.

Nota de salud: para la ensalada sirvo berro, es rico en vitaminas y minerales. Alto contenido de hierro, beneficioso para combatir la anemia. Contiene calcio y fósforo. Combate también la indigestión.

Filete de pescado asado

Nos estamos inclinando cada día más a usar el horno. Como nos gusta saborear de vez en cuando un pescado frito, les daré mi receta que además de fácil no recoge tanta grasa.

Ingredientes

2 libras de filetes de pescado (pargo o catfish)
2 dientes de ajos machacados, 2 cucharadas de aceite vegetal
1 cucharadita de pimienta negra o pimentón (paprika)
1 limón, 3 cucharadas de mantequilla

Preparación

Unte bien el molde con el aceite vegetal. Los filetes previamente marinados con limón, ajo, mantequilla, pimienta y pimentón (paprika) si desea ponerle ambas. Vaya colocándolos en el molde. Viértale por encima lo que le haya quedado del adobo. Sin taparlo ponga el molde en el horno a 375° Farenheit no más de 25 minutos. Al servirlo adórnelo con perejil y rueditas de limón.

Filete de pescado frito

Ingredientes

½ taza de harina de maíz, una cucharadita de sal y pimienta
2 libras de filete de pargo o catfish y 2 huevos batidos
Abundante aceite vegetal

Preparación

Mezcle la harina de maíz con la sal y pimienta. Pase los filetes por los huevos batidos ligeramente por ambos lados y luego por la harina. Déjelos reposar un rato. Fríalos con bastante aceite, se doran enseguida. Retírelos del fuego, no los cocine demasiado. A veces le agrego a los huevos un poquito de orégano o albahaca. Si no quiere hacerlos fritos, quedan muy sabrosos horneados.

Pescado en salsa de perro

Plato típico de los pescadores del Norte de la provincia de Las Villas, Cuba. Receta donada por nuestros amigos Armando Castellón y Fefita Lucas de Castellón, naturales de Camajuaní, Las Villas, Cuba. En la actualidad venezolanos-cubanos, residentes en Golden Beach, Florida. EE.UU.

Ingredientes

2 papas grandes
¼ taza de jugo de limón
1 cabeza de pescado
5 cebollas grandes
5 pimientos grandes
3 cabezas de ajo
1 taza de vino blanco
¼ taza de leche
6 ruedas de pescado (preferiblemente mero)
½ cucharadita de pimienta blanca molida
½ taza de perejil picadito y 1 cucharadita de ajo en polvo
1 cucharadita de sal para el consomé y otra para las ruedas

Preparación (da 6 porciones)

Con la cabeza del pescado se obtiene un consomé (4 tazas) aliñado con 2 cebollas, 2 tomates, 2 pimientos y 1 cabeza de ajo; procurando que quede bajo de sal. Adobe aparte las ruedas de pescado con sal, ajo en polvo y limón. En una olla, coloque en el fondo las papas crudas cortadas en ruedas, sobre éstas 3 cebollas cortadas en ruedas y 3 pimientos cortados en lascas. Cúbralo con el consomé. Cocine a fuego moderado. Cuando las papas estén, coloque en la olla las ruedas de pescado, sin que se desbaraten. Haga aparte un sofrito con 2 cabezas de ajo machacado, perejil y aceite de oliva. Agregue el sofrito, el vino blanco y la pimienta molida al pescado. Cuaje el caldo con la harina previamente disuelta en la leche. Déjelo hervir a fuego moderado 10 minutos.

Lenguado con toronja rosada

Receta de la muy conocida pintora cubana-venezolana Fefita Lucas de Castellón, No sólo es una conocida pintora por sus exposiciones en las Galerías de arte, sino como una gran artista en la cocina, tanto por la presentación de los platos como por el sabor de los mismos.

Ingredientes

1 filete de lenguado (alrededor de ½ libra)
2 cucharadas de champagne o vino blanco
¼ de taza de aceite vegetal
¼ de taza de aceite de oliva
1 poco de cebollín fresco
Sal y pimienta al gusto
1 diente de ajo picado
1 toronja rosada
2 limones

Preparación (da dos porciones)

1. Ralle la cáscara de los limones y resérvela.
2. Exprima el limón, cuele el jugo y resérvelo.
3. Corte el filete de lenguado en lascas finas.
4. Ponga las lascas en un plato poco profundo.
5. Mezcle el jugo de los limones, la cáscara, el champagne (o vino blanco), el ajo, los aceites, los cebollines, la sal y pimienta.
6. Ponga esta mezcla sobre el pescado y refrigérelo por dos o tres horas, preferiblemente por toda una noche.
7. Antes de servirlo, pele y corte en secciones la toronja. Remueva la membrana.
8. Arregle las secciones de la toronja y el pescado en platos individuales y ponga la salsa sobrante sobre ellos.

Nota de salud: Si tiene la presión arterial alta y toma pastillas, consulte con su médico o farmacéutico si puede tomando esa pastilla comer toronja.

Salpicón de pescado y marisco

Mi familia por parte materna era de Cárdenas y muchos eran pescadores. Pescaban la mayor parte del tiempo por Las Moslas. Varios perdieron sus vidas ahogados por sorprenderles el mal tiempo en el mar. Sus esposas, esperaban el regreso para preparar diferentes platos de pescados. Uno de ellos era éste, que mi madre hacía aludiendo a la historia de sus tíos y primos maternos.

Ingredientes

1 libra de pescado
½ libra de camarones cocidos
½ libra de masa de cangrejo cocido
1 papa grande cocida
2 huevos duros
Sal, aceite de oliva, pimienta, limón y mostaza al gusto
Mayonesa y pimientos morrones al gusto

Preparación

Cocine el pescado, sáquele las espinas y déjelo que se enfríe. Desmenúcelo bien. Póngalo en una fuente agregándole los camarones previamente cocidos y pelados, las masas de cangrejo cocidas, (yo uso 1 lata de masa de cangrejo) la papa cocida y picada en trocitos. Los huevos hervidos de 13 a 14 minutos para que queden duros. La yema (parte amarilla) córtela en pedacitos y la clara (la parte blanca) en tiritas. Después condimente con la sal, pimienta, limón, mostaza y aceite de oliva. Mezcle todo muy bien. Colóquelo de nuevo en una fuente llana y cúbralo con mayonesa. Adorne el pescado con pimientos morrones y huevos duros. También puede decorarlo con camarones, langostinos. Siempre uso ramitas de perejil para adornar la mayoría de los platos.

Nota: Para sacarle con más facilidad la cáscara a los huevos hervidos páselos por agua fría. Para conocer la frescura de los huevos, se colocan en una vasija honda llena de agua fría, si suben a la superficie no están frescos. Si flotan, están menos frescos aún. También puede partir el huevo en un plato, la yema tiene que mantenerse firme en medio de la clara, de lo contrario no está fresco.

Cangrejo majestuoso

Mi mamá en uno de sus viajes a Staten Island a petición de papá nos preparó este plato. Él decía que era majestuoso; quizás por eso mi madre le daba ese nombre. No lo sé. Ahora lo preparo, pero uso el cangrejo que viene enlatado.

Ingredientes

3 libras de masa de cangrejo (o latas que sumen 48 Onzas)*
½ cucharadita de pimienta blanca
1 pimiento (ají) verde, grande
2 pimientos morrones
1 cucharada de mostaza
1 taza de mayonesa
2 huevos
1 cucharadita de sal
Mayonesa (adicional) y pimentón (paprika)

Preparación

1. En un recipiente eche el pimiento (ají) verde, los pimientos morrones picados en trozos finitos, la mostaza, la sal, la pimienta blanca, los huevos ligeramente batidos y la taza de mayonesa.
2. Agregue a lo anterior las masas de cangrejo sacadas del carapacho, mezcle bien cuidando de no deshacer la masa.
3. Vierta esta mezcla en un recipiente de cristal para hornear.
4. Póngale por encima un poco de mayonesa, espolvoreando después el pimentón.
5. Hornee durante 15 minutos a 350° Farenheit.
6. Puede servirse caliente o frío. Si tiene carapachos de cangrejo puede hornear en ellos o individualmente en moldes de cristal.

***Nota:** Para aperitivos, hago la mitad de la receta, y los acompaño con galleticas, doritos y con un **buen vino.** Siempre uso la masa que viene en latas.

Nota de salud: Tomar vino moderadamente favorece a tener arterias más saludables por los flavonoides que contiene. Escuela de Medicina de la Universidad de Boston, Massachusetts. Compre siempre un buen vino.

Enchilado de langosta

A mi nieto Matthew hay que tenerle miedo cuando lo llevan a un restaurante. Lo único que pide es langosta, camarones y cuantos mariscos existen. Y digan que no existe la herencia de familia. Receta de mi hermano Henry.

Ingredientes

4 colas de langostas medianas
½ taza de vino blanco
¾ taza de aceite de oliva
1 hoja de laurel partida en trozos
1 lata de salsa de tomate (8 onzas) (Uso jugo de tomate V8)
2 pimientos (ajíes) verdes, grandes bien picaditos
1 cabeza grande de ajos (unos 12 dientes machacados)
1 cebolla grande picada bien finita, 1 limón verde (zumo) grande
1 lata de pimientos morrones para adornar al servirlo
Sal y pimienta blanca al gusto

Preparación

Si lo que compró fueron las colas enteras y no las masitas; saque primero las masas de las langostas en crudo. Después con mucho cuidado el *cristal.* Sazone las masitas cortadas en trozos grandecitos con sal, zumo de limón y pimienta. En una olla grande caliente el aceite a fuego moderado. Sofría las cebollas, los pimientos (ajíes) y los ajos. Cocine unos minutos, agregue el tomate. Sofría otra vez, revolviendo siempre agregue las masitas de langosta. Cocine un poquito, añada el vino, el laurel. Cubra la olla y manténgalo a fuego moderado hirviendo hasta que las masas estén cocinadas y la salsa esté espesa a su gusto. No lleva agua, con el vino es suficiente para que se cocinen bien

Nota: Cuando use **langostinos** deben freírse en una sartén con una cucharada de aceite de oliva caliente, 30 segundos por cada lado. Nunca más de un minuto.

Mariscada con huevos al caldero

Los mariscos cocidos al caldero, quedan suaves y no pierden sus propiedades. Esta mariscada la comí en la casa de mi amiga Celia Fernández,. Staten Island, N.Y. La preparó su esposo, que como buen español cocinaba que daba gusto.

Ingredientes

1.5 onzas de caldo de pollo (puede ser de lata)
3 setas orientales secas
7 u 8 camarones medianos
3 huevos
3 almejas
1 cucharadita de sal (opcional si usa el de lata)
½ cucharadita de azúcar
Perejil fresco o albahaca al gusto

Preparación

Ponga las setas en agua tibia hasta que se hichen y se vean blandas. Yo las pongo en agua fría y no por mucho tiempo, se ponen negras. Córtelas en pedacitos pequeños. Bata ligeramente los huevos en un recipiente grande, agregue el caldo de pollo, la sal y azúcar. Mezcle muy bien con una cuchara de madera. A fuego lento cocine unos 7 minutos. Agregue las almejas, las setas y a los tres minutos añada los camarones. Manténgalo a fuego lento 5 minutos más. (Recuerde que los camarones después de cinco minutos tienden a endurecerse. Retírelo del fuego y sírvalo caliente adornado con perejil o albahaca.

Nota de salud: Los **mariscos** como el **salmón** contienen Cinc, esencial para la absorción de la vitamina E. El **perejil** es un diurético natural. Comerlo fresco es lo mejor. El zumo tomado diariamente por cucharaditas es muy fácil de preparar y puede mantenerlo en el frío por más de una semana. Usado como ungüento elimina poco a poco las manchas de las manos y brazos.

Camarones en salsa sobre arroz blanco

Receta del Sr. Steven Schwall, Staten Island, New York

Ingredientes

2 libras de camarones medianos
1 libra de tocineta (bacon) fritos en pedacitos
¼ de crema de leche *(half and half cream)*
½ cebolla mediana picadita
1 libra de setas
2 cucharadas de aceite
2 tazas de arroz
2½ taza de agua
1 pizca de sal

Preparación

1. Camarones: Pele los camarones y manténgalos en el refrigerador con hielo hasta que los vaya a usar.
2. Salsa: En una sartén ponga pedacitos de tocineta (bacon) y fríalos hasta que estén un poco dorados. Quite la grasa de la sartén y añada la cebolla picadita y las setas. Fría hasta que todo tenga un color dorado. Agregue la crema de leche *(half and half cream).* Cocine unos cinco minutos más.
3. Arroz. Para cocinar el arroz eche en la olla 2½ taza de agua con una pizca de sal y 2 cucharadas de aceite. Tan pronto el agua hierva agregue las dos tazas de arroz, tápelo. Cuando empiece a hervir, baje el fuego a moderado. En 20 minutos el arroz estará.
4. Camarones, a la hora de servir la cena ponga los camarones en el horno. Los asa a la parrilla *-broil-* 3 minutos. En platos individuales sirva el arroz, encima los camarones y la salsa

Nota: Para que el arroz quede blanco y desgranado, tan pronto el agua empiece a hervir eche unas gotas de limón. Si no puede comer sal, añada dos dientes de ajo. El arroz sólo se revuelve con tenedor, nunca con cuchara. Si las setas son frescas recorte la parte escueta del pedúnculo, échelas en un recipiente de agua fría, para lavarlas. Escurra el agua, seque con un paño. Deben permanecer poco tiempo en el agua, se quedan negras y pierden sabor.

Papa rellena con camarones

Mi familia materna cuando hacía papa rellena en lugar de carne usaba pescado, marisco o queso. Mi tío Miguel Fernández, hizo famosa la papa rellena en Union City, New Jersey. Años después en Miami, Julia, su señora, lo complacía cuando le decía: ¡Julia, de carne no, de camarones!

Ingredientes

1 libra de papas y 1 libra de camarones pelados y picaditos
½ taza de aceite para el puré y ½ taza de aceite para el relleno
1½ taza de aceite adicional para freírlas
3 yemas de huevos y dos huevos enteros
½ taza de queso rallado y ½ taza de pan rallado
1 cebolla, perejil, pimienta, nuez moscada y sal al gusto

Preparación

I. Ponga a hervir la papa pelada. Haga un puré, agregue dos yemas (la otra es para el relleno), ½ taza de aceite, el queso rallado, perejil picadito, sal, pimienta, nuez moscada y mezcle bien.
II. Relleno: Cocine en la otra ½ taza de aceite, la cebolla picada bien fina y añada los camarones pelados picaditos, la otra yema, la sal y la pimienta. Cocine 3 minutos.
III. Las bolas: Ponga en la palma de la mano una cucharada del puré y coloque en el centro un poco del relleno, vaya cubriéndolo hasta formar una bola con el puré para que el relleno quede bien cubierto. Bata dos huevos ligeramente, agregue las claras de los otros huevos si lo desea. Coloque en un plato el pan rallado y en el otro los huevos batidos. Pase las bolas primero por huevo y después por el pan. Déjelas reposar un rato. Fríalas en aceite caliente y abundante para que las cubra. Estarán cuando estén doradas.

Nota: El **pan** tiene que estar siempre seco. Para obtener mejor volumen de los **huevos**, antes de batirlos deben estar a temperatura ambiente. Sáquelos del refrigerador por lo menos ½ hora antes de ser usados. Siempre que sirva **queso** recuerde sacarlo del frío por lo menos ½ hora antes. Pero el queso criollo, fresco, debe permanecer en el refrigerador hasta el momento de ser usado.

Pisto Manchego

Receta de la Sra. Florentina García Barbón Vda. de Barreto. Disfruta preparando platos españoles como una buena descendiente de ellos.

Ingredientes

½ libra de camarones
½ libra de puerco
½ taza de vino seco
10 huevos batidos
½ taza de salsa de tomate
1 libra de papas
1 latica de petit pois
1 cucharada de sal
½ taza de aceite
1 lata de pimientos morrones
½ libra de jamón
3 dientes de ajo
1 ají verde
2 cebollas

Preparación

Corte las papas, la masa de puerco y el jamón en cuadritos. Sofría las carnes en aceite caliente. Una vez bien cocinadas agregue los camarones pelados y hervidos no más de tres minutos, las cebollas picaditas, la salsa de tomate, el ajo y el vino seco. Déjelos unos minutos. Añada las papas fritas de antemano, los petit pois y por último los 10 huevos batidos con la sal. Déjelo a fuego moderado hasta que esté bien cuajado. Adórnelo con pimientos morrones.

Tuna y apio al horno

No hay nada como tener en la alacena, latas de tuna, crema de apio, setas y cajas de gelatina para esos días lluviosos. A los vegetarianos les gusta mucho.

Ingredientes

1 lata pequeña de tuna
2 huevos ligeramente batidos
1 lata de crema de apio
1 taza de galleta molida

Preparación

Una todos los ingredientes. Bien mezclado, viértalo en un molde 8½ x 4½ x 2½. Póngalo a hornear a 350° Farenheit por 35 a 40 minutos. Se sirve con peti-pois y gelatina que puede ser de vegetales o de frutas. Ver receta de *Gelatina rellena con espárragos.* Pág.70

Suflé de queso con anchoas

El Chef de cocina, Henry Hernández disfrutaba preparando los platos preferidos de los franceses que visitaban el Restaurante en Roslyn, Long Island, N.Y.

Ingredientes

1 taza de harina bien llena
¼ taza de queso rallado
2 tazas de tomates maduros
½ taza de aceitunas negras
½ taza de agua Sal (al gusto)
½ taza de mantequilla
2 cebollas picaditas (2 tazas)
½ taza de anchoas desaladas
¼ taza de aceite vegetal
Ajo y pimienta (opcional)

Preparación

Con la harina, la mantequilla, un poco de sal y el agua haga una pasta; amásela y déjela reposar una hora. En una sartén con poco aceite y despacio fría las cebollas cortadas bien finitas. Sáquelas de la sartén. Pele y fría los tomates picaditos en el mismo aceite con un poco de ajo machacado y pimienta hasta que quede como un puré espeso. Extienda la pasta en un molde engrasado. Pinche un poco la masa y póngala en el horno a 350° Farenheit, 15 minutos. Luego le agrega una camada de cebollas ya fritas, la otra de tomate frito y el queso rallado. Adorne con anchoas y aceitunas negras.

Bistec de salmón asado

Receta de Fefita Lucas , cubana-venezolana residente en Golden Beach, Fl.

Ingredientes

Jugo de 1 limón, 2 cucharaditas de salsa de soya, pimienta al gusto
2 bistec (tajadas) de salmón de 1¼ pulgadas de grueso, sal al gusto

Preparación

Caliente la parrilla o asador. En una cazuela mezcle el jugo de limón con la salsa de soya. Ponga los bistec de salmón en una bandeja de hornear y úntelos con la salsa de soya y el limón. Añada una pizca de sal y otra de pimienta. Áselo a 4 pulgadas de la llama 5 minutos. Déle vuelta al salmón, úntele de nuevo la misma mezcla y un poquito de sal y pimienta. Cocine otros 5 minutos o hasta que el salmón esté hecho. Sírvalo enseguida.

Bistec de salmón (Versión II)

Receta de Justa Suárez de Fernández, nació en La Habana, Cuba y se crió en Camajuaní, provincia de Las Villas. Se radica en los EE.UU., Union City, más tarde en Puerto Rico y después en Miami, donde vive hasta su muerte en el 2002., en compañía de su esposo Felix Fernández.

Ingredientes

2 trozos de salmón de 1 pulgada de espesor
3 cucharadas de mayonesa
1 cucharada de salsa Teriyaki
2 cucharadas de mostaza
1 pizca de nuez moscada

Preparación

Ponga los trozos de salmón en un molde de hornear. Mezcle los ingredientes y viértalo sobre el salmón. En el horno ya caliente hornee unos 15 minutos a 350° a 400° Farenheit. Vírelos, añada un poco más de salsa y déjelo 5 minutos más. Si al pincharlos con un tenedor se desprende un pedacito, están y deben comerse inmediatamente. Adorne el salmón con ramitas de perejil. A veces sustituyo la mayonesa por ½ taza de *sour cream* sin grasa.

Pastel de salmón

Nada más sano que comer salmón, tuna o pollo. Receta de mi sobrino José L.

Ingredientes

1 ají verde picadito
3 cucharadas de aceite de oliva
3 tazas de leche al 1%
1 cebolla mediana
1 lata 14 onzas de salmón
1 cucharada de zumo de limón
Queso rallado al gusto
½ taza de harina y sal al gusto

Preparación

En una sartén cocine en poco aceite la cebolla y el ají hasta que se vea suave. Agregue la harina, la sal y añada la leche poco a poco. Cocine a fuego moderado hasta que la salsa espese, moviendo constantemente. Agregue el jugo de limón y el salmón, elimine los huesitos si lo desea, cuando esté mezclado, póngalo en un molde engrasado. Échele encima queso rallado a su gusto. En el horno previamente caliente, hornee a 400° Farenheit unos15 a 20 minutos hasta que quede tostadito.

Costillitas o croquetas de Salmón

Receta de María Isabel Bahuo, de La Habana, Cuba; tomada de la libreta de la Sra. Evelina Justiniani Dumás de Arias, natural de La Habana, esposa del Dr. Rodrigo Arias y Delgado, médico del Central Morón, provincia de Camagüey y quien fuera el Director Médico del Hospital de Mazorra en La Habana, en los años de la presidencia del General Gerardo Machado y Morales.

Ingredientes

9 cucharaditas de harina de trigo
1 lata de salmón 16 onzas
1 cebolla pequeña picadita
Pimienta y nuez moscada
Aceite para freír (poca grasa)
1½ taza de leche
2 ramitas de perejil
2 huevos
Galleta molida
Sal al gusto

Preparación

A la leche agréguele la sal, pimienta, perejil, nuez moscada y harina de castilla. Disuelva todo bien para que no forme grumos. En un poco de aceite sofría la cebolla, añada el salmón desmenuzado y limpio de espinas. Rehogue un poquito. Añada la leche revolviéndola continuamente hasta que cuaje y se vea separada de la sartén. Viértala en una fuente y déjela enfriar. Tome de esta masa porciones pequeñas de acuerdo al tamaño que desee y haga las costillitas o croquetas. Envuélvalas primero en huevo y después en galleta molida. Fríalas en aceite caliente, cuando estén doraditas por un lado se voltean para que queden del mismo color. Si no quiere freírlas, póngalas en el horno a 350° Farenheit unos 25 minutos. Si las desea más doradas, hornee unos minutos más.

Nota: A veces le añado papas: Ralle las papas y cebollas y en un recipiente de cristal grande mezcle con el salmón y demás ingredientes. Se sigue el mismo procedimiento arriba mencionado..

Nota de salud: El salmón es fácil de digerir, rico en hierro, en proteínas de alta calidad y en Omega 3 (ácido craso), zinc y otros minerales. Se ha reportado que reduce la presión arterial y que ayuda a disminuir el riesgo de coágulos de sangre. **Las papas**: Al igual que el boniato son ricos en betacaroteno y contienen las mismas calorías (30 calorías por onza).

Frutas

Macedonia de frutas

Receta de Margaret García Schwall, Staten Island, N.Y. Se ha dicho que debemos comer frutas en cada comida y como merienda. No hay nada tan agradable que preparar esta macedonia con frutas propias de la temporada, en los días calientes del verano.

Ingredientes

1 latica de melocotón
3 rodajas de piña
½ (zumo) de limón verde
Licor y azúcar a su gusto
2 manzanas
2 naranjas
2 peras
5 fresas

Preparación

Corte las frutas en trocitos pequeños, agregue el azúcar, zumo de limón, las frutas de los ingredientes (o las de su preferencia), melocotón (y un poquito del almíbar) cortados en trocitos. Para macerar estas frutas use ½ taza del licor de su preferencia puede ser mezclada con vino, champagne o si desea sidra achampañada. Esta combinación le da un sabor delicioso. Deje que se macere por varias horas antes de servirla. Prepárela en un recipiente de ponche y sírvala en copas de frutas. Adórnela a su gusto.

Nota: Todas las frutas se pueden congelar menos el plátano y la pera.

Nota de salud: Hoy sabemos que comer papaya, piña o cualquier tipo de melón, ayudan a las personas que sufren de diabetes II. Además, comer piña y papaya frescas es lo mejor por ser antiinflamatorios naturales. Si sufre de culebrillas obtendrá las enzimas que le ayudarán a reducir la hinchazón de la piel alrededor de las ampollas.

La pera, contiene vitamina C, ácido fólico, fibra y potasio. Una pera tiene unas 98 calorías.

Ensalada de frutas (*Ambrosía*)

Hay muchas formas de preparar esta ensalada conocida como *Ambrosía*. Esta es mi ensalada de frutas, a mi manera y gusta. La crema puede variar. Uso crema de leche agria o sea *Sour Cream*.. Voy a darles la receta de la Crema que usa mi hermana Rosario Rodríguez; con ella aprendí a hacerla. (Ver Pág. 185)

Ingredientes

1 lata de cóctel de frutas
1 lata de melocotones partidos
1 lata de piña cortada en cuadritos.
4 manzanas grandes cortadas en cuadritos
6 onzas de Marshmallows de los pequeños
1 pomito de cerezas para adornar la ensalada
1 libra de uvas verdes y rojas sin semillas, peladas
Crema (ver receta en Cremas) o use 4 onzas de Sour Cream
Melocotón cortadito y melón –cantaloupe–, opcional para adornar

Preparación

En un recipiente de cristal mezcle las frutas sin el almíbar. Deben estar cortadas en trozos pequeños. Agregue poco a poco los marsmallows y la crema de frutas o en su lugar la crema agria (sour cream). Mezcle hasta que adquiera una forma suave; use la crema necesaria, no se exceda. En una fuente de ensalada honda de cristal vierta lo preparado. Cubra ligeramente con la crema restante. Adorne con pedacitos de melocotón, piña, uvas, cerezas. Agregue pedacitos de melón *(cantaloupe)*. Ver la receta de *Crema de frutas* en las recetas de Cremas. Pág. 185.

Nota de salud: Si usted tiene diabetes tipo II. Investigadores alemanes, franceses y suecos recomiendan comer frutas y vegetales. La fibra natural que contienen los melones, naranjas, papayas, uvas, entre otras, fueron las utilizadas con muy buenos resultados.

En un estudio en Inglaterra dado a conocer recientemente en el 2003, dicen los investigadores que la **cereza** destruye los cálculos (piedras) de los riñones. Yo les recomiendo además tomar mucha agua. No olviden que hay varios tipos de cálculos renales, producidos por diferentes causas. La cereza es un diurético y ayuda a los dolores de artritis..

Toronjas al Brandy

Las toronjas preparadas con bebidas las comí en casa de la Sra. Sheila Schwall, Staten Island, N. Y. Las dos últimas son de Juan Suárez. Si toma pastillas para bajar la presión arterial, pregúntele a su doctor si puede comer toronjas.

Ingredientes

3 toronjas cortadas a la mitad (6 mitades)
12 cucharadas de azúcar parda y 6 cucharadas de Brandy

Preparación

Corte las toronjas a la mitad. Quítele las semillas y el corazón. Colóquelas en un molde. Rellene el centro de cada mitad con dos cucharadas de azúcar y encima una cucharada de Brandy. Déjela en reposo ½ hora. Después, cocine en el horno a 325° Farenheit hasta que empiece a hervir. Se sirven al momento.

Versión II. Toronjas acarameladas con Sherry

Igual que la anterior. En cada mitad se pone el azúcar y después el Sherry. Caliente el horno a *350° Farenheit.* Se dejan en el horno hasta que el azúcar se derrita.

Versión III. Toronjas con Burgundy

Ingredientes

1 taza de jugo de toronja.
¼ taza de vino blanco o rojo
½ taza de azúcar
6 mitades de toronjas.

Preparación

Se cocina el jugo de toronja y el azúcar blanca, hasta que espese un poco a fuego bajo. Cuando el almíbar esté frío, añada el vino. A cada mitad de la toronja se le echa el almíbar hasta que quede bien rellena. Decore con hojas de menta, albahaca o cerezas.

Crema de frutas

Esta crema se usa en cualquier tipo de ensalada de frutas, sobre todo en la *Ambrosía* cuando no se quiere usar la crema agria (*Sour cream).* Rosario Rodríguez, mi hermana usa también esta crema cuando prepara helados o batidos de frutas. La aprendió a hacer con Edelmira, en el Central España, Perico, Provincia de Matanzas, Cuba. Edelmira fue una famosa cocinera de la familia de Octavio y Herminia Barreto.

Ingredientes

1 taza de jugo de piña (puede ser de lata)
½ taza de jugo de naranja (puede ser de lata)
3 cucharadas de zumo de limón verde
1 queso crema de 8 onzas
2 huevos enteros
½ taza de azúcar
4 cucharadas de maicena (rasas)
Una pizca de sal

Preparación

Mezcle los jugos de piña, de limón y de naranja con el azúcar, maicena, y la sal. Cocine al baño María, colocando la olla cuando el agua esté hirviendo. Revuelva con una cuchara de madera todo el tiempo a la misma dirección hasta que espese como una natilla. Se retira la olla para agregarle los huevos ligeramente batidos y de nuevo se pone en el agua del baño María y se cocina unos minutos más (tres es suficiente). Antes de ponerlo en el refrigerador deje que se refresque. Cuando espese retírelo del refrigerador para agregarle poco a poco el queso crema. Mezcle en la batidora o con un molinillo de alambre. Después de tenerlo todo unido, siga las indicaciones de la receta de *Ambrosía,* pág. 183.

Nota de salud: Ahora se dice que la yema del huevo ayuda a la memoria.

Crema de naranja y de limón

La crema de naranja, la de limón e inclusive la de coco son fáciles de preparar. Estas cremas se hacían en mi casa por los años 1948-1950. Época en que estudiaba en la Escuela del Hogar de Matanzas y que hacía mis inventos en la cocina, bajo la protesta de mi padre por lo caro que le salía mis pininos culinarios.

Ingredientes

Crema de naranja

1 taza de jugo de naranja
8 cucharadas de azúcar
4 yemas de huevo

Crema de limón

½ taza de zumo de limón
8 cucharadas de azúcar
3 yemas de huevo

Preparación

En un recipiente eche las yemas de huevo con las 8 cucharadas de azúcar. Mezcle bien con una cuchara de madera hasta verla cremosa. A la crema de naranja añada la taza de jugo de naranja y si es la de limón, póngale ½ taza de zumo de limón verde. Cuele el líquido al echarlo. Se cocina al baño María, revolviendo todo el tiempo y siempre hacia la misma dirección. Tan pronto empiece a espesarse retírela del fuego. Deje que se enfríe antes de utilizarla.

Crema de coco

Ingredientes

1½ taza de coco
½ limón verde
1 taza de azúcar
2 yemas de huevo
1 taza de agua

Preparación

Reserve 6 cucharadas de azúcar. El resto póngalo al fuego en una olla con agua. Hierba hasta que tenga un almíbar claro. En otra olla desbarate las yemas con las 6 cucharadas de azúcar que reservó. Agregue el coco, la cascara rallada del limón, mezcle bien. Cuando el almíbar esté en su punto de hebra floja, vaya echándosela al coco, poco a poco, hasta que tome la forma de crema. Para que quede espesa y no líquida use solamente el almíbar necesario.

Repostería

Crepés sencillos de Margarita Fernández

Mi amiga asturiana, Margarita Fernández, vive en España. Le llama Creps, no crepés. Los Crepés de Margarita con su salsa son deliciosos.

Ingredientes

1 taza de harina	2 onzas de mantequilla	1 cdta. de aceite
2 tazas de leche	1 limón verde (zumo)	1 naranja
4 huevos	2 cdas. de azúcar y	2 más para la salsa
Anís o Brandy		

Preparación

1. Ponga la leche, la harina, 2 cucharadas de azúcar y la cáscara rallada del limón en un recipiente **2.** Añada los huevos ligeramente batidos y mezcle bien. **3.** Cuele a través de un colador fino para evitar los grumos (peloticas). **4.** Manténgalo a temperatura ambiente hasta la hora de hacerlos. **5.** Use una sartén pequeña y unte con aceite sólo el fondo. **6.** A fuego moderado caliente la sartén y ponga una o dos cucharadas de la mezcla. Mueva la sartén para que cubra rápidamente todo el fondo. **7.** Cuando esté en su punto se vira para que se dore, pasándole por debajo una espátula. **8.** Se colocan una sobre la otra en un plato. A medida que las vaya colocando échele azúcar hasta que todas estén hechas. **9.** Sírvalas calientes, enrolladas o dobladas en cuatro con una salsa que se prepara muy fácil.

La salsa

Saque el jugo de la naranja, únalo con el zumo del limón con 2 cucharadas de azúcar y 2 onzas de mantequilla. Échelo en una olla pequeña y manténgala cocinando a fuego moderado hasta que se haga almíbar. Al quitarlo del fuego añada una copita de Brandy o de anís.

Flan a lo Margarita Díaz

Hay muchas maneras de hacerlo Siempre lo preparo igual para que tenga el mismo sabor y textura. Se popularizó como el Flan de Blanquita desde los años en que trabajé en Wagner College, Staten Island, N.Y, pero en realidad es el *Flan a lo Margarita*. Así lo hacía mi madre y como e*l Flan de Margarita,* no hay otro. Cuando lo hacía con leche de vaca y no evaporada, le llamaba ***Tocinillo de leche.*** La Sra. María Teresa Collar Vda. de González al Flan le llama *A mi manera,* porque lo hace en la olla de presión. Tapa el molde con papel de aluminio. Le pone a la olla 2 dedos de agua. Lo cocina unos 25 minutos.

Ingredientes

8 huevos grandes (9 si son medianos)
1 lata de leche condensada
1 lata de leche evaporada
1 cucharadita de vainilla y 1 pizca de sal
4 cucharadas de azúcar para preparar el caramelo
1 cucharada de agua

Preparación

En el molde vierta el azúcar y el agua y a fuego moderado vaya moviendo el molde tratando que el azúcar cubra todo el fondo y los bordes. Tan pronto adquiera un color acaramelado, ya está. Si se le oscurece mientras lo está haciendo puede echarle unas gotas de agua o de limón y dejará de quemarse. Retírelo del fuego. En un bol vierta los huevos con yema y clara, bátalos ligeramente, agregue la leche evaporada. Cuando los huevos estén bien unidos a la leche evaporada, añada la leche condensada y mezcle bien sin batirla. Por último agregue la vainilla y la sal. Revuelva la mezcla. Vierta todo esto en el caramelo a medida que lo cuela por un colador no muy fino. Cuando el agua esté hirviendo coloque el molde encima, tápelo Cocine al baño María a fuego moderado por una hora. O en el horno al baño María a 350° Farenheit, 45 o 50 minutos. Una vez retirado del fuego o del horno, espere que se refresque antes de virarlo en la dulcera.

Flan de calabaza

Receta de la Sra. Rosario Rodríguez, mi hermana. He comido este flan hecho de muchas maneras. Rosario lo hace con leche de vaca y le agrega 1½ tazas de azúcar. Mi variación es ponerle leche condensada y así siempre tiene el mismo dulzor. He notado que no todas las marcas de azúcar endulzan igual.

Ingredientes

2 libras de calabaza
2 huevos
2 cucharadas de maicena
1 lata de leche condensada
1 raja de canela en rama
1 cucharadita de vainilla (opcional)

Preparación

1. Salcoche la calabaza con una raja de canela.
2. Guarde ½ taza del agua donde hirvió la calabaza.
3. Pase la calabaza por el colador para hacerla puré.
4. Agregue los huevos batidos.
5. Deslía la maicena en el agua ya fría, donde hirvió la calabaza.
6. Añádale la leche condensada y el puré de calabaza, mezclando bien.
7. Cocine a fuego lento, revolviendo constantemente, hasta que espese como una natilla.*
8. Prepare un caramelo en el molde cubriendo bien el fondo.
9. Eche el puré caliente en el molde. Deje que se refresque y después póngalo en el refrigerador.
10. A la hora de servirlo, se voltea en un plato para que la parte acaramelada quede encima.

Nota: Se le puede poner una cucharadita de vainilla cuando ya haya espesado antes de echarlo en el molde acaramelado. La vainilla en todos los dulces es lo último que se agrega, para evitar que el sabor de la misma sea lo que más se destaque. * A veces, cuando la calabaza ya está mezclada en lugar de cocinarla, vierto todo en un molde acaramelado y lo cocino al baño María unos 50 minutos o hasta verlo espeso.

Nota de salud: La **calabaza** tiene vitamina A, 34 veces más de lo que se necesita.

Flan de piña

La receta de **Tartaletas de piña**,(ver pág. 225) y ésta , se encuentran las dos en la pág. 55 de la libreta de la Sra. Ernestina Hernández de Ruiz. Gracias les doy a sus dos hijas Serafina y Herminia, que a través de Florentina Barreto, me las hicieron llegar como homenaje a su difunta y querida madre. Tanto Ernestina como su esposo Lino Ruiz, fueron admirados y muy queridos por todos los periqueños. (Perico, un pueblo bello, en la provincia de Matanzas, Cuba.)

Ingredientes

2 tazas de jugo dc piña
2 sobrecitos de gelatina Knox
1 taza de azúcar
5 huevos

Preparación

Mezcle el jugo de piña con el azúcar y póngalo a hervir, revolviéndolo bien. Cuando haya hervido unos minutos, deslía aparte el contenido de los dos sobres de gelatina en un poquito de agua al tiempo, y únalo al jugo hirviendo, retírelo enseguida de la candela. Deje que se enfríe. Bata los huevos enteros hasta que estén unidos. Agregue poco a poco el jugo que ya debe estar frío. En un molde previamente acaramelado, vierta la mezcla pasándolo por un colador para que quede bien fino. Póngalo a cocinar en baño María por espacio de 50 minutos. Déjelo enfriar. Guárdelo en el refrigerador para desmoldarlo al siguiente día.

Nota: Para obtener mayor volumen de los **huevos** al batirlos deben estar a temperatura ambiente. Es un error creer que el color de la cáscara de los huevos indica si están frescos o no. Si quiere saber si están frescos casque el huevo en un plato, la yema tiene que mantenerse firme en medio de la clara.

Una cucharadita de **azúcar** tiene menos calorías que una cucharadita de miel de abeja. Ejemplo: una cucharada de azúcar granulada tiene 46 calorías mientras que una de **miel** tiene 64. La miel de abeja tiene muchas propiedades.

Nota de salud: La yema de huevo ayuda a mejorar la memoria.

Flan de coco a lo Muñiz

Es el primer dulce que hizo mi hermano Henry en la dulcería de nuestro primo Fermín Muñiz en Santiago de Cuba. De dulcero pasó a ser Chef de cocina en los Estados Unidos. Me la envió a Orlando meses antes de su súbito fallecimiento.

Ingredientes

1 lata de leche condensada, 1 de leche evaporada, ½ taza de leche, ½ taza de azúcar (menos dulce, use ¼), 6 huevos (clara y yemas), ½ taza de coco fresco, cortada la masa en tiras largas bien finitas.

Preparación

Combine los ingredientes y bátalos tres minutos. Viértalo en un molde previamente acaramelado. Hornee al baño María, 375° Farenheit, 45 minutos o si al introducirle un palillo sale limpio. Deje que se enfríe. Póngalo en el refrigerador. Antes de servirlo, pásele un cuchillo alrededor del molde. Viértalo en una dulcera.

Para hacer **el caramelo,** eche 3 cucharadas de azúcar en una olla. Póngala a fuego bajo hasta que el azúcar comience a tomar un color dorado. Si se le está quemando agregue unas gotas de agua o de limón. Cubra con el caramelo el fondo y los lados del molde.

Pastelillos de zanahoria

Cuando un dulce lleva leche condensada le robo cucharadas para hacer este de zanahoria. La probé por primera vez en Alcalá de Henares, España, en casa de mi prima Mary Escobar. Una vecina nos los dio a probar.

Ingredientes

4 rebanadas de pan de molde, 4 cucharadas de leche condensada, 2 zanahorias grandes, 1 limón y azúcar molida con una botella.

Preparación

Con el borde de un vaso o tasa corte el pan en discos. Cubra cada una con una cucharada de la leche y con media zanahoria rallada, rocíelas con el limón y espolvoréelas con el azúcar. Se gratinan en el horno hasta que estén doradas. Calientes saben mejor.

Pastel de coco a lo Serrano

Receta de la Sra. Gladys Serrano, natural de Ciego de Ávila, Camagüey. Reside en Miami, Fl., con su esposo el Dr. Mariano Serrano.

Ingredientes

1 lata de dulce de coco 4 huevos 1 lata de leche condensada

Preparación

Añada a la lata de coco, los cuatro huevos batidos de antemano y la lata de leche condensada. Mezcle bien. En un molde unte mantequilla al fondo y por los lados. Eche la mezcla y póngalo en el horno precalentado a 350º Farenheit, una hora. Si le gusta quemadito, déjelo 10 o 20 minutos más. Vírelo en un plato y vuelva a virarlo si prefiere que la parte oscura quede arriba. Se sirve bien frío.

Bien me sabe

Postre favorito de los puertorriqueños y de la Sra. Marisa Narganes viuda de Martin. Disfruta preparándolo para su hijo Herbie Martin. Es la misma que en Cuba llamábamos **Coquimol**, si mal no recuerdo, pero sin el bizcocho y le agregamos en cambio cascarita de limón. Dulce muy conocido a principios del siglo XX.

Ingredientes

1 taza de azúcar
1 raja de canela
1 coco seco grande
¼ taza de agua caliente
6 yemas de huevos
½ taza de agua
1 bizcocho esponjoso

Preparación

Mezcle el azúcar y la ½ taza de agua y prepare un almíbar espeso. Enfríe. Ralle el coco y añada ¼ taza de agua caliente para extraer 8 onzas de leche (1 taza). Hoy se vende la leche de coco en latas. Bata las yemas y añádale la leche del coco, el almíbar y la canela. Cueza en baño María o a fuego lento moviéndolo constantemente, hasta que espese un poco. Viértalo sobre el bizcocho. Ver recetas de bizcochos (Pág.226).

Coquitos blancos y prietos

Receta de la dulcería de mi primo Fermín Múñiz, Santiago de Cuba, Cuba Dulce preferido de mi papá. Siempre paraba en el entronque del Central España y la Carretera Central, para comprarlos en la bodega de Plá.

Ingredientes

4 huevos enteros, ½ taza de azúcar molida, ralladura de ½ limón, 1½ taza de coco rallado seco, 1¾ libras de harina de trigo, 1 cdta. de miel de abeja, ½ taza más 3 cucharadas adicionales de aceite vegetal.

Preparación

Bata un poco los huevos enteros con el azúcar blanca o parda. Agregue la ralladura de ½ limón, el coco rallado mezclado con la harina y el aceite. Mezcle usando una cuchara de madera. Échelo en una manga de boquilla calada en un molde plano previamente untado de grasa y enharinado y colóquelos apretando la manga. Hornee a 325° Farenheit, temperatura moderada. Retírelos del horno cuando tomen el color deseado Espere a que se enfríen. El color del coquito depende del color del azúcar que use.

Consejo para sacarle la masa al coco

Caliente el horno a 350° Farenheit. A un coco fresco ábrale un hueco por la parte superior para extraerle el agua. Después, coloque el coco en el horno unos 15 o 20 minutos. Sáquelo e inmediatamente rómpalo sobre un cemento. Entonces extraiga la masa. Muélala con un poquito de agua en una procesadora hasta que quede a su gusto.

Nota de salud: Se dice que **el agua de coco** es muy buena para mantener limpio los riñones. También, que la leche de coco en dosis moderadas es un restaurador para los convalecientes. Pregúntele a su médico. La masa de coco tiene mucha grasa. Cuidado si su colesterol está muy alto. No abuse de él.

Hablando de la leche de vaca: Tiene la **piel reseca y mucha picazón**, vierta un galón de leche fría en una vasija, moje una toalla o gaza en la leche y póngasela en la piel unos 5 minutos manteniéndola mojada. Se detiene el ciclo de la picazón y el rascarse. Esto se debe a que la leche tiene propiedades antiinflamatorias.

Yemitas de coco acarameladas

Esta receta de yemitas de coco, se hicieron en casa miles de veces. Tanto mi hermana Rosario, mi prima Leonor Pino, acompañadas por mi mamá, disfrutaban preparándolas mientras charlaban o cantaban. Al siguiente día las acaramelaban y yo me las comía tan pronto las colocaban en un frasco de cristal. Siempre las encontraba, aunque las escondieran. Al cabo de los años, empecé a ayudarlas. ¡Uy, qué ricas!

Ingredientes

12 yemas de huevo
¾ taza de coco rallado
½ taza de azúcar blanca molida
1 taza de azúcar blanca
1 cucharada de coñac

Para acaramelar las yemas

1½ tazas de azúcar
1 cucharadita de miel
½ taza de agua

Preparación

Eche las 12 yemas de huevo desbaratadas y la taza de azúcar en una olla. Cocine a fuego moderado, revolviendo con una cuchara de madera o espátula de goma constantemente. Cuando espese, retírela del fuego y viértala sobre un mármol engrasado. Espere a que se enfríe un poco. Añada el coñac, el coco y la ½ taza de azúcar molida. Mezcle y deje que esta masa se enfríe hasta que ya esté manejable para formar las peloticas. Colóquelas sobre papel encerado por 24 horas, déjelas reposar, sin tocarlas. Al día siguiente si las quiere acaramelar, engrase un mármol. Ponga en una olla 1½ tazas de azúcar con la miel y el agua que debe cubrir el azúcar. Cocine a fuego vivo hasta obtener el punto de caramelo. Separe la olla del fuego. Una a una vaya pasando las yemas por el almíbar con bastante rapidez. Póngalas en el mármol. Cuando estén frías, a disfrutarlas. Las restantes si es que quedan, consérvelas en un frasco de cristal con tapa.

Tocinillo de cielo a lo Margarita

Mi madre se pasaba la vida haciendo dulces. Hablando y explicando cómo era que lo hacían en la dulcería de su familia en Cárdenas, o sea los de mi abuela; el caso es, que entre dulces y platos se pasaba el día imaginando con qué nueva golosina iba a sorprender a mi padre. Papá disfrutaba de cualquier dulce, inclusive los que compraba en las bodegas, llamados matahambre o coquitos prietos. Este dulce lo hacía de mil maneras hasta con leche de vaca y siempre le llamaba tocinillo. Las recetas de Tocinillo son parecidas, pero cada una sabe distinto.

Ingredientes

3 huevos ¾ taza de azúcar ½ taza de agua ½ limón (zumo)
3 cucharadas de azúcar para el caramelo

Preparación

Caramelo: en un molde eche el zumo de ½ limón y las tres cucharadas de azúcar. Cocine a fuego moderado hasta que tome forme de caramelo, sin quemarse. Extiéndalo por todo el fondo y los lados del molde. Debe quedar bien acaramelado. Para mejor resultado, el molde debe ser más ancho que alto, para que el tocinillo no quede con mucha altura.

Tocinillo: Después de preparado el caramelo bata los tres huevos con el azúcar hasta verlo cremoso. Agregue el agua. Échelo sobre el molde ya acaramelado y frío. Colóquelo al baño María con el agua fría. Cuando ésta empiece a hervir tape el molde. A los 20 minutos, destápelo para saber si está cuajado. Lo sabrá si al introducir una aguja o palillo, éste sale seco. De lo contrario, vuelva a cubrirlo y déjelo unos minutos adicionales. Espere a que se enfríe en el molde. Después vírelo sobre una dulcera.

Nota: Si lo prefiere, tan pronto el agua empiece a hervir, tápelo y póngalo en el horno al baño María a 325° Farenheit, unos 30 minutos, o hasta que cuaje.

Tocinillos de Cielo

Estas dos recetas llamadas *Tocinillos de Cielo* son muy conocidas en España. Mi amiga Dolores Díaz, me las dio a probar y quedé fascinada. No se parecían en nada a los Tocinillos que había comido antes. Me dio dos versiones. Como podrán ver las recetas que les ofrezco son parecidas a la anterior, pero no iguales. ¡Pero qué ricas son todas!

Ingredientes

Versión I

3 yemas de huevo
3 cucharadas de azúcar
Mantequilla

Versión II

3 yemas de huevo
1 cucharada de harina
¼ de almíbar al hilo

Tocinillo de cielo: Versión I

Preparación

A las tres yemas de huevo enteras, bien limpias de clara, agregue las tres cucharadas de azúcar. Revuelva siempre para el lado derecho hasta que quede la mezcla fina. Unte con mantequilla los vasitos de aluminio. Cueza a baño María en el horno a 325° Farenheit por espacio de 30 a 40 minutos. Al retirarlo del horno, tienen que dejarse enfriar para poder desprenderlos.

Tocinillo de cielo: Versión II

Preparación

Desbarate batiendo bien las 3 yemas junto a una cucharada de harina de arroz. Deslía bien ésta y agregue el cuarto de taza de almíbar fuerte al hilo. Trate que quede bien mezclado todo antes de echarlo en moldes pequeños previamente untados de azúcar requemada. Cueza al baño María en el horno a 325° Farenheit por espacio de 30 a 40 minutos. Se sacan del horno y se ponen a enfriar para poder desprenderlos.

Torta de coco-piña

Si desea sorprender a sus invitados con un postre sabroso y rápido, he aquí esta torta. Receta de María Pérez, muy querida y estimada por todos los que tuvimos el placer de conocerla, tanto en Miami como en Cuba.

Ingredientes

2 tazas de jugo de piña
½ taza de harina
1 huevo grande
½ lata de piña en trocitos
1 cucharadita de vainilla
1 taza de azúcar
1 paquete de galleticas María para forrar el molde*
1 taza de coco rallado (compro el que viene en paquete)
1 cucharada de mantequilla o margarina
1 cucharadita de sal (opcional, uso ½ cucharadita)
Coco rallado tostado y merengue o *Whipped cream* *

Preparación

Rellene un molde con el polvo de las galleticas María, que quede bien prensado. Mezcle el coco rallado, la mantequilla, los trocitos de piña y la vainilla. Déjelo a un lado. Mezcle y bata el jugo de piña, harina, azúcar, sal y el huevo en un tazón mediano. Cocínelo a fuego lento revolviendo hasta que espese. A esto añádale la mezcla anterior. Mezcle muy bien. Retírelo inmediatamente del fuego. Vierta toda la mezcla en el molde ya relleno. Después de estar frío y antes de servirlo adorne la torta con un poco de coco rallado tostado y merengue, o en su lugar con *whipped cream.*

* 1 Keebler ready crust Graham (Cracker Pie Crust) en lugar de las galleticas María. Si en lugar de *Whipped cream*, usa merengue, bata dos claras de huevo con 6 cucharadas de azúcar y cuando esté al punto, vaya echando en un molde cucharadas de merengue y cocine en el horno a 325° Farenheit hasta verlas doraditas. Adorne la torta con ellas. O vierta el merengue en un molde y hornee a la misma temperatura y sírvalo como otro plato.

Nota de salud: La piña se considera un antiinflamatorio natural. De las frutas tropicales las más beneficiosas son: la papaya, el mamey, los melones y la piña.

Dulce de cidra, toronja o naranja

Viendo a mi madre el trabajo que pasaba preparando el dulce de cidra, toronja, naranja dulce (chinas) y el dulce de naranjas agrias, hirviendo y volviendo a hervir, *en primer lugar quedan mucho más amargas cuando se hierven tanto;* más el proceso de exprimir o escurrir cada tajada hasta verlas casi secas, se me ocurrió usar otro estilo, el cual me ha dado muy buenos resultados.

Ingredientes

4 cidras, toronjas o naranjas (chinas) o agrias
1 cucharadita de zumo de limón y su cascarita
1 cucharadita de miel de abeja
1 rama de canela y una pizca de sal
1 cucharadita de vainilla (opcional)
4 tazas de azúcar blanca
4 tazas de agua

Preparación

Pele las frutas con cuidado para que no se lleve parte de la masa. Córtelas por la mitad y extraiga con una cuchara todos los hollejos; divida cada mitad a la mitad. En una olla con agua fría, póngalas a hervir a fuego moderado. Tan pronto empiece el agua a hervir cámbiela y échele fría. Repita dos veces la operación; no deje que hierva para evitar que queden amargas. Sáquelas del agua y deje que se escurran un poco sobre un colador o sobre una toalla; no las exprima. En otra olla ponga las 4 tazas de agua, el azúcar, cascarita de limón y la rama de canela. Revuelva bien. A fuego moderado ponga a hacer el almíbar, con unos minutos basta. Despacio vaya agregando las mitades de la fruta (cidra, toronja, naranja –china– o naranja agria). Sin tapar la olla cocine a fuego lento unos 45 minutos. Agregue la miel de abeja, el zumo de limón y la sal. Sin revolver, cocine 20 minutos más. Añada la vainilla. Retire el dulce. Enfríelo en una dulcera. Sírvalo con queso crema o queso **Edan holandés**. Si le gustan duritas déle menos tiempo en la última etapa.

Dulce de papaya

En estudios recientes entre las frutas que controlan la diabetes II, se encuentra la papaya, conocida también como fruta bomba o lechosa. Se ha dicho que esta fruta es muy estomacal. La papaya suelta agua tan pronto se pone a cocinar por lo tanto no es necesario ponerle ninguna, solamente si vemos que suelta poco líquido por estar muy tierna. Esta es mi receta preferida.

Ingredientes

1 papaya verde
1½ taza de azúcar
1 ramita de canela
1 cucharadita de vainilla (opcional)
1 cucharadita de zumo de limón
1 cucharadita de miel de abeja, 1 pizca de sal

Preparación

Pele la papaya, córtela a lo largo por la mitad. Extraiga todas las semillas y deje la masa bien limpia. Corte las mitades en trozos de 3 x 4 pulgadas más o menos. Lávelas bien. Échelas en una cacerola con 1½ taza de azúcar por encima y la ramita de canela sin agua. Tape la cacerola y cocine a fuego entre lento a moderado exactamente 30 minutos. Destápela. Si ve que la papaya está un poco dura, déjela tapada y cocine 15 minutos más. Quite la tapa, agregue el zumo de limón, miel de abeja y la pizca de sal. Revuelva muy despacio para que se mezcle con el almíbar. Sin la tapa, esto es muy importante, cocine 30 minutos más a fuego moderado. Si le gusta el sabor de vainilla, agregue ahora unas goticas. (Yo le pongo una cucharadita). Viértala en una dulcera; deje que se enfríe. Puede servirse con queso crema o el queso que le guste.

Nota: Si usted es de las personas que les gustan los dulces azucarados, agregue más azúcar; pero no es saludable. Cada cucharada tiene 46 calorías y la de miel, 64 calorías. En una taza hay 16 cucharadas de azúcar. Recuerde que la vainilla es lo último que se le agrega a los dulces.

Dulce de Melón de agua (Sandía)

La corteza del melón de agua (sandía) tan pronto se le extrae toda la masa roja, sus semillas y la cáscara, queda una corteza fina de la que se hace un dulce exquisito, tanto o más que el de papaya. La primera vez que lo comí fue en el Estado de Nueva York en los Caskill, cerca de Pine Bush. Mi hermano Henry, entre bromas y bromas dijo: "*Aquí no se desperdicia nada*" y ese fue el postre que sirvió. Han pasado los años y cada vez que comienza la temporada de los melones, hago lo mismo, no desperdicio nada. Me dijeron que en el estado de Georgia, es muy conocido este dulce. El **Melón de Castilla**, tiene la masa más gruesa pero se sigue el mismo procedimiento.

Ingredientes

1 melón de agua (Sandía) 4 libras
2 tazas de azúcar
1 rama de canela
½ taza de agua
1 cucharadita de miel de abeja
1 cucharadita de zumo de limón (una pizca de sal, opcional)

Preparación

Corte el melón a la mitad, y de las mitades vaya cortando tajadas. Quite toda la masa roja; la cual puede convertir en refresco o comerla tal cual es. Proceda a eliminar toda la corteza verde y dura del melón. Ahora le quedará una masa blanca más fina que la de la papaya. Córtelos a 2½ x 2½ pulgadas más o menos. Lave los pedazos, Póngalos a cocinar en una cacerola grande con la canela, el azúcar y ½ taza de agua, tápelo. A los 40 minutos, destape la olla, y si está blanda las mitades, agregue la miel, la pizca de sal y el limón. Déjelo destapado y cocine 40 minutos más. Retírelo si está a su gusto. Déjelo refrescar. Se sirve frío.

Nota: No le diga a nadie que es sandía (melón de agua), ni tampoco si el dulce es de *Melón de Castilla*, pensarán que están comiendo papaya y quizás alguno diga naranja. Espere hasta el final.

Nota de salud: En el mismo estudio de la papaya se incluyó entre otras frutas los melones para combatir y mejorar la Diabetes II.

Dulce de tomate

Por muchísimos años comí este dulce hecho con los tomates pequeños en forma de peras, sembrados en casa. Recuerdo a mi mamá pelándolos, cortándolos a la mitad y eliminando lo más posible las semillas. Aquí en los Estados Unidos en los Supermercados venden latas con el dulce ya hecho. Lo mejor es hacerlo para evitar que quede muy dulce. Primero los hacía con los tomates naturales hasta que un día compré una lata de los tomates enteros ya pelados, y siguiendo la receta de mi madre, preparo este dulce muy a menudo con ellos.

Ingredientes

2 latas de tomates enteros pelados (14.5 onzas) sin el líquido
¾ taza de azúcar (1 taza si le gusta bien dulce)
1 pizca de sal (opcional)
1 cucharadita de miel de abeja
1 ramita de canela
½ cucharadita de zumo de limón
1 cucharadita de extracto de vainilla (opcional)

Preparación

Después de abrir la lata de tomates enteros que vienen pelados, elimine la salsa. Ponga los tomates en un colador y lávelos con agua fría para eliminar el ácido, y con mucho cuidado de no desbaratarlos. Corte los tomates en dos mitades eliminando las semillitas o déjelos enteros, cortando solamente las puntas. En una olla eche la ½ taza de agua, el azúcar y la canela. Cocine a fuego moderado, y tan pronto comience a hervir añada los tomates. Baje el fuego de moderado a lento para que se siga cocinando, revuelva muy poco. Casi al final agregue el zumo de limón y la miel de abeja. La sal es opcional pero la uso en todos los dulces. Todo el proceso no lleva más de 20 minutos. Añada la vainilla. Viértalo en una fuente y si lo desea quite la ramita de canela. Puede comerse con queso crema, galleticas u otro tipo de queso que le agrade. Ración para seis personas.

Nota: La salsa de tomate la guardo para usarla junto al jugo de tomate V8 en la comida que vaya a preparar y requiera salsa de tomate.

Arroz con leche

El arroz con leche tiene muchas formas de prepararse. Se hace con azúcar y leche de vaca. Con leche de coco y azúcar. Prefiero la mía, que es la siguiente.

Ingredientes

1 taza de arroz Valencia marca Goya
1 lata de leche evaporada
1 cucharadita de canela en polvo
1 pizca de sal
2 cascaritas de limón picadas en trocitos
1 lata de leche condensada
1 cucharadita de vainilla
1 rama de canela
4 tazas de agua

Preparación

En una olla con 4 tazas de agua, agregue el arroz, la rama de canela, sal y las cascaritas de limón. Déjelo reposar toda la noche. Al día siguiente cocine sin tapar la olla a fuego lento, revolviendo con una cuchara de madera de vez en cuando. No permita que se quede sin agua. Si lo ve cremoso, ya blando el grano, vierta la leche evaporada revolviendo al mismo tiempo. Todo unido, haga lo mismo con la leche condensada. Cocine unos 10 minutos más, revolviendo siempre. Agregue la vainilla, mezcle, y retírelo del fuego inmediatamente, cuidando que no quede muy seco. De lo contrario al día siguiente el arroz estará duro. Sírvalo en platos individuales o en una fuente honda. Eche la canela en polvo por encima. Déjelo refrescar, puede comerse a temperatura ambiente o póngalo en el refrigerador.

Arroz con leche estilo gallego

Esta receta se la envió Ofelia Balsanto desde La Coruña, España, a una antigua amiga, *Rosa la gallega.* Ella a su vez, se la dio a mi mamá. A veces yo para cambiar la forma tradicional, preparo el Arroz con leche al estilo gallego.

Se sigue el mismo procedimiento. Ya cocinado, déjelo que se enfríe 5 minutos. Se vierte en un molde apropiado para hornear. Póngale azúcar por encima hasta que lo cubra bien. Colóquelo en el horno a la parrilla hasta que el azúcar se haga caramelo. Cómalo caliente como en Galicia, o frío como aquí en América.

Dulce de leche

Cuando niños nos gustaba ver llegar a Nito Reyes con la leche. Él era quien ordeñaba las vacas en la finca. La leche se hervía y mamá muchas veces la cortaba con limón o vinagre para hacer el dulce. Hoy se hace también con leche evaporada. En lugar de limón otros utilizan el *yogurt** natural para cortarla.

Ingredientes

1 lata de leche evaporada (12 onzas)
1 cucharadita de zumo de limón
La cáscara de la mitad del limón (verde)
1½ taza de azúcar blanca
Sal (una pizca opcional)
½ cdta. de vainilla (opcional)

Preparación

Abra la lata de leche evaporada y viértala en una cacerola grande. Agregue la cucharadita del zumo de limón, sal y la cascarita del limón (sólo la mitad). Mezcle bien y durante 15 minutos no lo toque. Poco a poco pasado los 15 minutos agregue el azúcar mezclando con una espátula de goma hasta que todo quede unido, bien disuelto. El paso siguiente es muy importante. Coloque la cacerola a fuego moderado y cuando rompa a hervir, baje el fuego a lento por espacio de 1½ hora. Sólo de vez en cuando, y lo menos posible usando una cuchara de madera, pásela por los lados y por el fondo de la olla, bien despacio, no se le ocurra mezclar o revolver, para que no rompa las peloticas (grumos) que se van formando. Cuando vea que casi no le queda agua y que tiene bastantes peloticas, ya está. Elimine si quiere la cascarita de limón. En una dulcera vierta el dulce y tan pronto se refresque, póngalo en el refrigerador.

Nota: El de leche de vaca sigue el mismo proceso, si se corta por sí sola no hay que echarle limón o vinagre blanco.

Nota de salud: *El yogur, *yogurt* comparado con la leche, contiene mayor cantidad de calcio y vitamina B.

Tres leches y su variante de Cuatro leches

Es de origen nicaragüense y muy famoso en Costa Rica. Aquí en los Estados Unidos es tan popular como la Natilla catalana y el Flan de huevos.

1. Ingredientes para la panetela

6 huevos 1 taza de azúcar ½ cucharadita de vainilla
1½ taza de harina cernida con 1 cucharadita de polvo de hornear
1 cucharada de mantequilla (la reemplazo por puré de manzana)

2. Ingredientes para el relleno

1 lata de leche condensada, 1 de evaporada, 2 tazas de leche de vaca.

3. Ingredientes para cubrir la Panetela de Tres leches

1½ taza de half & half 1 taza de azúcar 1 cucharadita de vainilla

Preparación

1. Panetela: Agregue la vainilla a los huevos batidos y la harina poco a poco. Mezcle el azúcar y la mantequilla hasta verla suave. Una los ingredientes. Engrase un molde y eche la mezcla. Hornee a 350° Farenheit, 30 minutos. Cuando esté frío, pinche con un tenedor la panetela por todos los lados para que al verterle el relleno este penetre bien. **2. Relleno:** Una las leches: condensada, evaporada y de vaca. Cocine un poquito. Revuelva para que queden bien unidas. Viértala sobre la panetela. Pínchela para que la mezcla se introduzca. **3. Cubrir la panetela:** Una los ingredientes, bata hasta que espese bien y mientras la vierte por encima de la panetela, siga batiéndola.

Receta de Cuatro Leches

Cuatro leches: Se hierve una **lata de leche condensada** cerrada por 45 minutos. Cuando esté fría, se abre y a la panetela de tres leches que ya estaba terminada se cubre con ella, formando dibujitos, tiritas, florecitas o simplemente se extiende la leche acaramelada sobre la anterior.

Crema de leche

Ariel y Lourdes Remos, matrimonio muy amigo nuestro, nos invitaron a cenar en su casa el Día de Dar Gracias, jueves 25 de noviembre de 1999. La tía de Lourdes, Sra. Olga Díaz Vda. de Polanco, natural de Víctoria de las Tunas, Cuba, trajo para la cena *La Crema de leche*. Me dio la receta para ponerla en este libro.

Ingredientes

2 latas de leche evaporada
2 latas de azúcar

Preparación

Una en una cazuela la leche evaporada con el azúcar. Póngala en la candela a fuego moderado, batiendo con una cuchara de madera constantemente. Cuando se despegue del fondo de la cazuela, retírela del fuego. Siga batiendo hasta que quede a punto de crema. Con una cucharita se cogen pequeñas porciones y se colocan una al lado de la otra sobre un papel de aluminio. Salen unas 28 o 30 cremitas. Si desea hacer más, repita la receta. Pero no es aconsejable hacerlas aumentando los ingredientes de una sola vez, resulta muy difícil mezclar y seguir batiendo constantemente, pesa mucho.

Matzo Farbel Kugel

Es para ser usada en la Pascua Hebrea. Ha pasado de madres a hijas. Receta de la Sra. Pauline Lewis, residente en Miami, Florida. Muy amiga de mi hermana.

Ingredientes

2 tazas de Matzo Farbel, 2 huevos batidos, 3 cucharadas de aceite, 2 manzanas cortadas en rodajas finas (o) 3 bananas majadas, ½ cdta. de sal, $^1/_3$ taza de azúcar, ½ taza de nueces bien picaditas.

Preparación

Cubra el Matzo Farbel con agua fría, escúrrala bien. Enseguida añada los huevos batidos, sal, azúcar, pedacitos de manzana o banana majada y las nueces. Mezcle. Échelo en un molde engrasado. Hornee a 350° Farenheit, 30 o 40 minutos hasta verlo dorado.

Budín Emperador

En el año 1957 cuando iba en viaje de placer, de La Habana hacia Cayo Hueso en el Ferry City of Havana, conocí durante la travesía a una joven residente de Cayo Hueso. En nuestra conversación surgió el tema de los dulces y comenzamos a intercambiarnos recetas. Le expliqué cómo hacer el Dulce de fruta bomba (papaya-lechosa). Me dijo que el mejor dulce de Cayo Hueso y el más popular entre los residentes además del famoso Pie de Limón, era el que su mamá llamaba: Budín Emperador.

Ingredientes

1 lata de leche evaporada
1 taza de azúcar
4 huevos
½ libra de galleticas de soda con sal
½ libra de pasta de guayaba
1 cucharada de vainilla
2 o 3 cucharadas de agua caliente

Preparación

I. Triture las galletas de soda hasta convertirlas en polvo. Mezcle las yemas de los huevos con la leche, azúcar y vainilla, batiendo a medida que le agrega las galletas de soda. Vierta esta mezcla en un molde de hornear ligeramente engrasado. Colóquelo en el horno previamente calentado a 325° F. hasta que lo vea firme. **II.** Ponga en un recipiente la pasta de guayaba con el agua caliente a fuego moderado para que se derrita poco a poco. **III.** Con las claras prepare un merengue. Vea receta en la pág. 224 . **IV.** Retire el molde del horno, extienda la guayaba derretida sobre el budín, añadiéndole encima el merengue. Colóquelo en el horno hasta que tome un color castaño.

Nota: No extiendo el merengue, voy colocando cucharaditas unas al lado de las otras, dejando un espacio para que se vea la guayaba. Puede usar polvo de azúcar en vez de merengue.

Budín de mango

Mi padre cuando hablaba de la Guerra de Independencia de Cuba, decía que su papá y tíos cuando estaban cercados por los españoles, lo único que tenían para comer era mangos fritos con manteca de majá. Receta de María Pérez†.

Ingredientes

¼ libra de mantequilla sin sal, más 2 cucharadas derretidas
4 tazas de azúcar (2 serán usadas para preparar el almíbar)
3 huevos, 2 tazas de harina y ½ cucharadita de pimienta dulce
2 cucharadas de ron, ½ taza más para el almíbar, 1 taza de leche
1 limón verde (cáscara rallada), unas cascaritas para el almíbar
2 tazas llenas de masa de mangos maduros, *Corn Flakes* triturado
1 taza de nueces picaditas, 3 cucharaditas de polvo de hornear
¼ taza de zumo de limón, 1 taza de agua (para el almíbar)

Preparación

Bata la mantequilla hasta verla suave. Añada las dos cucharadas derretidas y 1 taza de azúcar. Mezcle, batiendo 4 minutos. Agregue otra taza de azúcar y los huevos uno a uno batiendo siempre. Cierna la harina, añada la pimienta dulce, ron y cascara de limón rallada. Mezcle, únalo a la masa de los mangos con la leche. No deje de batir mientras agrega las nueces y el polvo de hornear. Engrase el molde. Cúbralo con el *Corn Flakes* triturado. Vierta la mezcla en el molde. Hornee a 350° Farenheit 1 hora o si al introducirle la aguja, ésta sale seca. Deje que se enfríe unos 10 minutos para desmoldarlo en un plato grande. Si quiere ponerle almíbar, hierva las dos tazas de azúcar restante, zumo de limón con el agua, a fuego alto. Al hervir, cocine a fuego moderado 5 minutos con la olla tapada. Añada los pedacitos de la cáscara de limón. Cocine otros cuatro minutos o cinco. Retírela del fuego añada ½ taza de ron o un poco más si lo prefiere. Vierta el almíbar sobre el budín.

Nota de salud: Según el periódico Orlando Sentinel, en estudios recientes efectuado en dos grupos de personas, los que comieron **nueces** el colesterol bueno subió, mientras el malo se redujo considerablemente.

Budín de pan

Mi tío abuelo Miguel Fernández, mientras vivió en Cárdenas, en su casa se hacía el **Budín de pan** que según él , nadie lo superaba. Al llegar a los EE.UU. siguieron la costumbre y también preparaban el Budín Diplomático por ser muy popular entre amigos y familiares. Julia, su señora, me dio las recetas. Para el *Budín diplomático* basta con agregarle frutas, por ejemplo: una lata de cóctel (cocktail) de frutas, melocotones cortados, ruedas de piña y cerezas.

Ingredientes

1 flauta de pan (½ libra) o 16 rebanadas de pan de molde
2 tazas de leche y 4 huevos enteros
4 cucharadas de mantequilla
3 cucharadas de vino seco
½ cucharadita de canela
½ cucharadita de vainilla
2 cajitas de pasas sin semillas (½ taza)
1 pizca de nuez moscada (opcional)
¾ tazas de azúcar para el caramelo

Preparación

I. Prepare el caramelo humedeciendo el molde con agua y las ¾ tazas de azúcar, cocine a fuego lento, moviéndolo constantemente para que al derretirse cubra el fondo y los lados. Si prefiere derrita el azúcar en otra olla, vierta el caramelo en el molde que vaya a utilizar cubriendo fondo y lado. **II.** Para preparar el Budín, corte el pan en pedacitos y échelo en un recipiente con la leche para que se humedezca. Mientras tanto, bata los huevos junto con el azúcar, vino seco y la mantequilla derretida. Agregue todos los demás ingredientes al pan remojado en leche. **III.** Viértalo en el molde y hornee al baño María a 350° Farenheit, una hora y media. Si quiere saber si está, introduzca una aguja o palillo, si sale húmedo déjelo más tiempo. Para desmoldarlo no debe estar caliente. Se come frío.

Nota: Al Budín, muchos le llaman Pudín por la influencia del inglés.

Nota de salud: La **cereza,** según estudios recientes efectuados en Inglaterra, destruye los cálculos renales. Es un diurético y ayuda a los dolores de artritis.

Torrejas orensanas

Mi suegra, doña Lorenza Rodríguez Fernández, natural de Orense, una de las cuatro provincias de la región gallega, España, estando en vida, preparaba estas Torrejas con pan de varios días, a las que llamaba Torrijas. En mi casa se hacían también con pan de molde o pan de huevo y canela. Voy a darles la dos.

Ingredientes

I	–0–	II
1 pan de huevo y canela		1 flauta de pan (1 libra)
1 lata de leche evaporada		2 tazas de leche de vaca
1 taza de azúcar blanca		1 taza de azúcar blanca
3 yemas y 4 huevos enteros		4 huevos (yema y clara)
¼ taza de vino seco		½ taza de vino seco
1 cucharadita de vainilla		3 cucharaditas de canela
2 cucharaditas de polvo de canela		1½ tazas de aceite vegetal
1 taza de aceite vegetal		Vainilla al gusto

Preparación: I y II

Versión I. Bata las 3 yemas y añada la leche evaporada, vino seco, vainilla, canela en polvo y azúcar. Tome las ruedas de pan y échelas en esta mezcla por varios minutos para que se remojen bien. Bata ligeramente los cuatro huevos enteros y pase las ruedas de pan por ellos. En una sartén grande caliente el aceite a fuego moderado, no debe estar muy caliente. Comience a freír las torrejas. Cuando doren por ambos lados retírelas y póngalas sobre un papel absorbente. Cuando estén frescas colóquelas en la fuente o dulcera, esparza por encima la canela en polvo y vierta después el almíbar a punto de hebra. Se sirven frías. Prefiero que cada persona le ponga el almíbar. Uso miel de abeja.

Versión II. El pan se corta en ruedas de ¾ pulgadas, para que al freírlas permanezcan enteras. Se eliminan las 3 yemas de huevo que aparecen en el primer paso de la **Versión I**, y se usa leche de vaca no la evaporada. Lo demás sigue el mismo proceso.

Frituritas de calabaza

La calabaza además de ser usada en flan, buñuelos, hervida, en puré, en frijoles colorados, habichuelas, judías, garbanzos, es muy apetecible en frituritas. Mi prima Leonor Pino Cabrera, nacida en Cuba de origen isleño (Islas Canarias, España), las preparaba con una calabaza bien amarillita, no aguachenta.

Ingredientes

2 libras de calabaza
½ taza de harina
½ taza de azúcar
4 huevos (yemas y claras)
2 cucharadas de mantequilla
2 cucharaditas de polvo de hornear
1 cucharadita de canela en polvo y 1 pizca de sal
Miel de abeja o almíbar al gusto

Preparación

Pele la calabaza, córtela en trozos y póngala en el agua fría a hervir con una pizca de sal hasta que esté blanda. Usando una espumadera se saca del agua y se escurre bien. Se pasa por un colador o mezcladora para convertirla en un puré bien fino. Añada todos los ingredientes, dejando para lo último la harina previamente unida con el polvo de hornear. Bata unos minutos más. La masa debe estar suave y bien mezclada. En una sartén grande con aceite caliente vaya echando las frituritas por cucharadas. Si al freírlas se rompen es que necesita más harina. Al tomar un color dorado, retírelas del fuego. Colóquelas sobre papel absorbente. Puede ponerle por encima miel de abeja o almíbar o dejar que cada cual se sirva lo que le guste.

Nota de salud: La calabaza contiene vitamina A. Una porción de calabaza contiene 34 veces más vitamina A, que la que se requiere en el día.

Plátanos Tentación

Mi madre le llamaba plátanos borrachos He aquí mi versión. No le pongo clavo de olor porque no me gusta el sabor fuerte que tiene.

Ingredientes

6 plátanos maduros, 2 tazas de azúcar, 3 tazas de vino seco, 1 cdta. de canela en polvo, ½ cdta. de pimienta dulce y 2 clavos de olor

Preparación

En una sartén grande ponga los plátanos previamente pelados y vierta el vino seco sobre ellos. Tienen que quedar bien cubiertos. Cocine a fuego moderado hasta que el corazón de los plátanos empiece a ablandarse. Ahora agregue el azúcar, la canela en polvo, pimienta y los clavos de olor (a su discreción). Reduzca el fuego de moderado a lento. Mueva los plátanos un poquito con mucho cuidado para evitar que se partan. Cuando el almíbar llegue al punto deseado, más espeso o más ligero, separe la sartén del calor para esperar que se refresquen, sin moverlos. Póngalos en una fuente procurando que no estén muy juntos. Derrame sobre ellos el almíbar en que se cocinaron. Se comen fríos.

Cazuela endulzada

Receta de finales o principios del siglo XX. Receta de mi abuela Marta Cabrera.

Ingredientes

1 libra de boniato criollo 2 libras de calabaza 2 huevos, 1 cdta. de canela en polvo, 1 onza de mantequilla, ½ taza de azúcar.

Preparación

Hierva los boniatos con la cáscara, se pelan y se une a la calabaza amarilla hervida y sin cáscara, (dos partes de calabaza para una de boniato) bien machacadas, agrégueles los demás ingredientes. Únalo bien y échelo en un molde untado de mantequilla. Hornee a 350° Farenheit 40 minutos. Se sirve en el mismo molde.

Boniatillo Compuesto

El dulce de boniatillo tiene muchas variaciones. A la forma tradicional puede añadirse zumo de naranja, queso crema, coco. En casa el que más se hacía era con jugo y cáscara de naranja. Lo llamamos compuesto para indicar que al boniatillo, se le ha agregado además de los ingredientes tradicionales, jugo y cáscara de naranja; queso crema o coco.

Ingredientes

2 libras de boniato
2 tazas de azúcar
1 taza de jugo de naranja
3 cucharadas de vino seco
1 cucharada de mantequilla
1 pizca de sal
2 tazas de agua
4 yemas de huevo
Cáscara de 1 naranja
Canela en polvo
1 limón (zumo)

Preparación

Raspe y lave los boniatos. Cocínelos en agua con una pizca de sal. En otra olla eche las dos tazas de agua, azúcar, zumo de limón, cáscara y la taza de jugo de naranja; manténgalo a fuego moderado y cuando empiece a hervir, agregue los boniatos blandos y limpios de cualquier cascarita que le haya quedado, convertidos en puré y aún calientes. Deje que hierva a fuego moderado, revolviendo para evitar que el puré se pegue. De este puré tome una porción pequeña para unirla a las yemas de huevo ligeramente batidas. Viértalo de nuevo en el almíbar. Añada el vino seco y la mantequilla. Revuelva un rato más manteniendo el fuego más bien lento. Cuando espese, sírvalo en una dulcera o copas individuales. Póngale un poquito de canela en polvo por encima.

Nota de salud: El jugo de naranja además de contener vitamina C, ayuda a rebajar el colesterol de la sangre por la pectina que contiene. Evita la formación de piedras en los riñones debido al citrato que contiene. Al igual que la naranja este ácido se encuentra en los limones, limas y toronjas. Consulte con su médico antes de comer **toronjas** si padece de presión arterial alta y toma medicina para controlarla. Algunas de ellas prohiben el consumo de toronja.

Boniato Garapiñado

Los famosos boniatos *americanos-amarillos* -garapiñados de la familia Schwall no faltan el tercer jueves de noviembre, Día de Dar Gracias en los EE.UU.

Ingredientes

1 lata de 16 onzas de piña molida (reservar el jugo para otro plato)
¼ taza de nueces y cerezas (opcional para la decoración)
6-10 cerezas marrasquinadas
½ taza de azúcar parda
2 libras de boniato
1 o 2 tazas de *marshmellows*
1 lata de ruedas de piña

Preparación

Cocine los boniatos, déjelos enfriar, los pela y los corta en rebanadas. En un recipiente grande mezcle todos los ingredientes con los boniatos y échelo en un molde engrasado. Póngale por encima ruedas de piña, nueces y cerezas a su gusto. Coloque el molde en el horno a 350° Farenheit una hora más o menos. Sírvalo caliente o frío.

Boniatos en almíbar

Ingredientes

2 libras de boniato
1/3 taza de azúcar blanca
1 taza de jugo de naranja
2 cucharadas de margarina
1 cucharadita de azúcar
1/3 taza de azúcar parda
½ cucharadita de sal
2 cucharadas rasas de maicena

Preparación

1. Hierva los boniatos con sal y la cucharadita de azúcar. Déjelo refrescar. Quítele la cáscara y corte los boniatos en cuadraditos. **2.** Prepare el almíbar disolviendo muy bien la maicena en el jugo de naranja. **3.** Agregue el azúcar blanca y parda con la margarina. Mezcle. **4.** Cocine a fuego moderado hasta que adquiera el espesor deseado, pero que no quede muy espesa. **5.** Deje que se refresque. **6.** A la hora de servirlos, póngale el almíbar por encima.

Sorpresa de batatas

Mi amiga Dorothy Kruse en una reunión nos sorprendió con este plato de batatas, o sea boniatos americanos. Me dio la receta para mi libro. Me dijo que era de su abuela paterna. Me gustó más por ser de la tercera generación. Me dijo que lo único que cambiaba era la mantequilla por margarina y que a veces le ponía extracto de anís en lugar de vainilla.

Ingredientes

4 boniatos amarillos asados y convertidos en puré
1 taza de azúcar
1/3 taza de margarina derretida
½ taza de leche
2 huevos batidos
1 cucharadita de extracto de vainilla

Para la decoración

1 taza de coco rallado seco o fresco (no dulce)
1 taza de nueces o almendras
1 taza de azúcar morena
1/3 taza de harina
1/3 taza de margarina

Preparación

Mientras que el horno se calienta a 375° Farenheit, vierta en un bol, el puré de boniato, el azúcar, margarina, leche, huevos y vainilla. Mezcle hasta que todo quede bien unido. En un molde de hornear de cristal de 2½ × 2½ más o menos, coloque la mezcla. En otro bol combine los ingredientes de la decoración, únalos bien con los dedos. Después colóquelo encima de los boniatos y hornee unos 20 minutos. Retírelo y sírvalo caliente.

Nota de salud: El jugo de **cereza** alivia el dolor de artritis, es un diurético y según estudios recientes realizados en Inglaterra destruye los cálculos renales. El **boniato** contiene las mismas calorías que las papas. Los dos son ricos en betacaroteno. En las **nueces** se encuentra la vitamina **E.**

Capuchinos a mi manera

Esta receta es el de la Sra. María Teresa Collar de González, residente de Dade-County, Florida y nacida en Jaruco, provincia de la Habana, Cuba. Madre de 5 hijos, muchos nietos y bisnietos. Le encanta hacer feliz a su familia con su deliciosa comida y repostería El Flan lo hace en la olla de presión y lo llama *Flan a mi manera*, tapa el molde con papel de aluminio y le pone dos dedos de agua a la olla. Le da 25 minutos.

Ingredientes

12 yemas
4 claras batidas
3 cucharadas de azúcar
4 cucharadas de maicena

Preparación

Engrase un molde de 9 x 12 pulgadas y cubra el fondo con papel encerado. Bata las claras a punto de merengue, póngalas aparte. Bata las yemas muy bien batidas. Añada el azúcar a las yemas, luego las cuatro claras ya batidas y por último agregue la maicena poco a poco. Una y bata bien. Eche la mezcla en el molde y póngalo al horno precalentado a 450° Farenheit por 7 minutos. Déjelo que se refresque antes de cortarlo en cuadritos. Se le pone por encima el almíbar que debe estar fresco.

Ingredientes para el almíbar

2½ tazas de azúcar
2¼ tazas de agua
1 cdta. de vainilla
1 cascarita de limón
1 palito de canela
1 pizca de sal

Preparación

Se une todo y se hierve hasta que esté a medio punto. Deje que se refresque bien antes de verterlo en los Capuchinos.

Nota: Use las 8 claras que quedaron y haga **Merengues**. Receta en la pág.224.

Chayotes rellenos con natilla

Mi padre fanático de la medicina se pasaba horas hablando de las cosas que eran buenas para la salud. Para él, comer chayote o tomar el agua hervida con chayote era bueno para los riñones y muy fresco. Hoy los estudiosos de la medicina preventiva lo recomiendan por ser un diurético excelente. En casa se usaba en los ajíacos. Se comía hervido como ensalada. Rellenos con picadillo (carne molida). Pero el relleno con natilla, era el preferido de papá.

Ingredientes

4 chayotes medianos y 1 pizca de sal
4 cucharadas rasas de maicena y 1 taza de leche
1 taza de azúcar blanca y 4 yemas de huevo
4 onzas de pasas sin semillas
7 cucharadas de galleta molida
1 rama de canela y 1 cascarita de limón
7 cucharaditas de canela en polvo
½ taza de nueces (opcional)

Preparación

Corte los chayotes a la mitad, a lo largo. Hiérvalos en agua con sal a fuego moderado hasta que se ablanden, sin que se desbaraten. Después que se enfríen un poco, quítele la pulpa con cuidado para no romper las medias mitades. Añada a la maicena disuelta en la leche la pulpa, pasada previamente por un colador fino. Bien unida agregue el azúcar, las yemas y la canela en rama. Mezcle bien y póngalo a cocinar en una olla a fuego moderado. Con una cuchara de madera revuelva todo el tiempo en la misma dirección hasta que espese. Retírelo del fuego. Agregue la vainilla, las pasas y con esta natilla rellene las mitades de los chayotes. Colóquelas en un molde. Al ponerlas en el horno a 425° Farenheit para que se doren, coloque encima de cada mitad, unas nueces, galleta molida y canela en polvo. Mi mamá en lugar de canela en polvo y galleta para variar le ponía merengue.

Nota: El periódico El Sentinel de Orlando, Florida publicó un estudio donde se aconsejaba comer *nueces* para reducir el Colesterol malo.

Torta de maíz tierno

Durante mi época estudiantil en la Universidad de La Habana, en la casa de huésped de estudiantes donde me hospedaba, nos servían este agradable postre por lo menos una vez a la semana. Lo preparaban con maíz tierno al que rallaban. Hoy tenemos las latas y no veo diferencia alguna.

Ingredientes

3 latas de maíz en grano
1 taza de mantequilla derretida
1 cucharadita de canela en polvo
1 lata de leche condensada
3 huevos

Preparación

Combine todos los ingredientes en la batidora eléctrica y bata a velocidad rápida 3 minutos. Vierta la mezcla en un molde de cristal. Colóquelo en el horno previamente caliente a 350° Farenheit. Mantenga la misma temperatura y hornee por espacio de 50 minutos o hasta que al introducirle una aguja, ésta salga seca. Se sirve frío.

Postre Estefanía

Mis nietos, Stephanie y Matthew, y su mamá preparan este postre al que llaman en español *Estefanía*. Es muy importante que padres e hijos participen en las labores de la casa. Además de aprender quedan recuerdos para el mañana.

Ingredientes

1 lata de leche condensada
1 lata de leche evaporada
1 paquete de galletas María
5 limones verdes (zumo)
1 queso crema de ocho onzas
Fresas para decorar

Preparación

Mezcle todos los ingredientes. Viértalos en un molde previamente cubierto de galleticas María, convertidas en polvo. Adorne el pastel con fresas frescas. Colóquelo en el refrigerador. Se sirve frío.

Roscón de yogur

En uno de mis viajes a Fuengirola, España, conocí a una señora que atendía un pequeño local donde servía al público unos platos deliciosos Nos hicimos amigas. Me dio esta receta cuando supo que las coleccionaba.

Ingredientes

4 claras de huevos	4 yemas de huevos	4 tazas de harina
3½ tazas de azúcar	½ taza de licor de anís	1 yogur natural
1 cdta. de Royal	½ taza de aceite vegetal	1 limón

Preparación

Bata 4 claras de huevo a punto de nieve. Una todos los demás ingredientes y agréguelos a las claras. Trate que todo quede mezclado. Échelo en un molde previamente engrasado y hornee a 325° Farenheit unos 35 minutos. Si al introducirle una aguja sale limpia, retírelo del horno, espere que se enfríe antes de virarlo.

Nota de salud: El **yogur** (*yogurt*) comparado con la leche contiene mayor cantidad de calcio y de vitamina E. La vitamina E es un antioxidante muy importante. La mujer debe tomar 400 miligramos diarios no necesita más y el hombre 1000 diarios. Se ha comprobado que ayuda a los problemas de la próstata, evitando la inflamación y otros problemas propios del hombre.

Mermelada de manzanas

En Staten Island, New York, es muy común encontrar en los patios de las casas árboles llenos de manzanas. Margaret Schwall, un día comenzó a preparar la mermelada de sus manzanas; hoy delicia de toda su familia.

Ingredientes

6 manzanas	1 taza de azúcar	2 cucharadas de agua

Preparación

Pele las manzanas y quíteles el centro. Córtelas en cuatro partes. Coloque las manzanas, el azúcar y el agua en una cacerola pequeña con mango. Cocine a medio fuego hasta que estén blandas. Haga un puré, use una licuadora o con lo que posea. Eche el puré en la cacerola y cocínelo hasta que haga burbujas. Deje que se enfríe ligeramente, y si le gusta tibio resulta delicioso.

Tarta de manzana

Con cuanto placer pongo en mi libro esta receta de la Sra. Ada Tirado. Nació en Inglaterra. Vino a los Estados Unidos donde conoció al profesor Moisés Tirado, con quien se casó. Se radicaron en Staten Island, N.Y.

Ingredientes

Para la pasta

¼ libra de harina
4 onzas de mantequilla
½ taza de azúcar parda
3 yemas de huevo

Para el relleno

2¼ libra de manzanas
1 cdta.de polvo de canela
1 cdta. de azúcar
Zumo de un limón

Mermelada de melocotón (opcional) para adornarla

Preparación

Para formar la pasta una todos los ingredientes. Amase bien la harina, mantequilla, azúcar y yemas. Se puede hacer con la batidora de mano. Forme una bola (ayudada por más harina) y póngala a reposar una hora en la nevera. (Refrigerador). Para preparar el relleno, pele las manzanas, quíteles el corazón y después pártalas en láminas finas. Mezcle las manzanas con el zumo de limón y azúcar para que no se obscurezcan mientras trabaja con la pasta. Estire la pasta con el rodillo. Cubra con ella el molde engrasado. Coloque encima las láminas de manzanas superpuestas. Ponga el molde en el horno precalentado a 325° Farenheit durante 25 minutos o hasta verlas doraditas.

Nota: Le echo un poco de mermelada de melocotón antes de sacarla del horno y gana muchísimo.

Nota de salud: La **manzana** al igual que **el ajo** contribuye a reducir la presión arterial, el colesterol y evita las enfermedades del corazón. Alta en fibra y es baja en calorías. Comer manzana reduce el apetito y siguiendo el refrán americano: "El que coma una manzana diaria aleja al médico de su casa". Aunque parezca contradictorio la manzana sirve lo mismo para la diarrea como para controlar el estreñimiento.

Manzanitas

Esta receta es de la Dra. Alicia Ledesma de Remos, Miami Beach, Florida. Cuando prepara el pavo y su salsa, siempre sirve sus deliciosas Manzanitas.

Ingredientes

17 manzanas pequeñas de cocinar
1 o 2 ramas de canela
Colorante rojo (opcional)
3½ tazas de azúcar
1 taza de vino seco
½ limón

Preparación

Las manzanitas se pelan. Se cocinan sin que se desbaraten en las 3½ tazas de azúcar con 1 taza de vino seco, una ramita de canela, colorante y el zumo de limón. Se sirven calientes o frías.

Manzanas asadas con ron

Las recetas de manzanas asadas al vino las preparo con ron. Es la forma preferida de mi familia.

Ingredientes

10 manzanas de cocinar
2 tazas de azúcar blanca
¼ taza de ron, (vino seco o blanco)

Preparación

Con cuidado quítele el corazón a cada manzana, pero no llegue al fondo. Sin quitarle la cáscara póngalas en un molde con dos o tres dedos de agua. Añada ¾ taza de azúcar. Use otra taza de azúcar para llenar el centro de cada una hasta el borde. Déjela reposar unos quince minutos para que el jugo de las manzanas derrita un poco el azúcar. Vuelva a cubrir el centro con el azúcar restante y el ron. Ponga el molde al horno a 325° Farenheit. Estarán si al introducirle una aguja, ésta sale limpia.

Nota: Si un dulce pide azúcar parda (prieta) y sólo tiene blanca o viceversa, no se preocupe por el color; el dulce sabe lo mismo.

Mermelada de Arándano *(Cranberries)*

Steven y Margaret Schwall, residentes de Staten Island, New York, el Día de Dar Gracias, junto al pavo con el relleno, los famosos boniatos garapiñados, nunca les falta en la mesa la famosa mermelada de arándano (Cranberries).

Ingredientes

2 tazas de arándano (cranberries) frescos
½ taza de agua o jugo de piña
½ taza de pasitas
1 cebolla pequeña bien picadita
1 taza de azúcar
½ cucharadita de canela
½ cucharadita de jengibre picadito
1 pizca de pimienta blanca (*allspice*)
1 lata (8 onzas) de piña en trozos sin azúcar.
½ taza de nueces picadas

Preparación

Cocine a medio fuego alrededor de 10 a 15 minutos sin taparlo los arándanos *(cranberries)* con el agua o jugo de piña, pasitas, cebolla, azúcar, jenjibre, canela en polvo y pimienta blanca *(allspice).* Cuando la piel empiece a saltar agregue la piña. Reduzca el fuego y cocine por unos 30 minutos más, revolviendo a menudo. Añada las nueces. Retírelo del fuego. Sírvase caliente o al tiempo. Puede prepararse temprano en el día.

Nota de salud: El **arándano**, se considera un antioxidante, beneficioso para la mala circulación y la diabetes; ayuda a aliviar la retención del agua por lo que se considera diurético y sirve para las infecciones urinarias. Conozco a muchas personas que hacen un té de las hojas para enjuagarse y darse masajes en el cuero cabelludo; juran que les ha prevenido la caída del cabello y el té de hojas secas lo usan además para bajar el nivel de azúcar en la sangre.

Jenjibre: Se dice que reduce la inflamación. Contiene vitaminas A y B, y fibras. Además sirve para aliviar los dolores de artritis.

Hojaldre

Puede comprarse en reposterías, panaderías y supermercados. Si la prepara en la casa toda la familia puede participar en la preparación; cosa que se está perdiendo en el mundo de hoy. Los pastelitos de guayaba y carne saben mejor cuando uno prepara su propio hojaldre.

.Ingredientes

½ libra más 2 cucharaditas de mantequilla o margarina
2 tazas de harina de trigo
1 taza de agua
1 pizca de sal
6 cucharadas de harina para espolvorear o más

Preparación

Separe 6 cucharadas más o menos de harina para espolvorear la masa, la mesa y el rodillo, déjelas a un lado. En un recipiente ponga el agua, la sal y la mantequilla, ésta previamente ablandada con la mano. Agréguele la harina, uniéndolo todo muy bien. Colóquela sobre la mesa formando una bola y si la ve algo seca añada un poco más de agua. Sin manipular mucho póngala en el centro de la mesa, y échele bastante harina. Empiece a estirar del centro para que la mantequilla quede repartida por todos los lados. Aplástela un poco con la mano. El rodillo previamente enharinado se coloca en el centro de la masa. Agárrelo por los extremos y ruédelo haciendo presión hacia arriba, vuelva a colocarlo en el centro y luego vuelva pero hacia abajo. Eche harina si ve que se va a romper o se va a pegar a la mesa o al rodillo. Dóblela y estírela unas cinco veces. Póngala sobre un plato espolvoreado con harina. Cubra la masa con un paño húmedo. Déjela en el refrigerador o en un lugar fresco unas 3 horas.

Nota: Puede preparar rosquillas, tortas, pastelitos. Para ello, vuelva a espolvorear la mesa con harina. La pasta se extenderá sin trabajarla demasiado. Vea las recetas donde se usa el hojaldre.

Masa para tartaletas pequeñas rellenas

No siempre se tiene a mano las tartaletas para hacer platos rellenos. He aquí una forma fácil que uso para prepararlas. Unas llevan sal si piensa rellenarlas con carnes, queso, pescado, huevos, salpicón, chorizos. Las que llevan azúcar son las que van a rellenarse con dulces, frutas, cremas. Las de guayaba saben riquísimas.

Ingredientes

1 taza de harina
$^{1}/^{3}$ taza de aceite
1 pizca de sal o (3 cucharadas de azúcar, para rellenr con dulces)
2 cucharadas de agua fría
1 huevo

Preparación

En una mesa ponga la harina y en el medio el aceite, el huevo entero, sal (o azúcar) y dos cucharadas de agua fría. Una los ingredientes para formar una masa que no sea muy dura ni muy blanda. Si resulta dura agréguele un poquito de agua y si muy blanda, póngale harina. Deje que repose alrededor de diez minutos. Estire la masa bien fina, con el rodillo enharinado, siempre colocándolo en el centro; se rueda haciendo presión hacia arriba, vuelva al centro y ruede hacia abajo, hacia los lados, siempre partiendo del centro. Corte medallones y forre con ellos los moldecitos previamente engrasados y enharinados ligeramente. Cocine en el horno a 325° Farenheit, hasta que las vea doraditas. Lo ideal es que no sean muy grandes. Si son pequeñas se les pincha con un tenedor el fondo y las paredes antes de ponerlas en el horno para que mantengan su forma. Si se hacen muy grandes, la masa tiende a bajarse.

Nota: Rellenas con jamón del diablo y en el centro una aceituna como adorno se ven preciosas. Rellenas con queso crema y encima un poquito de mermelada de fruta o de varias mermeladas, para darle belleza a la bandeja. Ver receta de tartaleta grande de naranja con merengue, (próxima pág.) donde se sugiere lo que debe hacerse si la tartaleta es grande para evitar que se rompa.

Tartaleta de naranja con merengue

Una tartaleta grande se diferencia un poco de las pequeñas. Para que la masa no se baje ponga un papel fino encima de la masa y varios frijoles. Receta de la Escuela del Hogar de Matanza, Cuba.

Ingredientes

Masa: 3 onzas de mantequilla, ¾ tazas de harina cernida, 4 cucharadas de agua fría.
Relleno: Jugo de 2 naranjas y el jugo de 1 limón, ¼ taza de azúcar, 5 cucharadas de maicena, ½ taza de agua, 3 yemas de huevo y 2 onzas de mantequilla, corteza rallada de las dos naranjas y el limón.
Merengue: 3 claras de huevo, ¾ tazas de azúcar.

Preparación

Masa: Bata la harina con la mantequilla 3 minutos a media velocidad . Agregue 4 cucharadas de agua fría. Siga batiendo hasta que la masa esté firme. Envuélvala en un paño y enfríela. A los 30 minutos estírela con el rodillo siguiendo los pasos de la masa de tartaleta, página anterior. Forre con ella el molde engrasado. Corte lo que sobresalga. Cubra la masa con papel encerado y esparza por encima unos cuantos frijoles. Póngalo en el horno a 400° Farenheit 10 minutos. Quite el papel y los frijoles si se los puso y déjelo 5 minutos más.
Relleno: Ralle la cáscara de las naranjas y del limón. Extraiga el jugo. Caliente el jugo de las dos frutas junto a la corteza rallada de ambas, añada el azúcar. Deje que hierva. Una la maicena con el agua y añádala al jugo; revuelva constantemente hasta que espese. Retírelo del fuego y agregue las yemas de huevo y mantequilla previamente unidas. Mezcle y deje que se refresque 5 minutos. Vierta esta mezcla en la masa.
Merengue: Bata las claras a punto de merengue y vaya agregando el azúcar despacio. Eche el merengue encima y alrededor del pastel. Póngalo a hornear a 400° Farenheit hasta que esté dorado. Adórnelo con rueditas de naranja o de limón.

Tartaletas de piña

Esta receta fue escrita en Union City, New Jersey en el mes de febrero de 1972 por la Sra. Ernestina Ruiz, exiliada cubana, muy querida por los residentes del pueblo de Perico, provincia de Matanzas, Cuba. Allí tanto ella como su respetado esposo el Sr. Lino Ruiz, poseían una de las mejores tiendas de ropa del pueblo "La Marquesita". Que ambos descansen en la paz del Señor.

Ingredientes

24 galleticas María molidas
½ taza de mantequilla
1/3 taza de azúcar
16 onzas de queso crema
1 latica de dulce de piña
1 lata de melocotones

Para el *glasé*

2 cucharadas de maicena
1 taza de agua
1 cucharada de zumo de limón
1 taza de azúcar

Preparación

Una las galleticas molidas con la mantequilla y el azúcar. Cubra el fondo y los lados de una dulcera con esa mezcla. Desbarate con un tenedor el queso crema y únalo a la piña formando una pasta suave y extiéndala sobre la corteza de galleticas. Rellene la dulcera con melocotones picados en rebanadas. Colocándolos artísticamente. Antes de ponerlo en el refrigerador, cúbralo con el siguiente ***glasé*:** Una el agua, el azúcar, la maicena y el zumo de limón. Mezcle bien. A fuego moderado cocine revolviéndolo todo el tiempo hasta que empiece a cuajar. Reduzca el fuego y siga cocinando y revolviendo hasta que se ponga transparente, alrededor de unos 5 minutos. Déjelo enfriar y viértalo sobre los melocotones.

Receta sencilla de bizcocho

Esta receta es apropiada para cualquier tipo de panetela. Hoy puede comprar las cajas en que todo viene incluido. Por ejemplo *Better Crocker mix*; pero nunca se siente la misma satisfacción que cuando se hace desde el principio.

Ingredientes

2 cucharaditas de polvo de hornear (Royal) 3 tazas de azúcar
1 cucharadita de cáscara de naranja molida 6 huevos
2 cdtas. de vainilla, 1 cdta. de canela en polvo, 1 pizca de *allspice*
3 tazas de harina de trigo, 2 barritas de mantequilla

Preparación

Bata los huevos con la mantequilla a media velocidad unos 20 minutos. Agregue el resto de los ingredientes y mezcle bien. Vierta la mezcla en un molde engrasado. Cocine en el horno a 350° Farenheit, 40 minutos. Deje que se enfríe antes de cortarlo.

Bizcocho de Cocoa

Receta tomada de la libreta de Miriam Arteaga de Arias, Orlando, Florida.

Ingredientes

1 taza de cocoa ½ taza de leche ½ taza de mantequilla
3 huevos 1½ taza de azúcar 2 tazas de harina,
2½ cdtas. de Royal 1 cdta. de vainilla 1 cdta. bicarbonato de soda

Preparación

Cierna la harina junto con el royal y el bicarbonato de soda. Bata la mantequilla con el azúcar, bien mezclado agregue uno a uno los huevos con las claras, siga batiendo, agregándole después la cocoa con la vainilla. Bata hasta que todo esté bien unido. Agregue la leche, alternando poco a poco con la harina cernida. Engrase un molde, eche la mezcla. Cocine en el horno unos 50 minutos a 325° Farenheit. Retírelo del horno. Déjelo enfriar por espacio de 20 a 30 minutos. Voltéelo en un plato. Vístalo con chocolate.

Bizcocho de piña invertido

Uso la misma *Receta sencilla de bizcocho* que aparece en la página anterior. Ésta la aprendí en la Escuela del Hogar con muy pocas variantes en los ingredientes.

Ingredientes

Preparar la receta sencilla de bizcocho o usar en su lugar:
1 caja de Better Crocker Mix
1 lata de piña en ruedas
½ taza de azúcar parda
2 cucharaditas de margarina blanda, no mantequilla
1 pomo pequeño de cerezas (1 cereza para cada rueda de piña)

Preparación

En un molde no muy grande cubra el fondo y los lados con margarina. Las esquinas deben quedar bien cubiertas, esto es muy importante. Después cubra solamente el fondo con bastante azúcar parda y ponga encima las ruedas de piña, colocando una cereza en el centro de cada una. Puede agregar más cerezas a su gusto Déjelo a un lado y prepare el bizcocho siguiendo las instrucciones que aparecen en la caja o en la receta de bizcocho sencillo; vierta la mezcla del bizcocho encima de las piñas y cerezas. Cocine en el horno a 350° Farenheit, 40 minutos o siga las instrucciones de la caja. Retírelo del horno. Vire el molde inmediatamente donde vaya a servirlo. No lo deje enfriar pues el azúcar se endurece rápidamente. *No espere.*

Nota: Puede usar en lugar de ruedas de piña, melocotones y en el centro de cada uno, una cereza o pedacito de piña.

Nota: Recetas de bizcochos o galleticas que usen 1 taza de azúcar pueden ser reemplazadas por ½ taza de miel de abeja y ¼ de azúcar. Margaret Schwall nunca usa mantequilla en los bizcochos. En su lugar pone puré de manzana usando la misma cantidad que se recomienda para la mantequilla. Selenia Pastrana usa puré de tomate y nadie se da cuenta.

Budín de piña

Olga y Víctor Martín, en uno de sus viajes a España, fueron obsequiados por la familia con este delicioso dulce. Lo disfrutaron tanto que le pidieron a la prima cuando volvieron en el 1988, que se las copiara. La probé preparada por Olga Marie, nieta de Olguita y Víctor. Espero que lo disfruten. Se parece a la de Tartaleta de piña, (pág.225) pero sabe diferente.

Ingredientes

4 cucharadas de harina
4 huevos
4 cucharadas de azúcar
1 lata de piña
1 taza de leche
4 cucharadas de azúcar (para el caramelo)
Zumo de ½ limón y cerezas para adornar

Preparación

1. Ponga en un molde las cuatro cucharadas de azúcar y el zumo de medio limón verde. A fuego moderado espere que se haga caramelo. Extiéndalo por los lados y fondo del molde. Déjelo enfriar. **2.** Bata los huevos con las cuatro cucharadas de azúcar. Agregue la leche, el jugo de media lata de piña, dos ruedas de piña cortadas en cuadrados y la harina. Mezcle todo muy bien. **3.** Viértalo en el molde acaramelado y cocine a baño María. Cuide que el agua hierva despacio pero sin parar. Debe permanecer bien tapado. Si no tiene tapa, cúbralo con papel de aluminio, para evitar que forme corteza. Si lo hace en el horno, al baño María, póngalo a 350° Farenheit, tapado y con suficiente agua. **4.** A la hora, destápelo. Estará cuando al moverlo se desprenda del molde o al introducirle una aguja salga limpia. Sáquelo del horno. Déjelo en el agua hasta que esté frío. **5.** Vírelo sobre un plato. Adorne con rodajas de piña y en el centro de cada una coloque una cereza.

Panetela compuesta

Nuestros amigos Fefita y Armando Castellón nos brindaron este postre. Versión sencilla de uno inglés que se llama *Triffle. Crema aromatizada.*

Ingredientes para la panetela

5 huevos, 1 taza de azúcar, ½ taza de harina, 1 cdta. de Royal

Ingredientes para la natilla

4 tazas de leche (deje ¼ sin hervir)
1 lata de leche condensada
1 cucharada de vainilla
1 lata de melocotones en lasca
4 cucharadas de maicena
4 huevos
1 pedazo de canela
¼ cáscara de limón verde

Preparación (I-II-III)

I. Panetela

I. Bata las yemas de huevo con el azúcar hasta que se mezclen y queden disueltas. Agregue las claras batidas y la harina con el Royal. Bien unidos échelos en un molde untado de mantequilla y enharinado. Póngalo al horno precalentado a 350° Farenheit, 30 minutos o hasta que al introducirle un palillo, éste salga limpio. Para hacer una panetela doble duplique los ingredientes, no los melocotones.

II. Natilla

II. Hierva las 3¾ tazas de leche con la canela y la cáscara de limón. Fuego moderado. Agregue la leche condensada, revuelva. Aparte mezcle las yemas, la maicena y la leche fría que reservó. Después de estar bien diluida y colada, añádala a las leches. Cocine a fuego moderado, revolviendo hacia la misma dirección constantemente con una cuchara de madera hasta que cuaje. Cuando espese añada la vainilla, mezcle bien. Retírela del fuego inmediatamente.

III. Panetela compuesta(continuación)

III. En un molde refractario a prueba de calor coloque la panetela cortada en pedazos. Remójelos con el almíbar de los melocotones. Cúbralos con una capa de melocotones y encima una de natilla. Repita la operación, terminando con una de natilla.

Merengue: Use 3 cucharadas de azúcar por cada clara de huevo. Bata hasta que tenga la consistencia deseada. Cubra la panetela con merengue y hornee a temperatura baja en el horno hasta que se dore.

Yemas dobles

Las yemas dobles es un dulce muy delicado y fácil de hacer. Si desea hacer la *Panetela rellena con yemas dobles, siga* las instrucciones de la pág. 229

Ingredientes para las yemas dobles

6 yemas
1 cucharadita de vainilla
1 rama de canela
1 cucharadita de zumo de limón
2 tazas de azúcar blanca
1 cucharadita de Royal
2 tazas de agua
Cáscara de 1 limón

Preparación

Bata bastante las yemas con el Royal hasta que tengan un color amarillo claro y espesas. En una sartén llana ponga el agua, canela, azúcar, cáscara y zumo de limón. Cuando el almíbar empiece a hervir, eche poco a poco cucharadas de yema hasta que se cocinen por un lado. Dóblelas con mucho cuidado como si fuera una tortilla a la francesa y déjelas un minuto más. En casa se hacían una a una. Evite que el almíbar hierva demasiado pues pueden romperse. Cuando estén, retírelas de la sartén y colóquelas en una dulcera. Deje que el almíbar espese más. Eche la vainilla. Cuele el líquido. Si piensa usar las yemas dobles sin la panetela, cúbralas con el almíbar al momento de servirlas o resérvelo para cubrir las yemas cuando las coloque encima de la panetela

Nota: Use las claras para merengue. Por cada clara use 3 cucharadas de azúcar.

Naranjas a la crema

Mi mamá se pasaba la vida sorprendiéndonos con platos variados. Esta receta era de abuela Charo. Según comentaba mamá, mi abuela Charo cada vez que la preparaba decía, que era un dulce muy popular en España.

Ingredientes

3 tazas de leche
¾ tazas de azúcar
1 cáscara de limón
6 naranjas
3 cdas. de maicena
1 cda. de azúcar
1 pomo de mermelada de albaricoque
2 huevos (yemas)
Cerezas y merengue (opcional para adornar)

Preparación

1. Las naranjas deben ser del mismo tamaño y lo más parecida posible, con la piel dura. Con cuidado corte las naranjas horizontalmente. Usando una cuchara quíteles la masa y déjelas bien limpias, como cazuelitas. Póngalas en una bandeja. **2.** En una olla eche la mermelada de albaricoque y 1 cda. de azúcar. A fuego moderado cocine ¼ de hora, sin dejar de revolver para evitar que se pegue. Después se cuela. **3. La crema** se prepara con 2¾ taza de leche, ¾ tazas de azúcar, cáscara de limón, y 3 cdas de maicena disueltas en ¼ taza de leche y 2 yemas.. (Siga las instrucciones de la natilla de la Panetela compuesta, pág. 239, pero no use leche condensada) **4.** Cuando esté, retírela del fuego e inmediatamente rellene un poco más de la mitad cada parte de la naranja. Termine de rellenar con la mermelada. Adorne con cerezas en el centro y si desea merengue alrededor.

Crema de chocolate

Ingredientes

8 onzas de chocolate ½ taza de agua ½ cucharada de mantequilla

Preparación

Eche en una cazuelita el chocolate con el agua y la mantequilla. Cocine. Al empezar a derretirse revuelva con la cuchara de madera. Al cuajar, únalo con la crema que debe estar caliente. Prepare la crema igual que la receta anterior y con los mismos ingredientes.

Pastel de Pistacho con crema agria

Todo lo que usted vio hacer en su casa de pequeño se convierte en costumbre para el resto de su vida. Cada vez que Margaret, con 4 o 5 años me ayudaba en la cocina, lo que para ella era una diversión, resultó ser un aprendizaje. Vemos lo cierto de la frase pedagógica: los niños aprenden jugando y juegan aprendiendo.

Ingredientes

1 taza de crema agria (*sour cream*)
4 huevos sin batir
½ taza de aceite vegetal
1 paquete de Pudín de Pistacho (Royal)
1 caja de Cake amarillo (Duncan) no el de tipo de pudín)
½ taza de chocolate Hershey en pedacitos

Preparación

1. Engrase y enharine un molde de tubo. **2.** Precaliente el horno a 350° Farenheit. **3.** Eche en una vasija la crema agria, los huevos y el aceite; bata hasta que queden bien mezclados. **4.** Añada el pudín de Pistacho y vuelva a batir. **5.** Agregue la caja de Cake toda de una vez y bata 3 minutos más. **6.** Añada los pedacitos de chocolate y bata 1 minuto más hasta que todo quede bien mezclado. **7.** Vierta la mezcla en el molde previamente preparado. Hornee a 350° Farenheit 1 hora o 1 hora y 15 minutos. Déjelo reposar en el horno 15 minutos; retírelo y colóquelo en una parrilla para que se enfríe. **8.** Voltee en un plato, eche azúcar en polvo por encima. Si le gustan las nueces puede agregárselas a la mezcla junto con el chocolate. **9.** Si no lo va a servir enseguida congele el pastel para que se mantenga húmedo. Retírelo del congelador 3 horas antes de servirlo

Nota de salud: Incluir **nueces** en su dieta moderadamente puede ayudarle a bajar su colesterol. Ayuda a reducir de 30 a un 50% el sufrir un ataque cardíaco. Contiene vitamina E, que según estudios recientes ayuda a mejorar la memoria.

Pastel de limón

Nana's lemon Pound Cake, así conocido por Steven, el esposo de mi hija. Su abuela Margaret Beyer, les dio varias recetas.

Ingredientes

3 barritas de margarina blandas
3 tazas de azúcar
5 huevos
7 UP (o Spray) + 2 cucharadas de extracto de limón = 1 taza de líquido
3 tazas de harina de trigo sin cernir

Preparación

1. Bata la mantequilla hasta que esté ligera y suelta.
2. Gradualmente añada los huevos y el azúcar, bata 3 minutos hasta que quede ligera y cremosa.
3. Empezando con la harina, agregue ½ taza del líquido, siga hasta terminar con lo último que debe ser la harina.
4. Bata 3 minutos más hasta que todo quede bien mezclado.
5. Eche la mezcla en un molde de tubo engrasado y enharinado.
6. Hornee a 325° Farenheit por 1 hora ó 1 hora y 15 minutos.
7. Déjelo reposar fuera del horno 15 minutos.
8. Viértalo en un plato. Después de enfriarse, cierna azúcar en polvo encima del pastel.
8. Puede congelarse; se mantiene húmedo.

Nota: Si no tiene azúcar de confección. Muela el azúcar o pase un rodillo para afinarla. Todas las frutas se pueden congelar siempre que se conserven en envases bien cerrados, menos las bananas y las peras, estas dos frutas no aceptan ser congeladas.

Nota de salud: El té de **hojas secas** de arándanos baja el nivel de azúcar de la sangre. Los cítricos como naranja, toronja, limón contienen gran cantidad de vitamina C; antioxidante que previene problemas cardíacos y cierta clase de cáncer. Si sufre de presión arterial alta y toma pastillas para controlarla, si come **toronjas,** consulte a su médico o farmacéutico, con algunas pastillas no se puede comer.

Marañuelas de Avilés

En mi viaje a Fuengirola, Málaga, España, visité a una ex-alumna, Lucia Beiro. Su vecina me oyó hablar de recetas de cocina y afectuosamente me dio ésta.

Ingredientes

¼ taza de harina
½ taza de vino blanco
8 onzas de mantequilla
3 cucharadas de azúcar
2 huevos

Preparación

Bata los huevos muy bien y añada los demás ingredientes. Amase y añada un poco más de harina si cree que le es necesario para que la pasta no se le pegue a los dedos. Ahora comience a estirarla y a formar las marañuelas en forma de lazos, coletas, galleticas, muñecos, bastones, estrellitas, arbolitos o números. Colóquelas en un molde de galletas ligeramente engrasado y hornee a 350° Farenheit por unos 20 minutos. Cuide que no se quemen.

Marañuelas asturianas

La misma vecina me explicó la diferencia entre las asturianas y las de Avilés.

Ingredientes

1¼ taza de harina
1 pizca de sal
1 taza de azúcar
2 onzas de anís
3 huevos
1 cdta. de zumo de un limón
1 cucharadita de Royal
8 onzas de mantequilla

Preparación

Se diferencian de las de Avilés en que las asturianas llevan 2 onzas de anís y 1 cdta. de zumo de limón y no se le añade vino blanco. Además se forman haciendo una coleta con tres o cuatro rollitos o haciendo unas más grandes, otras pequeñas, y cortándoles los bordes con un cuchillo. Antes de ponerlas en el horno se pintan con huevo batido. Siga el mismo procedimiento que las de Avilés.

Rollitos de queso

Rollitos de queso, los preparo para adornar las comidas o para servirlos como un plato adicional.

Ingredientes

1½ taza de harina 3 cucharadas de aceite 1 pizca de sal
¾ taza de queso rallado 3 cdtas. de polvo de hornear 1 pimiento
½ taza en total de leche y agua mezcladas

Preparación

Cierna la sal, polvo de hornear y la harina juntos. Añada la mezcla de agua y leche y el aceite, para formar una masa suave. Extiéndala unas 8"x12". Cúbrala con el queso rallado y el pimiento bien cortadito. Enróllela y córtela en ruedas de una pulgada, aplastándolas ligeramente. Colóquelas encima del plato que vaya a hornear: bizcochos, pollo, salmón, tuna, pescado, macarrón. Vea la receta de *Pastel de Salmón*, lo mismo las pastas o berenjenas asadas. Los uso para adornar dulces en almíbar, pasta de guayaba o turrones de almendra.

Galleticas de maní (cacahuetes)

Cuando la familia participa en la preparación de platos o en otra actividad, quedan recuerdos muy bellos. Eso es lo que ha sucedido conmigo.

Ingredientes

2 claras de huevo, 1 taza de azúcar prieta (parda), 1 taza de maní

Preparación

Basta las claras. Agregue la taza de azúcar y el maní tostado molido. Una bien y en un molde engrasado, coloque la mezcla en forma de galleticas. Hornee a 325° Farenheit por unos 13 a 15 minutos, hasta que tomen un color dorado. Al retirarlo del horno, desprenda inmediatamente las galleticas por debajo usando un cuchillo. No podrá despegarlas del molde si las deja enfriar.

Nota: Las dos yemas las uso para hacer *Yemas dobles*. (ver la pág. 230)

Sorbetes dulces

La Sra. Mary Jensen, noruega, los llevaba a la iglesia en las reuniones de *Mission friends*, a la cual pertenecíamos ambas, en Staten Island, N.Y.

Ingredientes

1¾ tazas de harina	5 onzas de mantequilla	4 tazas de leche
2 cdas.de azúcar	4 cdtas. de Royal	1 cdta. de sal
2 yemas	Mermelada de fresa	1 huevo

Mantequilla para el molde

Preparación

Una la harina con la mantequilla, sal, Royal, 2 yemas de huevo y azúcar. Añada la leche, amasándola hasta formar una masa consistente. Se espolvorea la mesa y la masa con la harina. Extienda la masa con el rodillo hasta dejarla fina. Recuerde que el rodillo se pone en el centro y se va extendiendo del centro hacia arriba; hacia abajo y hacia los lados, siempre partiendo del centro. Córtela en rectángulos y échele por encima un poco de mantequilla derretida. A veces le pongo encima de la mantequilla un poquito de mermelada de fresa bien extendida; pero casi nada. Use un pincel para enrollar éstos, como si fueran cigarros. Vaya colocándolos en una placa de horno engrasada con mantequilla. Píntelos con la yema de huevo batido. Hornee a 350° Farenheit durante media hora.

Membrillo de manzanas con zumo de naranjas

Ingredientes

2 tazas de azúcar	1 libra de manzanas	6 naranjas (zumo)

Preparación

Escoja unas manzanas buenas, pélelas, córtelas y échelas en una cazuela con agua para que se cocinen; cuando estén blandas páselas por un colador fino. Después cocínelas con el azúcar y el zumo de naranja hasta darle la consistencia del dulce de membrillo. Guárdelos en pomos o vasijas de vidrio.

Polvorones

Mantecaditos, torticas, polvorones, torticas de morón. No importa cómo se les llame. Más o menos llevan el mismo procedimiento y los ingredientes varían de acuerdo a la persona que los prepare, inclusive dentro del mismo país y provincia. Esta es la forma en que se hacían en mi casa. Sigue siendo uno de mis favoritos.

Ingredientes

3½ tazas de harina de trigo cernida ya con ½ cucharadita de Royal
1 taza de aceite vegetal (en esa época se usaba manteca)
1 cucharadita de anís en grano machacadito (opcional)
1 huevo
¾ tazas de azúcar
1 cucharadita de vainilla
1 cucharadita de sal

Preparación

Triture el azúcar un poquito con un rodillo para que quede más fino antes de mezclarlo con el aceite. Añádale la vainilla, sal, huevo ligeramente batido y el anís. Por último incorpore poco a poco las 3½ tazas de harina cernida previamente que es la medida que se necesita. Bata y si le resulta difícil seguir batiendo, hágalo con las manos. Debe quedar una masa firme. Póngala sobre una mesa o mármol y extiéndala con el rodillo hasta que tenga un espesor de ½ pulgada o menos. Mueva el rodillo del centro hacia los lados. Corte la masa con un recipiente redondo. Y coloque los redondeles sobre un molde ligeramente engrasado. Aplaste un poquito el centro si va a ponerle un pedacito de dulce de guayaba o mermelada. Hornee los polvorones a 350° Farenheit 15 minutos o hasta que los vea doraditos. Retírelos del molde con una espátula antes de que se enfríen. Colóquelos sobre una parrilla y después de estar bien fríos guárdelos en un pomo con tapa o en una lata para esos fines.

Nota: En lugar de guayaba puede ponerle mermelada de fresas o cerezas.

Melcocha

Recuerdo con nostalgia la llegada de mis primas cuando venían desde La Habana a pasar el verano con nosotros. Se bajaban del ómnibus La Flecha de Oro que las dejaba frente a nuestra casa en la Finca Belencita ubicada en la carretera Central, Km. 172. Después de los besos y abrazos decían: ¡Tía Margot queremos hacer melcocha, queremos, queremos! Siempre querían algo; para disfrutar más, llegaban las primas del Central España y comenzaba la faena. Mi tío Benito preparaba su famoso anís de azúcar candy. Siempre nos regalaba un litro de anís antes de regresar a La Habana. Mi madre se ocupaba de los ingredientes y preparativos para esta *Fiesta de melcocha* y cuando llegaba la época de Navidad, comenzaba de nuevo los preparativos para hacer los famosos *buñuelos,* el puerco asado, chicharrones, dulce de papaya y de naranja. Sin olvidar los famosos turrones y avellanas.

Ingredientes

1 taza de azúcar

½ taza de vinagre

Preparación

Con el azúcar y el vinagre se hace un almíbar y cuando adquiera la forma acaramelada, o sea en su punto de caramelo, se retira del fuego, lo mismo se hace si usa termómetro cuando llegue la temperatura a 250° Farenheit. Extiéndalo en una superficie engrasada y con las manos untadas de grasa comience inmediatamente a estirarla. Aquí toda la familia tiene la oportunidad de participar, amasando, estirando, recogiendo el caramelo con las dos manos y cuando adquiera un color como de trigo, casi blanco, se comienza a formar figuras, muñecos, hojas; lo que le dicte la imaginación En mi casa se hacía en forma de bastoncitos. Si hace un bizcocho, puede adornarlo con melcocha, resulta sensacional y algo diferente.

Nota: Después de tantos años, aún recuerdo esos días de unión familiar en la que cada niño participaba jugando y disfrutando a la vez en los preparativos de las fiestas. Lo que se aprende de niño jamás se olvida. Bendita época a la que debemos regresar. Ahora sólo se piensa en regalos, juguetes, videos, y nos olvidamos del verdadero significado de la Natividad.

Buñuelos

Receta de Oilda Daniel de Hernández, Perico, Provincia de Matanzas, Cuba. Reside en la actualidad en Las Vegas, Nevada. Esta es la receta de su mamá la Sra. Basilia Rodríguez de Daniel. Son platos cubanos, tradicionales de la época navideña, sobre todo en los pueblos y campos del interior de la isla.

Ingredientes

½ libra de yuca
½ libra de malanga
1/4 libra de calabaza
½ libra de boniato
2 tazas de almíbar a punto de jarabe
3 huevos enteros
½ taza de harina
¼ cdta. de anís
1 cdta. de sal

Preparación

Primero pele las viandas, mientras lo hace, ponga suficiente agua a hervir para que al echarle las viandas, éstas queden cubiertas con el agua ya hirviendo. Cocínelas unos 15 minutos más o menos, cuidando que no se ablanden demasiado. Use la cuchilla más fina de la máquina de moler o la licuadora para molerlas. Después amáselas agregando el huevo batido, el extracto de anís, la sal y vaya agregando la harina hasta que no se le pegue entre los dedos. Tome porciones de la masa entre sus manos y forme el número ocho. Fríalos en abundante aceite vegetal, caliente. Para que el aceite mantenga la misma temperatura no fría muchas a la vez. Se sirve con almíbar. Si tiene freidora eléctrica quedan mejor por tener un termostato que mantiene la temperatura siempre igual.

Nota: Si hay niños, deje un poco de la masa y haga con ella muñequitos en vez del número ocho. Se sentirán felices al tener algo especial confeccionado sólo para su disfrute. También puede invitarlos a que ellos preparen su propio buñuelo. Ustedes se sentirán sorprendidos por el poder de creatividad que los niños tienen. Mi hermano Bernardo adoraba los caballos y siempre hacía buñuelos en forma de caballitos.

Churros

Doña Lorenza Rodríguez, madre de mi esposo, natural de Orense, una de las cuatro provincias de la región de Galicia, España, decía que en las noches frías no había nada mejor que comer churros acompañados con una taza de chocolate bien caliente.

Ingredientes para dos docenas

1 taza de leche
1 taza de agua
2 tazas de harina
1 cucharada de mantequilla
4 tazas de aceite vegetal
1 cucharadita de sal

Preparación

Ponga a hervir la leche con el agua, la mantequilla y la sal. Tan pronto empiece a hervir, agregue toda la harina. Retírela del fuego. Mezcle batiéndola rápidamente con una espátula de madera hasta que la masa adquiera una consistencia suave. Si no tiene el aparato de hacer los churros, use la manga de repostería, llénela de la mezcla y cuando el aceite esté caliente apriete la manga sobre la sartén o vasija especial de freír. Fríalos del largo que desee. Los saca y los polvorea con azúcar. Si lo prefiere puede echarlos en una bolsa con un poco de azúcar, mezclando para que se impregnen bien con el azúcar. Sírvalos caliente. Si están muy largos, córtelos con una tijera.

Variación de la anterior, eliminando la leche

Para preparar la masa puede usarse distintos ingredientes, pero todos siguen el mismo procedimiento. Se pueden hacer eliminando la leche, para ello use 4 tazas de agua y 2 tazas de harina. A cualquiera de las recetas puede echarle 1 cucharadita de vainilla, o 2 cucharadas de ron. Si lo prefiere 2 cucharaditas de extracto de almendra, les da un sabor delicioso. Freír los churros en abundante aceite es muy importante para que no pierdan su forma.

Pan

Pan dulce de maíz

A veces los fines de semana para el desayuno preparo este pan de maíz dulce. Resulta delicioso acabado de hacer. Con esta receta hago Arepas a las que llamo *Arepas a lo Blanquita*; mi madre las llamaba *Torticas.*

Ingredientes

1 taza de harina de trigo
2 cucharadas de azúcar
½ cucharadita de sal
1 taza de mantequilla
1 taza de crema de maíz
1 huevo batido
½ cdta. de bicarbonato de soda
2 cdtas. de mantequilla derretida

Preparación

Ponga a calentar el horno a 450° Farenheit. En una vasija grande combine la harina, azúcar, harina de maíz (crema), bicarbonato de soda y sal. Cuando todo esté bien mezclado haga un hueco en el centro de la mezcla, agregue el huevo batido ligeramente, la leche y la mantequilla líquida (buttermilk). Mezcle pero sin revolver mucho. Engrase un molde, 8½ x 4½ x 2½ pulgadas con mantequilla derretida, vierta la mezcla y póngalo en el horno unos 20 minutos o hasta que tome el color dorado y esté separado un poco de los lados del molde. Retírelo del horno, deje que se enfríe sobre una parrilla. Sírvalo caliente con bastante mantequilla o miel de abeja

Arepas a lo Blanquita

Sigo el mismo procedimiento de la anterior pero en lugar de poner la mezcla en un molde, hago con la masa dos tortillitas finas. Entre ellas coloco una lasca de **queso mozzarella**. En una sartén untada de mantequilla y a fuego moderado se frien cinco minutos de un lado y al virarlas las dejo hasta que el queso empiece a derretirse; las coloco en una fuente por un rato antes de servirlas para que el queso no esté tan caliente.

Pan de calabaza

Un pan rápido de preparar y que da la oportunidad de incluir nueces tan recomendadas por estudios recientes que aseguran reducen el colesterol. Y comiéndolo moderadamente no se aumenta de peso. La calabaza es rica en vitamina A.

Ingredientes

2¼ taza de aceite
2½ taza de azúcar
4 huevos grandes
1 lata (16 onzas) de calabaza sólida (si es Libby's mejor)
¾ tazas de agua
3¼ taza de harina
2 cucharaditas de bicarbonato de soda
1½ cucharadita de sal
½ cucharadita de polvo de hornear
1 cucharadita de canela en polvo
¾ tazas de pasitas (una cajita sin semillas)
½ taza de nueces

Preparación

Combine todos los ingredientes en un recipiente grande en el mismo orden en que aparecen en la lista. Use la batidora y vaya mezclando a velocidad moderada; cuando todo esté bien unido, vierta la mezcla en los tres moldes de pan engrasados anteriormente. Con el horno a 350° Farenheit ya caliente, coloque los moldes y hornee por espacio de una hora. Para hacer tres panes de calabaza use moldes de 8½ x 4½ x 2½ pulgadas. Puede comerse frío o caliente.

Nota de salud: Sustituyo el aceite por el puré de manzana, en igual cantidad. Nadie nota la diferencia y es más saludable. **Cuidado** al cocinar verduras no le ponga bicarbonato de soda, éste destruye los principios nutritivos. Use el bicarbonato de soda en aquellas recetas que lo pida, pero no abuse.

Pan de plátanos con arándanos (*cranberries*)

Sabiendo la importancia de comer plátanos y el valor del arándano para la salud, no debemos desperdiciar la oportunidad de preparar platos como éste.

.Ingredientes

1 taza de plátanos majados
½ taza de nueces picaditas
½ taza de mantequilla
2 tazas de harina de trigo
2 cucharaditas de polvo de hornear
1¼ taza de arándanos secos
¾ taza de azúcar
¼ taza de leche
2 huevos batidos

Preparación

1. Caliente el horno a 350° Farenheit. **2.** Engrase un molde de 8½ x 4½ x 2½ pulgadas. **3.** Mezcle la mantequilla y el azúcar en un recipiente mediano. **4.** Bata hasta que estén mezcladas. **5.** Agregue los plátanos, leche y huevos, mezcle. **6.** Agregue la harina y el polvo de hornear, mezcle hasta que se vean unidos (mojados) **7.** Añada 1¼ taza de arándanos y ½ taza de nueces. **8.** Vierta la mezcla en el molde. **9.** Hornee por 1 hora o hasta que al introducirle la aguja salga seca. Sáquelo del molde. Deje que se enfríe.

Pan de banana

La banana contiene gran cantidad de potasio. El Dr. Rogelio Hernández Puig, ejerció la medicina en Iguará, Las Villas, Cuba y después en Miami, Fl. Recomendaba a sus pacientes que tomaban pastillas para controlar la presión arterial combinadas con diuréticos, comer una banana diaria.

Ingredientes

3 bananas maduras
1 taza de azúcar
¼ taza de aceite
1 cdta. de bicarbonato
1½ taza de harina
2 huevos
½ cdta. de sal

Preparación

Machaque las bananas, agregándole el azúcar y aceite. Cierna la harina con el bicarbonato y la sal. Únala a las bananas. Bata los huevos ligeramente y añádalo a lo anterior, mezclando todo muy bien. En un molde previamente engrasado 8' x 4', póngalo a hornear una hora a 350° Farenheit.

Timba de pan

Este libro estaba ya para imprimirse cuando visité a la familia de Olguita y Víctor Martín. Nos brindaron este postre, al que así llamaron. Dice Olguita Suárez Ortiz, así conocida en su época de soltera, que la cocinera de su casa, una jovencita llamada Lucinda, cariñosamente le decían Luci, hacía este dulce al que llamaba *Flan de pan con guayaba*. Me gustó por lo original y sabroso.

Ingredientes

8 rebanadas de pan de molde
2 cucharadas de mantequilla blanda
Pasta de dulce de guayaba (la necesaria)
1 lata de leche condensada
1 lata de leche evaporada
1 cucharadita de vainilla
4 huevos (clara y yema)
4 cucharadas de azúcar

Preparación

Prepare el caramelo con las cuatro cucharadas de azúcar. El molde debe quedar cubierto tanto el fondo como los bordes. Elimine la corteza del pan y úntelo de mantequilla. Cubra cada una con tiritas de guayaba. Coloque aprisionando el pan en el molde acaramelado, dos o tres capas. Aprisione para que queden bien pegadas al caramelo. Cuidado no rompa el pan. Corte pedacitos si es necesario para que cubra bien el fondo del molde. Deje espacio para que quepa la mezcla siguiente. Una las leches con el huevo usando un molinillo. Agregue la vainilla. Vierta esta mezcla en el molde sobre el pan. Tape el molde y cocine en una olla de presión a la que le puso 5 dedos de agua, alrededor de 25 minutos. Si quiere hágalo al baño María en el horno a 350° Farenheit, 1 hora o hasta que al introducirle una aguja salga seca.

Helados

Recuerdo con nostalgia la época en que en casa se preparaba el helado en sorbeteras; heladeras mecánicas. Se le echaba hielo y sal en grano. Hoy empezamos a ver de nuevo aparatos para preparar helados en las casas. Se hacen a base de cremas, frutas y natillas. Se prepara la crema, se coloca en copas o en moldes de cristal, éste a la hora de servirlo se pone boca abajo sobre la fuente y a los pocos segundos el helado se desprenderá sin tocarlo. Antes de ponerlo en el refrigerador puede adornarlo con frutas frescas.

Helado de mantecado

4 tazas de leche (reserve una taza)
1 cascarita de limón verde
3 gotas de limón o vinagre
3 cdas. de maicena
4 huevos
1 ramita de canela
7 onzas de mantequilla o margarina (temperatura ambiente)
2½ tazas de azúcar; (9 cucharas se dejan para las claras batidas)

Preparación

I. Ponga a hervir lentamente 3 tazas de leche (10 minutos) en una cazuela, menos la otra taza de leche que reservó. Agregue la cascarita de limón, la canela y el azúcar, dejando 8 cucharadas para las claras y la otra para usarla con la mantequilla. **II.** Deslía 4 yemas en la otra taza de leche reservada. Agregue la maicena. Mezcle con una cuchara de madera hasta que no vea grumos. Pásela por un colador. **III.** Después de colada únala con la leche hirviendo. Revuelva al mismo tiempo con una cuchara de madera, siempre en la misma dirección para que no se corte. **IV.** A los cinco minutos échela en una fuente. Quite la cascara de limón y canela. Ahora revuelva de nuevo con la cuchara de madera. Ésta debe permanecer dentro para que remueva la crema mientras se va refrescando. **V.** En otra vasija bata la mantequilla, que debe estar a temperatura ambiente (no derrita la mantequilla al fuego), con 1 cucharada de azúcar de las 9 que reservó. Cuando la vea cremosa deje de batir. La usará más tarde. **VI.** A las 4 claras de huevo agréguele las goticas de limón o ½ cucharadita de vinagre.

Bata hasta que suban bastante o lo que es igual a punto de nieve. En este punto añada a la clara una a una las 8 cucharadas de azúcar restantes. Bata hasta que el azúcar quede mezclada. **VII.** La crema que debe estar ya fresca (fría) se revuelve. Póngale la mantequilla cremosa que preparó con anterioridad, sin dejar de revolver siempre para el mismo lado y de prisa para que la mantequilla penetre en la crema. **VIII.** Añada las claras siguiendo el mismo proceso de batir, hasta tener una crema fina. **IX.** Colóquelas en copas individuales o en un molde. **X.** Si es para comerlas como helado póngale un poco más de azúcar. Lo que se enfría pierde algo del sabor dulce y el helado lo necesita para que sepa bien.

Helado de naranja

A veces en casa se preparaba el helado de mantecado y el de naranja el mismo día. Se usaban los mismos ingredientes menos la mantequuilla. Se sustituía la cáscara de limón por la de naranja.

Ingredientes adicionales

Gotas de vegetal rojo (opcional)

8 onzas de jugo de naranja

Preparación

I. Siga los pasos de la receta del helado de mantecado desde la **I** hasta la **VII.** El jugo de naranja antes de unirlo a la crema páselo por un colador, si lo desea agregue unas gotas de vegetal rojo para darle más color. **VIII.** Cuando la crema esté completamente fría, se revuelve con las varillas de alambre muy de prisa; se le añade el jugo de naranja, mezclando para que se una bien parejo a la crema. **IX.** Siga mezclando y agregando las claras previamente batidas a punto de nieve. **X.** Colóquelas en copas o en moldes antes de ponerlas en el refrigerador. Siga los consejos sobre el azúcar y si lo desea más espeso use más yemas de huevo.

Nota: Si desea que el helado quede más mantecado, aumente el número de *yemas*, pero no los demás ingredientes, ni tampoco use más claras.

Helado de coco

En Cuba teníamos matas de coco por una de las entradas a la finca. Además de tomar el agua, mi madre preparaba coquitos blancos, prietos, flan de coco y rellenaba con dulce de coco las cazuelitas de naranjas. Pero como teníamos sorbetera hacía helados de frutas.

Ingredientes

1 taza de coco rallado 1½ taza de leche 1/3 taza de azúcar
1 taza de crema de leche 2 cdas. de maicena 1 pizca de sal
½ cdta. de extracto de almendra

Preparación

I. Cocine al baño María diez minutos, 1 taza de leche, disuelta con la maicena y la sal . **II.** Ponga la otra ½ taza de leche, el coco, azúcar y extracto de almendra en el vaso de la batidora, tape y bata 2 minutos o hasta que vea que el coco está finamente cortado. Deje de batir. **III.** Únalo a la mezcla anterior, ya cocida. Bata de nuevo 1 minuto para que todo quede bien mezclado. Póngalo en el frío. **IV.** Bata la crema de leche (heavy cream) con el molinillo hasta verla cremosa. Únala a lo anterior, que ya debe estar fría. Mezcle. **V.** Viértala en un molde. Póngala en el congelador.

Domingos de menta

Dice Herbie Martin que a veces su mamá no tiene tiempo para preparar postres si le llega alguien de visita. Lo resuelve con este helado.

Ingredientes

1 bola de helado napolitano o de cuadritos (Checkers)
1 rueda de piña sin el centro 1 cereza roja 1 chorrito de menta

Preparación

En una copa de helado eche una bola de helado, encima la piña y en el centro la cereza. Al servirlo agregue el chorrito de menta.

Nota de salud: El jugo de **cereza** alivia el dolor de artritis, diurético y destruye los cálculos renales. Debe comerse cerezas siempre que la encuentre.

Helados de Banana, melocotón, calabaza y mango

Si en España y en nuestros países de América preparamos helados, aquí en los Estados Unidos hay muchas familias de otras partes del mundo que también lo hacen. En octubre y noviembre es muy frecuente tomar en sus casas el famoso **Helado de calabaza**. En Winter Park, en Orlando, Florida, hay una heladería donde este helado es famoso y sólo se sirve en octubre y noviembre.

Helado de Banana

Ingredientes

1 taza de crema batida (whipping cream)
Zumo de un limón verde
3 bananas medianas
1/3 taza de almíbar
½ taza de leche
1 pizca de sal

Preparación

Coloque la leche, la taza de almíbar ligera, (ver receta en este libro) y el zumo de limón en la batidora. Ponga a batir a velocidad lenta, añada las bananas sin la cáscara. Aumente la velocidad a lo máximo, Congele la mezcla hasta que se vea firme pero no dura. Mezcle con la crema batida (whipping cream) y continúe congelándola. Mucho cuidado cuando una la crema con la banana. No la bata demasiado. Déle ½ minuto nada más, disminuyendo la velocidad.

Helado de Melocotón

Siga el mismo procedimiento. Use 2 tazas de melocotones frescos pelados y sin semillas, omita las bananas

Helado de Calabaza

Use 2 tazas de la pulpa de calabaza que viene enlatada. Siga el mismo procedimiento del primero.

Helado de Mango

Use 2 tazas de la masa de mango y siga el mismo procedimiento de los anteriores.

Bebidas

Chocolate caliente (Versión 1)

Amalia, la dueña de la primera casa de estudiantes en la que me hospedé en La Habana, preparaba por las noches este chocolatecuando teníamos exámenes, para que nos mantuviéramos despiertos. En mi casa se acompañaba con unos Churros acabados de hacer; costumbre española.

Ingredientes

6 tazas de leche ½ libra de chocolate dulce 1 pizca de sal

Preparación

Ralle o parta en pedazos pequeños el chocolate. En un recipiente hondo y a fuego alto hierva la leche con la sal . Agregue poco a poco el chocolate. Muévalo constantemente hasta que esté completamente derretido y mezclado con la leche. Es importante que bata con un cucharón por unos 20 minutos más. Sírvalo bien caliente, con churros o pan tostado con mantequilla.

Chocolate caliente (Versión 2)

Doña Leonor Pino Cabrera, de la finca Marques, Perico, provincia de Matanzas, Cuba, prima de mi padre, diariamente antes de acostarse le daba a su familia una taza de chocolate caliente. Lo preparaba como lo hacían sus primas en Islas Canarias.

Preparación

Coloque en una cacerola grande, tantas tazas de leche como tazas de chocolate vaya a repartir. Añada azúcar al gusto y cuando esté caliente agregue media barra de chocolate rallado por cada taza, disuelto de antemano en un poco de agua caliente. Cuando empiece a hervir retírelo del fuego. Si lo quiere más espeso, añada ½ barra más de chocolate por taza. Hoy se adorna con *marshmallow.*

Curiosidades: ¿Sabía usted que en muchos países cuando se vela a la persona fallecida o en los velorios de santos se sirve chocolate caliente con pan, churros o galletitas de soda a las doce de la noche? Antes del 1960, en los campos de Cuba era muy común esta tradición. A nuestros muertos sobre todo en el campo, se les velaba en la casa no en las funerarias.

Gazpacho, especie de sopa

Se dice que se originó en el sur de España entre los trabajadores del campo. Se convirtió en algo agradable y saludable. Lo servían con vino y pedazos de pan tostado. Cervantes lo cita en el *Quijote*: *«era una simple emulsión de agua, aceite de oliva, vinagre, sal, pan duro remojado y ajo»* Aida y Josephine Grober, en las reuniones de la Asociación de Instructores de Lenguas de Staten Island, (ALISI), nos obsequiaban con este famoso Gazpacho. –Especie de sopa– Debemos saber que todavía en la primera mitad del siglo XIX no siempre le echaban tomate. En realidad se ignora cuándo comenzó a echársele. Hoy lo sirven como sopa cremosa; pero para muchos sigue siendo una bebida.

Ingredientes

2 dientes de ajos, pelados y cortados finamente
3 dientes de ajos pelados nada más (para el pan)
½ ají verde y ½ ají rojo picados en pedacitos
½ cebolla amarilla, picada en pedacitos
½ pepino pelado y cortado en pedacitos y ½ cortado en rodajas finas
¼ taza de aceite de oliva extra virgen
2 cucharadas de vinagre (vino de cocinar rojo)
½ cucharadita de comino
1 cucharada de salsa de Tabasco
1 taza de agua fría
2 tazas de jugo de tomate (yo lo sustituyo por V8)
sal, pimienta, pedazos de pan francés frito o tostado).

Preparación

Combine todos los ingredientes menos los dientes de ajo enteros y los pedazos de pan. Sazone al gusto. Puede agregarle ½ pepino bien picado en trocitos y un poquito más de Tabasco. Se sirve bien frío en una ponchera agregándole los pedazos de pan tostado. Corte el pan francés en lascas bien finas. Fríalas ligeramente por ambos lados en aceite de oliva. Frote por ambos lados del pan los tres dientes de ajos enteros. Puede cortar el pan en cuadraditos o si lo prefiere deje algunos sin cortar; pero coloque algunos trocitos en la ponchera o en el vaso cuando lo sirva.

Crema de Vie

Hace muchos años que la Crema de Vie es parte de las fiestas sobre todo en la época navideña. En la Navidad del año 1960 estando en Union City, New Jersey, pasando la tormenta de nieve más grande e impresionante que puedo recordar y la primera que veía, se apareció tío Miguel y Julia su señora, a buscarnos, para que fuéramos con ellos a casa de Rosita Astorquiza su sobrina y prima mía. Julia había preparado buñuelos y llevaba la Crema de Vie que tenía ya hecha desde noviembre. Nunca la había tomado tan pero tan rica.

Ingredientes

1 lata de leche evaporada
1 lata de leche condensada
8 yemas de huevo
2 tazas de azúcar
1 taza de agua
1½ tazas de Ron
1 cucharadita de vainilla

Preparación

I. Primero debe prepararse un almíbar con el agua y el azúcar. El almíbar estará en su punto cuando el termómetro llegue a 230° Farenheit. O tan pronto empiece a hervir y a formar burbujas fuertes. Déjelo refrescar antes de mezclarlo con los demás ingredientes. **II.** Bata las 8 yemas de huevo y la leche a la vez. **III.** Agregue a lo anterior el almíbar ya fresco y la vainilla. Mezcle para que todo quede bien unido. Añada el ron. **IV.** Cuele la crema. Envásela en botellas. Guárdelas en el refrigerador. **V.** La Crema de Vie, siguiendo el refrán de lo que se dice del vino: *entre más viejo más añejo*.

Nota de salud: Cuidado con la cantidad que tome. El sabor dulce impide saber el alcohol que está ingiriendo. La resaca es fuerte con su consabido dolor de cabeza. Esto vale para todas las bebidas no es sólo para esta receta.

Sangría

La sangría es una bebida popular española. Pedir una jarra de sangría es casi una tradición. Esta receta pertenece a Elinor Willecke, Wellsfleet, MA. Me la dio cuando vivía en S. I. New.York.

Ingredientes

1 botella de vino tinto (24 onzas)
1 limón verde grande
3 cucharadas de azúcar
½ taza de agua de soda
1 naranja grande
Cubitos de hielo

Preparación

I. Corte la naranja y el limón a la mitad. Tome una mitad de la naranja y del limón y córtelos en lascas finas. Las otras dos mitades que quedaron exprímalas y el jugo échelo en una jarra.
II. Añada el vino, el azúcar y las lascas del limón y de la naranja.
III. Enfríelo durante 3 o 4 horas, revolviendo de vez en cuando.
IV. En la misma jarra a la hora de servirlo, eche el agua de soda y los cubitos de hielo. **V.** Después puede añadirle las frutas que desee cortadas en trozos pequeños.

Tarro de cerveza

En ocasiones tenemos invitados que prefieren tomar cerveza. Si ustedes están en la misma situación sirvan un Tarro de cerveza y todos quedarán satisfechos.

Ingredientes

1 botella de cerveza (lata) de 12 onzas
Bastante hielo picadito
½ taza de azúcar
3 limones verdes

Preparación

Mezcle en una jarra la cerveza, el azúcar y el zumo de limón. Agregue el hielo bien picadito, revolviendo para que los sabores se mezcle bien. Sirva en vasos medianos, con una ruedita de limón verde en cada uno. Por cada 12 onzas de cerveza, duplique los ingredientes.

Datos interesantes sobre el vino

Antiguamente se tomaba el vino por una razón más práctica, que el mero hecho de beberlo. En épocas pasadas no se disponía de agua potable para beber con mucha facilidad, pero se conocía que el alcohol formado por fermentación, protegía al jugo de frutas de descomponerse. Aquellos que ingerían este jugo fermentado (o vino) no se enfermaban tan frecuentemente como los que tomaban aguas impuras. Esta razón para tomar vino, todavía se aduce en nuestra época en muchas partes del mundo. Infinidad de personas especialmente en países latinos, toman vino como parte de su dieta cardiovascular, así como en sustitución del agua.

El Dios Griego Dionysus (Dionysos) (llamado Baccchus por los Romanos) –Baco–, no era solamente el Dios del Vino, sino también se consideraba como el Dios del Buen Vivir, el legislador y el promotor de la civilización. A través de todas las épocas el vino ha sido también parte principal en celebraciones religiosas, tales como en las misas de la Iglesia Católica, en servicios religiosos hebreos y en algunos oficios protestantes.

Muchos vinos son conocidos con el nombre del lugar en que se hicieron famosos: España, Francia, Italia, Alemania, y en la actualidad, en California, E.U.A. El vino se divide en dos grupos generales: seco y dulce. Los vinos secos se obtienen permitiendo que casi todo el azúcar se convierta en alcohol. La dulzura de los vinos dulces, proviene del azúcar que se deja en el vino.

Nota de salud: Si sabe que va a tomar alcohol, asegúrese de tener algo más en el estómago. Carbohidratos, como el pan, las pastas y las papas pueden hacer más lenta la absorción del alcohol. Lo mismo sucede con el queso, galletas y sobre todo tomar agua, mucha agua entre trago y trago.

Vino de uvas

En una pequeña finca cerca de Perico, provincia de Matanzas, vivía la señora Basilia Rodríguez, se enorgullecía preparando sus famosos vinos de frutas, conocido en todos los alrededores y en el pueblo como lo mejor. Su hija, Oilda Daniel de Hernández, esposa de mi hermano Luis, prepara los vinos en Las Vegas, Nevada, donde tienen la misma fama. Su hijo José Luis patentizó la fórmula y hoy me la han obsequiado para mi libro. Mi hermano Luis cuenta que durante los siete años de su noviazgo –lleva 51 años de casado– se tomó alrededor de 30 galones de vino y que le había dedicado un poema:

"Con una copa de vino– ayudas tu corazón –
y tendrás la sensación –de una luz en tu camino"

Ingredientes

4 tazas de pulpa de uvas, 4 tazas de agua, 4 tazas de azúcar prieta
Para 1 galón de vino use 1/3 del paquete de levadura.

Preparación

En una batidora eléctrica bata las uvas ya limpias, con la piel y las semillas hasta que se conviertan en pulpa. Mida la pulpa y agregue la misma medida de agua y azúcar. Bien unidos, viértalo en una vasija de cristal y añada la levadura (yeast) de acuerdo a la cantidad que le haya dado. Importante no llene la vasija más de ¾ partes para permitir que se expanda. Cúbrala con una tela fina de lienzo; si es gruesa fermenta más de lo indicado. Átela con una liga o cordel a la boca de la vasija, pero no muy ajustada. Póngala en un lugar donde no se toque en absoluto por 40 días. Si lo destapa antes o después de los 40 días sólo tendrá vinagre. Entonces cuele el contenido a través de un lienzo fino y envászelo en botellas bien tapadas hasta que vaya a tomarlo. Es delicioso al año. Use el mismo método para el vino de cualquier fruta: piña, banana, papaya, pero a ésta, quítele las semillas.

Nota: Las frutas que más se usan para preparar vinos son: las uvas, manzanas, cerezas y zarzamoras. En las casas se hace también con bananas y papayas.

Mojito Carvajal

El *Mojito* tan conocido en Cuba desde épocas inmemorables, es una variante de una costumbre muy popular en los primeros años de la República, llamado *"tomarse un chinguirito"* que consistía en un trago de aguardiente de caña. Debido al fuerte sabor que tenía le fueron añadiendo miel y limón. Sobre el origen del famoso Mojito hay muchas versiones. Sólo puedo decir que es muy conocido en Cuba, México y en las áreas hispanas de los Estados Unidos. Esta receta es la versión de don Ignacio Carvajal, contada personalmente a mi esposo. Esta historia nace en la provincia de Oriente, Cuba, en las zonas más apartadas de la Sierra Maestra. Los vendedores y promotores del Ron Bacardí –a uno de ellos– se le ocurrió la idea de modificar el chinguirito, utilizando ron blanco Bacardí, limón y azúcar; esto lo convirtió en más agradable y famoso. Más tarde, con la llegada de la civilización a esa región comenzó a agregársele hielo y ponerle en el borde del vaso hojas de albahaca. Aparentemente, aquí es donde surge su nombre de *Mojito.*

La primera vez que don Ignacio Carvajal lo probó, fue en una visita a la Destilería del Ron Bacardí en Santiago de Cuba en la década de los años cuarenta en donde fue agasajado con esta delicia preparada para él, por el propio don Facundo Barcardí, uno de los grandes ejecutivos que tuvo esta empresa por aquellos años. Don Ignacio le contaba a mi esposo, " *he sido un enamorado del Mojito, y lo he servido miles de veces en mis reuniones y fiestas familiares"*. El nombre de *Mojito Carvajal,* nace en la residencia de su hijo don José Ignacio Carvajal, en el Residencial Vistamar Marina (Este), Carolina, Puerto Rico.

Ingredientes

6 onzas de ron blanco
6 onzas de azúcar parda
6 limones en sazón
Hielo picado
Hojas de albahaca

Preparación

Bata los ingredientes en una coctelera de mano con bastante hielo picado. Sírvalo en vasos de 6 onzas. Ponga hojas de albahaca.

Nota de salud: La albahaca (basil) alivia problemas digestivos, renales y los dolores de garganta. Contiene gran cantidad de calcio.

Piña Colada a lo Juan Suárez

El Sr. Juan Suárez, escritor, comenta que en su época de comerciante en Puerto Rico, cuando era visitado por los representantes de las firmas que representaba de U.S.A. y de Europa, los obsequiaba con una Piña Colada.

Ingredientes

(para seis personas)

1 taza de leche de coco
1 taza de leche evaporada
4 tazas de hielo
1 taza de ron blanco
1 taza de jugo de piña

Preparación

Combine todos los ingredientes en una coctelera de mano o eléctrica. Mezcle bien y sírvalos en vasos de ocho onzas. Puede adornarlos con rodajas de piña o cerezas. Para los niños elimine el ron.

Ponche francés a lo Henry

Como he mencionado antes, Henry, fue Chef de varios restaurantes en U.S.A. Preparaba un Ponche al que llamaba *Ponche francés.* Meses antes de fallecer me envió varias de sus recetas y consejos.

Ingredientes

2 latas de naranja congelada
Rodajas de naranja y limón verde
6 cervezas
Azúcar al gusto
1 litro de Ron Bacardí
2 litros de Seven Up
Mucho hielo

Preparación

En una coctelera de mano o eléctrica mezcle los ingredientes. Bata hasta que el azúcar y la naranja congelada estén bien unidos a los demás ingredientes. Viértalo en una ponchera con mucho hielo. Agregue rodajas cortadas bien finas de naranja y limón para que floten en la superficie y sirvan de adorno.

Nota de salud: Si mezcla cerveza con vino, ron o champán, tiene que tener mucho cuidado, la resaca es terrible. Tendrá que descansar, tomar líquido y comer carbohidratos.

Ponche Ángel

El Sr. Ángel Castillo nació en Güines, provincia de La Habana, donde por años tuvo un negocio de parcelación de tierras. Al venir a residir a los Estados Unidos, y después de vivir varios años en la ciudad de Nueva York, se traslada a Staten Island, junto a su esposa la poetisa jaruqueña Nelia Bode, y sus dos hijos, Teresita y Angelo. Comienza a trabajar en el *Elks Club, Logia # 841* como Administrador general. Como buen administrador estaba pendiente de todas las actividades y necesidades del lugar. Se ocupaba de las fiestas, bodas, bautizos, graduaciones. Así surgió su famoso *Ponche Ángel.* Tengo que agradecerle al Sr. Castillo y a su familia, que siempre que organicé una fiesta, me obsequiaron con este ponche.

Ingredientes

48 onzas de ron
16 onzas de licor Blackberry
16 onzas de licor Marachino
4 botellas de Club Soda
1 pomo de cerezas marachino
8 onzas de licor Triple Sec
8 onzas de Brandy
8 onzas de Ron Jamaica
3 limones verdes (zumo)
4 naranjas

Preparación

En una Ponchera grande eche los ingredientes. Las naranjas cortadas en rueditas y algunas de limón cortadas también bien finitas. Un rato antes de servirlo agregue bastante hielo picadito. Mezcle. Se toma bien frío.

Nota de salud: Si sabe que va a tomar trate de no tener el estómago vacío. Coma pan, queso, pasta y ya en la fiesta entre trago y trago tome agua. Si toma champán, no lo mezcle con otra bebida. Las bebidas deben mezclarse con agua. Las bebidas con productos carbonatados o sea bebidas con burbujas aceleran que el alcohol pase a la sangre más rápidamente. Se sabe que el alcohol es un sedante que se absorbe en el intestino delgado. Sea cuidadoso no mezcle tragos. Si va a tomar vino tinto, compre uno bueno, los malos dan una resaca terrible. Se recomienda tomar diariamente una copa de vino para mejorar el sistema cardiovascular.

Ponche de frutas

Mi padre no servía bebidas que contuvieran alcohol. Sólo aceptaba el anís de tío Benito, y en Navidad los adultos brindaban con cidra y en la comida se servía vino. A los muchachos, nos daban ponche sin alcohol. Si los mayores querían probarlo, echaba algún tipo de licor directamente en las copas. Mi padre decía con su voz serena, pero fuerte: *—No quiero borrachos en mi casa.*

Ingredientes para un galón

1 lata de 8 onzas de melocotón cortado en lascas y frío
1 lata de 8 onzas de piña molida y fría
2 tazas de té bien frío
1 botella de Ginger Ale fría
¼ taza de zumo de limón verde frío
½ taza de azúcar blanca
1 bloque grande de hielo
1 ponchera

Preparación

Coloque el melocotón, piña, zumo de limón ya fríos y el azúcar en el vaso de la batidora. Tápelo y mezcle primero suavemente durante 1 minuto. Agregue el té que debe estar bien frío. Si lo va a usar más tarde, manténgalo en el refrigerador y a la hora de servirlo agregue la botella de Ginger Ale. Vierta todo este líquido de frutas sobre un pedazo de hielo que estará colocado en una ponchera o sea, un recipiente para servir el ponche. Puede adornarlo con ruedas de limón o con lo que su imaginación le dicte.

Nota: Le agrego cóctel de fruta. A veces a la hora de servir el ponche para darle colorido, pongo en la ponchera sorbete de distintos colores y sabores. Le da un toque muy bello. No olvide poner el pedazo de hielo en el fondo. Recuerde que la **única fruta** que no se puede congelar es la **banana y la pera**; todas las demás sí, siempre que se guarden bien tapadas o en bolsas especiales que se venden para ser usadas en el congelador.

Ponche de champán

En las reuniones de despedidas de solteras este ponche ha tenido gran éxito entre las amigas de Margaret Schwall. En octubre del 2000, le tocó organizar la despedida de soltera de su cuñada Debbie. Tal fue el éxito del ponche que tuvo que hacer más para obsequiar a los amigos cuando llegaran a buscar a sus novias, esposas o amigas; a pesar de que sabía que Steve a ellos les iba a brindar Viva Gelatina-Vodka.

Ingredientes

2 botellas de champán
1 cuarto de jugo de naranja
Rodajas de naranja
1 cuarto de *rainbow sherbet*
1 cuarto de gingerage
Hielo

Preparación

Todas las bebidas tienen que estar bien frías antes de comenzar a preparar el ponche. En una ponchera ponga el jugo de naranja, el gingerage, el champán y por último el sherber, al que llamamos arcoiris por sus colores. Agregue algunas rodajas de naranja. Revuelva bien. Agregue hielo. Sírvalo bien frío.

Viva Gelatina-Vodka

Ese mismo día Steven preparó: Gelatina-Vodka. Margaret, dijo a la hora de servirla: ¡Viva! Hoy como algo simpático la llamamos: Viva-gelatina-Vodka.

Ingredientes

2 cajas de gelatina
2/3 taza de agua bien fría
2 tazas de agua caliente
1/3 taza de vodka (ginebra)

Preparación

Disuelva las dos cajas de gelatina de cualquier sabor en agua hirviendo siguiendo las indicaciones del envase; deje que se refresque. Añada el agua bien fría. Revuelva y cuando esté bien disuelta agregue el Vodka. Da 50 vasos pequeños. Yo uso Ginebra.

Nota de salud: Cuidado al tomar licores con color: vino tinto, whisky, cordiales, ron. La bebida mezclada con sustancias dulces no le permite saber el alcohol que ha ingerido. Ejemplo: Cuba libre, Daiquirí, Piña Colada.

Whisky Sour

A la hora de preparar cualquier clase de bebidas, comienza la discusión si es o no es así. Les doy las recetas de mi esposo.

Ingredientes

2 onzas de Scotch
1 cucharada de azúcar
Zumo de un limón verde
Bastante hielo picado

Preparación

Coloque el Scotch, zumo de limón y azúcar en una coctelera de mano. Bata fuerte. Agregue el hielo. Sirva en vasos de cóctel.

Frozen Daiquirí

Ingredientes

Zumo de 3 o 4 limones verdes
¼ taza de azúcar
¾ tazas de Ron
Hielo picado

Preparación

En el vaso de la batidora eche los líquidos. Mezcle con la velocidad más baja. Agregue poco a poco el azúcar y el hielo. Aumente la velocidad a lo máximo. Añada más hielo hasta que la mezcla se vea espesa y congelada. Sirva en vaso de cóctel.

Tom Collins

Ingredientes

4 onzas de Gin (½ taza)
2 cucharadas de azúcar blanca
Zumo de 2 limones verdes
Ruedas de naranja y limón verde
Agua de soda (Club soda)
Cerezas rojas y verdes. Hielo

Preparación

Coloque el gin, zumo de limón y azúcar en el vaso de la batidora. Mezcle a velocidad máxima durante 1 minuto Viértalo en un vaso alto que contenga pedazos de hielo, llénelo con agua de soda y decórelo con ruedas de naranja y limón. Añada si lo desea una cereza roja y otra verde.

Consejos útiles

Si no tiene pan molido, use una batidora eléctrica y muela su propio pan.

La soda destruye el contenido de las vitaminas en las frutas y vegetales cocinados. Agregue en su lugar vinagre o zumo de limón

Solamente un 22% de la carne animal es blanda sin aditivos para asar o en barbacoa. El ajo es necesario para darle a la carne un sabor agradable, pero bastará con ponerlo en ésta una hora antes de prepararla. Observe como la carne pierde su color cuando lleva mucho tiempo con ajo. Debe machacarse y extenderse por toda la carne.

Asar carne: Asar carne en el horno es cocinarla sin vapor. Por lo tanto nunca tape la carne cuando vaya a asarla en el horno; porque el vapor humedece la carne. Lo más importante es la temperatura. Debe calentarse previamente de 300° a 350° Farenheit. Si es para asar ternera, carne, cerdo ahumado o carnero a 300° a 325° Farenheit; para carne de cerdo fresca a 350° Farenheit. Se mantiene a esta temperatura moderada todo el tiempo, no debe agregársele agua en ningún momento.

Si va a asar una pierda de cerdo y quiere que la piel se convierta en chicharrón, evite que la naranja agria toque esa piel.

Si va a congelar algún líquido, o comida, nunca llene la vasija, deje ½ pulgada sin llenar para permitir que el líquido se expanda.

Huevos rellenos: Para que quede la clara firme, al huevo ya hervido inmediatamente se le saca la yema. La clara vacía se coloca en un plato, se cubre con papel absorbente húmedo. Se guarda en el refrigerador toda una noche. Se mantendrá la clara blanca, fría y firme. Se rellena a la hora de servir.

Los emparedados calientes o fríos deben serviirse tan pronto se preparan. Los bordes no se cortan a no ser que la receta así lo indique.

Los aperitivos que se sirven antes de sentarse a cenar es una de las formas que los anfitriones tienen para compartir con los invitados y relajarse antes de ir a la mesa. Deben ser atractivos a la vista, variados, pero no en grandes cantidades. La misma regla es para el primer plato que se sirve en la mesa o sea los entremeses. Porción pequeña.

La ensalada puede servirse como aperitivo, plato adicional, al final de la comida o como plato principal. Todo depende de la ocasión y de los invitados.

A las personas que les gusta el café deben saber que lo importante para que sepa bien es echarle suficiente café. Dejarlo más tiempo hirviendo no le añade el que salga más fuerte, todo lo contrario, echa a perder el aroma y altera el sabor. Es costumbre francesa servir con el café, queso cortado en cuadraditos o envuelto en hojaldre bien tostadito.

Las copas de cóctel deben colocarse en el congelador por lo menos una hora antes de servir la bebida.

Si va a adornar un bizcocho moje el cuchillo en agua caliente antes de ponerle el merengue (*frosting).*

Para saber si una pera está madura, apriételа con los dedos en la parte más cercana al tallo. La pera y la banana son las únicas frutas que no se pueden congelar. Las demás sí, pero hay que mantenerlas en envases bien cerrados.

La primera regla en una cocina es ir limpiándola a medida que se va cocinando. Esto le hará sentirse bien y le dará paz.

Equivalentes para las medidas de las recetas

1 pizca de sal es lo que tomamos entre los dedos índice y pulgar.
1/8 de cucharadita es la mitad de ¼ de cucharadita
3 cucharaditas es 1 cucharada
½ cucharada es 1½ cucharaditas
2 cucharadas es 1/8 de taza
4 cucharadas es ¼ de taza
5 cucharadas es 1/3 de taza
8 cucharadas es ½ taza
12 cucharadas es ¾ de taza
16 cucharadas es 1 taza
5/8 de taza es ½ taza más 2 cucharadas
7/8 de taza es ¾ taza más 2 cucharadas
½ taza es ¼ de pinta
2/3 de taza es 1/3 de pinta
1 lata de 8 onzas es aproximadamente 1 taza llena

Temperatura en el horno. Grados Farenheit

Muy baja la temperatura:	250-300°
Baja:	325°
Moderada:	350-375°
Caliente moderada:	400°
Caliente:	425-450°
Muy caliente:	475-500°

Temperatura grados Farenheit y el tiempo de hornear por libras

Pavo: 350°, 18 a 22 minutos por libras
Pollo: 450°, 20 minutos. Reducir a 300°, 25 a 28 minutos por libras
Ternera: 350° 28 a 30 minutos por libras
Jamón fresco: 350°, 25-30 minutos por libras
Pierna de carnero, *cordero* 350° 28-30 minutos por libras
Cerdo: 350°, 30-35 minutos por libras

Consejo: Lo más recomendable es usar el termómetro.

Salvedad

En nombre de *Ediciones Suagar*, y en el mío propio como autora, queremos dejar establecido que las *Notas de salud* que aparecen en el libro *Disfrute cocinando*, han sido tomadas de prestigiosas revistas, periódicos, televisión, revistas médicas, cuadros que aparecen en las oficinas de los doctores, y de la tradición popular. En ningún momento estos consejos sustituyen al médico, al cual siempre debe consultarse y seguir sus indicaciones.

Indice general

Entremeses

Sopas

Potajes

Arroz

Huevos

Vegetales

Ensaladas

Pastas

Salsas

Sandwich

Carnes

Pollo

Pavo

Pescados

Frutas

Repostería

Pan

Helados

Bebidas

Otras obras editadas por Ediciones Suagar

*

A modo de crítica

Estamos viviendo en un mundo en crisis moral. Nadie puede dudar que el matrimonio como raíz del hogar y la familia, la escuela como base esencial de la sociedad y la iglesia en función de la fe en la existencia de un Dios, están atravesando momentos muy difíciles. Todo ello unido a la quiebra de las instituciones oficiales y privadas, con otras debilidades en la educación y la honestidad, nos han colocado en un camino, que parece no conducirnos a una salida donde nos encontremos con una vida armoniosa.

En medio de esta confusión nos llega este libro *El matrimonio es algo más que amor*, como un destello de luz en medio del oscuro panorama, escrito por don Juan Suárez y la doctora Blanca R. García, publicado por *Ediciones Suagar,* y que ellos ofrecen como *Un arte de vivir, (opinión de un matrimonio)* para todos los que necesitan buscar alternativas en la fe, la verdad y el amor.

Hay entre el escritor, el pedagogo y el periodista una similitud en sus ideas y puntos de vista, pero entre ellos difieren un tanto la forma de expresarlas sobre los mismos conceptos. El escritor combina las ideas con la realidad, la historia y la fantasía. El periodista informa, expone, recomienda y critica. El pedagogo antes que nada es maestro y sabe que el ser humano aprende por motivación, experimentación, imitación o por repetición; de ahí, que *El matrimonio es algo más que amor* contiene los ingredientes esenciales para ser un libro de lectura obligada en el hogar y por todos los que de algún modo tienen la responsabilidad de buscar lo humano, lo espiritual y lo divino, como sus propios autores expresan.

Revelaciones de una gaviota

Las múltiples y profundas reflexiones de Juan Suárez sobre el hombre: su misión y finalidad, su lugar en la historia de la humanidad y, singularmente en nuestra época y en nuestra vida personal, son en buena parte, el testimonio que el escritor da acerca de su profunda y sincera preocupación sobre la responsabilidad de comportamiento que tenemos cada uno de nosotros con la sociedad a que pertenecemos.

Pocas veces la literatura contemporánea ha visto un planteamiento tan audaz, de una preocupación tan profunda; un enfoque tan ejemplar en la creación de un personaje tan insospechable, como lo es Loreta, (la gaviota). Aquí se ha logrado con fervor y reflexión el grito adolorido de esta preocupada conciencia.

Pocas veces se ha dado en la ficción contemporánea con un escritor que sumara a la aventura de la imaginación, una manera tan única para enfocar una diversidad de asuntos vitales en el cotidiano quehacer del hombre desquiciado de hoy. En Juan Suárez y su Revelaciones de una gaviota, con fervor y reflexión, se cumple admirablemente esta coincidencia.

Las aventuras de Juan Cavila

Una historia costumbrista

Las aventuras de Juan Cavila, es un libro autobiográfico y costumbrista. Es una autobiografía de la difícil etapa de la niñez, sobre todo cuando es una niñez pobre, si bien –no importa el *status* económico de la familia– es la etapa en que suele forjarse el núcleo de la personalidad del hombre del futuro. Muy pronto verán que la niñez del autor no es una niñez cualquiera.

En esta narración el lector se deleita y se instruye. Hay un trasfondo ético basado en la recia moral que las familias inmigrantes españolas, de que proviene el protagonista inculcaron a sus hijos, y con la que contrapuntean las naturales rebeldías y travesuras de esa muchachada con la que Juan Cavila comparte su protagonismo.

Suárez logra insuflarle trascendencia al relato de un género tan limitado como el costumbrismo. El suyo va más allá del hecho y de la aventura. En él queda muy bien establecido el amor a la libertad y la necesidad que tienen los seres humanos de ser libres, aunque se advierte asimismo del requisito de la disciplina para que la libertad no se desboque.

Juan Cavila & His Childhood memories

"Juan Cavila & his childhood memories" is an autobiography and a portrayal of Cuban traditions and manners. The book is the story of childhood; the difficult stage- when the core of person's character is usually forget. Set during the depression, one can see that the author's life story is not just, another childhood.

The literary breakthrough of "Juan Cavila & his childhood memories" lies in the success of creating as beautiful, and spontaneous story, that enhances the Spanish "costumbrista" genre, which describes the love and way of life of an era long gone, but not forgotten.

Contra el viento

Una historia de lucha y amor

por

Juan Suárez

464 páginas (5½"x 8¼"} ISBN: 0-9632334-3-2

Precio al público: U.S. $19.95

El texto que aparece en la página siguiente, pertenece al prólogo escrito por:

Dr. Ariel Remos

Escritor, articulista y analista político del Diario Las Américas

Contra el viento

Una historia de lucha y amor

El libro *Contra el viento,* es en realidad la historia sencilla de un hombre cualquiera, como proclama su autor. Sin embargo, a poco de adentrarnos en ella, salta la grandeza de esa sencillez. Se dice bellamente en el pensamiento que precede a la primera parte de las cuatro en que se divide el libro: «Existe la misma maravilla en el interior de una piedra tirada al borde de un camino, que en la estrella que rutila en la noche, colgada por la mano de Dios en nuestro firmamento». El autor -hombre extraordinario- ejemplifica su decir, porque en él coinciden la grandeza de la piedra y la estrella. Vino a la vida marcado para realizarse como se realiza quien está tocado por el heroísmo, que no es sólo blandir con éxito la espada, sino, en constante desafio al mundo y a sí mismo, triunfar inteligentemente sobre la adversidad.

No es ésta una obra literaria, muy lejos de la intención del autor. Brota de la necesidad interior de comunicarse en grande para universalizar su experiencia, que es un mensaje de valor y de amor. Y está dicha en forma directa, sencilla, coloquial. *Contra el viento*, es la autobiografía de un carácter; el testimonio de una vida más que interesante, apasionante; y de los ilimitados horizontes de la voluntad, de esa voluntad de poder que se santifica cuando la mueven nobles ideales. Dicho así, es sencillo. Leerlo después de haber compartido el relato crudo de sus agonías y plenitudes, es entender las maravillas de la piedra y la estrella.

En torno al nuevo orden mundial
Cuba, en la órbita de la gran conspiración

Este libro, que tiene por título *En torno al nuevo orden mundial. Cuba en la órbita de la gran conspiración,* es de gran trascendencia para quienes desean conocer o recordar, según sea el caso, lo que ha ocurrido en relación con la política internacional a lo largo del siglo XX que acaba de concluir. Es una obra escrita concienzudamente, y documentada, en la que se explican diferentes y graves aspectos de esa política internacional y, sobre todo, cómo ha sido posible que se hayan llevado a cabo planes que normalmente no debieron tener cabida en un mundo cuya prosperidad y seguridad están basadas en los ideales de la democracia bien entendida y de la libre empresa en el campo económico.

La obra de Ariel Remos permite al lector no solamente conocer lo que se expone en ella, sino los motivos en que se basa el autor para el planteamiento que hace en sus distintos capítulos. Cada afirmación la explica con datos concretos, con nombres propios, con fechas, con situaciones históricas en torno a los acontecimientos. En fin, Ariel Remos no hace afirmaciones antojadizas ni llega a conclusiones ligeras a través de la especulación imaginativa.

Mi Cantar

Sin ser autobiográfico ni cronológico, es un canto de amor a la vida, al dolor, a la familia y a la patria. En este ser humano convergen los tres elementos que son necesarios para conseguir que un sueño se pueda convertir en realidad: fe, iniciativa y una capacidad ilimitada para trabajar.

En *Pasión de amor*, grita en ímpetu: «Pero tú que amas, que no puedes vivir sin lo que tienes, no puedes dejar de preguntarte, ¿por qué no va a existir el milagro verdaderamente milagroso?»

Es también un grito de esperanza, cuando dice que a través de la fe, es posible alcanzar de nuevo la felicidad. Lleva un profundo mensaje para aquellos que sufren de un amor que se fue, por una u otra razón.

Juan Suárez se vuelca en sus cantares con tal fuerza, que conmueve. Cuando dice: «Creo en Dios, en el amor, en la amistad...» En este libro lleno de cavilaciones, Dios queda por encima de todo sin que lo humano pierda lo fundamental.

Es el recuento de una vida con dos vertientes definidas: triunfo y desventura. A través de su prosa, nos lleva a conocer su devoción a Dios, sus grandes amores, su bello sufrir, su renacer; y también, el inmenso dolor por su Patria.

Llamados a la libertad

Prólogo por: Dr. Ariel Remos

Este libro, «Llamados a la libertad», es una estrategia inédita en la lucha de los exiliados. Su método ha sido utilizado con éxito en propósitos espirituales como los *Cursillos de Cristiandad.* Se trata del mismo método psicoeducativo y conductista que ha funcionado en el desmantelamiento de esquemas mentales falsos para sustituirlos por esquemas mentales legítimos. Esto lo explican muy bien los autores.

A través de las charlas en que consisten estos «Llamados a la libertad», se demuestra que la mente y la disposición de los cubanos que viven bajo la tiranía de Castro, han sido totalmente superpuestos a la personalidad libre de cada ciudadano, impidiendo todo tipo de reacción en contrario al criterio oficial. «Llamados a la libertad», desenvuelve los mecanismos que permiten que cada cubano esclavizado se vea en el espejo de la abyección a que lo ha reducido el régimen, para que el poder desnudo del tirano no encuentre ni oposición, ni obstáculos.

Estos «Llamados» no pueden ser más oportunos, porque con los años el cuadro ha cambiado también en otro aspecto. En años anteriores no se podía contar con el pueblo de intramuros, como ya dijimos. Hoy existe una disidencia, una oposición militante como nunca antes, que son precisamente los que van a hacer algo todos los días, grande o pequeño, algo que lo socave, que no le haga el juego y debilite al opresor.

A eso es a lo que están dirigidos estos «Llamados»; a liberar al cubano de las amarras interiores con que el régimen lo tiene atado, para que en un momento dado diga presente y haga posible el hasta ahora imposible de levantarse y derrocar al tirano al grito de ¡Cuba, *záfate!*

Cuando el pueblo cubano cobre conciencia de lo que el tirano ha hecho de él, y, a través de él, ha hecho de Cuba como pueblo y nación, estará preparado para dar el salto de la esclavitud a la libertad. Esa es la apuesta de estos «Llamados a la libertad» de Juan Suárez y la Dra. Blanca Rosa García.

Obras en preparación

Una mujer excepcional

Retrato de una madre

por: Juan Suárez

Villa Belencita

Una comunidad piloto

por: Blanca R. García, Ed.D.

Doce cuentos infantiles para la educación integral del niño

Personajes centrales: dos niños y dos pequeños perros.

Angelita y Miguelón

Motita y Sultán

Las ergástulas del opresor

Obra de teatro

por: Dra. Blanca R. García y Juan Suárez